Prier Dieu
dans un monde sans Dieu

Sous la direction de
Richard Bergeron, Nicole Bouchard,
Jean-Claude Breton

PRIER DIEU
DANS UN MONDE SANS DIEU

MÉDIASPAUL

Médiaspaul reconnaît l'aide financière du Gouvernement du Canada par l'entremise du Programme d'aide au développement de l'industrie de l'édition (PADIÉ), du Conseil des Arts du Canada et de la Société de développement des entreprises culturelles du Québec (SODEC) pour ses activités d'édition.

 Conseil des Arts du Canada   Canada Council for the Arts   ▐✦▐ Patrimoine canadien   Canadian Heritage   Société de développement des entreprises culturelles Québec ▣▣ ▣▣

Catalogage avant publication de Bibliothèque et Archives Canada

Société canadienne de théologie. Congrès (41ᵉ: 2004: Université Laval)

Prier Dieu dans un monde sans dieu

Textes présentés lors du 41ᵉ Congrès de la Société canadienne de théologie tenu en oct. 2004 à l'Université Laval.
Comprend des réf. bibliogr.

ISBN 2-89420-701-8

1. Prière — Christianisme — Congrès. 2. Dieu — Congrès. 3. Sécularisation (Théologie) — Congrès. 4. Pluralisme religieux — Congrès. 5. Psychologie et religion — Congrès. I. Bergeron, Richard, 1933-   . II. Bouchard, Nicole, 1959-   . III. Breton, Jean-Claude, 1941-   . IV. Titre.

BV210.3.S62 2006   248.3'2   C2006-941538-2

Composition et mise en page: *Médiaspaul*

Maquette de la couverture: *Maxstudy*

ISBN 2-89420-701-8

Dépôt légal — 4ᵉ trimestre 2006
Bibliothèque et Archives nationales du Québec
Bibliothèque nationale du Canada

© 2006   Médiaspaul
3965, boul. Henri-Bourassa Est
Montréal, QC, H1H 1L1 (Canada)
www.mediaspaul.qc.ca
mediaspaul@mediaspaul.qc.ca

Médiaspaul
48, rue du Four
75006 Paris (France)
distribution@mediaspaul.fr

Imprimé au Canada — Printed in Canada

INTRODUCTION
Prier

Prier aujourd'hui? Vraiment! La prière est-elle encore possible? A-t-elle encore sa place dans une culture qui se comprend sans l'hypothèse de Dieu? La prière est la posture religieuse par excellence. La religion produit la prière et la prière produit la religion. Prier, c'est se mettre en présence de Dieu par l'écoute et la parole. Pas de prière sans Dieu. Prier c'est poser Dieu non comme un «Il», c'est-à-dire comme un objet de connaissance, une énergie cosmique ou principe universel, mais comme un «Tu» intimement lié à des attitudes, des quêtes ou des espérances individuelles ou collectives. La prière circonscrit un espace religieux.

La prière à Dieu allait de soi dans un monde de chrétienté construit autour du référent divin. Elle était en syntonie avec une culture polarisée par Dieu; elle trouvait place en tous lieux et en toutes occasions, autant dans l'espace public qu'à la maison ou à l'église.

Mais rien ne va plus. Non seulement les techniques, les méthodes et les formes de prière traditionnelles sont-elles remises en question, discréditées et ostracisées; c'est la prière elle-même qui fait problème à la rationalité moderne et à la culture séculière. La prière a pris le maquis et s'est privatisée, comme d'ailleurs toute l'existence croyante. Pas de place pour un geste religieux, telle la prière, dans la culture séculière. Comment un geste de référence au divin pourrait-il trouver sens dans un monde profane? Que peut bien signifier prier Dieu dans un monde sans Dieu?

La question est de taille. Difficiles sont les enjeux de l'interface prière-modernité. Suffit-il d'inventer de nouvelles formes de prière adaptées à la sensibilité moderne ou de faire violence à nos âmes séculières mais toujours croyantes en leur imposant de continuer à prier malgré tout? L'enjeu n'est-il pas plutôt de séculariser la prière elle-même en l'inscrivant dans le quotidien profane? La prière consisterait alors à vivre son existence profane devant Dieu mais sans Dieu, c'est-à-dire sans référence explicite au divin.

Le second défi concerne le pluralisme. Paradoxe étonnant, la cité séculière est marquée au coin du pluralisme spirituel et religieux. La globalisation de la culture accélère la rencontre de diverses traditions religieuses et favorise l'émergence de nouvelles manières de prier qui s'inspirent non seulement d'autres religions, mais également de divers courants philosophiques et spirituels. On ne peut plus prier comme avant, sans tenir compte de la présence de l'autre croyant. L'interreligieux est devenu l'espace de la prière. On ne peut plus être chrétien sans être œcuménique et interreligieux. La prière elle-même se voit confrontée au pluralisme. Qu'advient-il quand la prière et le Dieu de l'autre deviennent l'horizon de ma propre prière? Comment prier mon Dieu tout en priant le Dieu des autres? Comment prier mon Dieu avec leurs prières et prier leur Dieu avec les miennes? N'est-ce pas l'impasse? Les différences ne sont-elles pas gommées au profit d'un éclectisme délétère? Sait-on encore quel Dieu on prie? Défi de taille s'il en est.

Le troisième défi posé à la prière vient de la psychologie des profondeurs qui, depuis Freud, a jeté le soupçon sur la religion. Les notions chrétiennes, évidées de leur contenu objectif et historique, ont reçu une signification relevant de la symbolique, de l'inconscient et du subconscient. L'image du Dieu-Père a passé le dernier siècle sur le divan du psychanalyste[1]. Le Dieu-Père est apparu comme la projection du désir de toute-puissance. Prier

---

[1] Voir Michel DANSEREAU, *Un psy sur le divan de la foi*, Montréal, Médiaspaul, 2006.

Dieu-Père, n'est-ce pas alors rechercher sa propre toute-puissance? Que mon règne vienne! La prière serait le comble de l'illusion. Croyant prier un autre, c'est à moi-même que je parle. Qu'advient-il de la prière quand nos images traditionnelles de Dieu ont été fracassées? Comment prier, qui prier quand s'écroulent les dieux aux pieds d'argile que nous nous sommes fabriqués?

Le présent collectif aborde quelques-unes de ces questions en conjuguant les approches théologique et psychologique. Ce faisant, il comble un vide important concernant l'élaboration d'une réflexion critique sur la prière. Un regard sur l'ensemble de la production théologique des dernières décennies a vite fait de démontrer le peu d'attention que les théologiens et théologiennes d'ici ont accordé à la pratique de la prière. Cet ouvrage veut remédier à cet écart entre la praxis de la prière et la théologie, en traitant de la prière sur l'horizon de la sécularité et du pluralisme. Les réflexions tournent autour de trois questions: premièrement, «Comment prier?»; deuxièmement, «Qui est cet Autre que l'on prie?»; et enfin, «Que fait celui qui prie?»

Les deux premiers chapitres s'intéressent au comment de la prière. D'entrée de jeu, *Laurence Freeman* jette un regard lucide et pertinent sur la prière dans notre monde postmoderne. Il faut se garder d'affirmer tout de go que l'Occident postmoderne a perdu tout intérêt ou goût pour la prière. L'auteur pense plutôt que c'est la forme et la compréhension de la prière qui ont changé. Pour lui, la méditation est «le domaine naturel commun» des traditions de sagesse. La pratique de la méditation devient un puissant catalyseur et crée un espace inédit où le dialogue devient possible. *Richard Bergeron* et *Fabrice Blée* situent la prière interreligieuse dans le processus dialogal entre les croyants des différentes religions. Ils essaient de marquer le passage d'une prière multireligieuse à une prière interreligieuse. Ce texte explore les différents enjeux et défis de l'inscription de la prière chrétienne dans celle d'un autre croyant.

Les chapitres 3-5 s'articulent autour de «qui est cet Autre que l'on prie?». Si la prière suppose un Autre à qui elle s'adresse, qu'en est-il aujourd'hui de cet Autre? *Jean-Claude Breton* tente d'en esquisser les traits à différentes époques et de tirer quelques conséquences des diverses représentations que l'on s'en fait. Il propose des outils qui permettent une première exploration à partir de quelques exemples puisés à même l'histoire de la prière chrétienne. *Werner Schüssler* aborde la manière dont la prière soulève la question de Dieu tant au plan théologique qu'au plan philosophique. Son travail dévoile qu'il n'y a pas d'opposition irréductible entre pensée et prière, pas plus qu'entre savoir et foi. On doit penser ensemble ces moments dialectiques. C'est dans cette tension créatrice que se trouvent le croyant et partant celui qui prie. *Carole Golding* et *Jean-Guy Nadeau* traitent de la prière des victimes et des survivantes d'abus sexuels. Dans un premier temps, ils montrent comment leur prière, qui jaillit d'un sentiment profond d'abandon et de rejet, pose tragiquement la question du silence et de l'absence de Dieu. Dans un deuxième temps, ils explorent le rôle de la prière dans la résolution de l'abus. La prière apparaît comme une pratique de reprise en main de soi-même et de sa relation à Dieu.

Les derniers chapitres, 6-9, tentent d'explorer le point de vue du priant lui-même. Quels sont les enjeux liés à la pratique même de la prière? Pourquoi prie-t-on et quels sont les processus identitaires en jeu dans cette prise de parole bien singulière? *Jean Duhaime* présente la prière communautaire comme un lieu de construction identitaire. Les textes proposés à la prière d'une communauté véhiculent la vision de Dieu, de la personne et du monde que les membres sont invités à adopter. À l'aide de prières tirées du psautier biblique ou issues de la Communauté de Qumram, l'auteur montre comment l'acte de prier contribue à l'édification de l'identité personnelle et sociale. *Thérèse Nadeau-Lacour*, pour sa part, présente les trois formes de l'activité orante, à savoir: la supplication, la méditation et l'oraison mystique. Quelle que soit sa forme, l'acte de prier manifeste l'être humain comme un *être-en-relation*. Ce texte dégage les différents présupposés anthropologiques mis en œuvre dans la pratique orante et les conséquences qui en découlent pour l'autonomie et la liberté du priant. *Christina Sergi* réfléchit sur la complexité des liens qui se nouent autour de l'acte de prier, sur la manière de le faire et sur le dynamisme psychique. C'est en utilisant les grilles jungiennes qu'elle déploie les différents possibles de l'aventure intérieure au cœur de la découverte et de l'émergence du Soi. *Yvan Marcil* analyse les enjeux psychiques liés à l'acte de prier à partir d'un retour réflexif sur l'expérience des méditants de la *centering prayer* ou prière de recentrement. Il amorce un dialogue entre Jung et Keating sur les questions fondamentales que posent la psychanalyse et principalement l'inconscient dans l'acte même de prier.

Tous les textes publiés dans le présent recueil — sauf celui de Werner Schüssler — ont fait l'objet de communications au Congrès annuel de la Société Canadienne de théologie qui s'est tenu en octobre 2004, à l'Université Laval, Québec. Certains manuscrits sont publiés dans leur teneur originelle, alors que d'autres ont été remaniés aux fins de publication dans ce collectif. Le comité tient à remercier les auteurs pour leur diligente collaboration.

Richard Bergeron
Nicole Bouchard
Jean-Claude Breton

1

PRIER EN OCCIDENT AUJOURD'HUI

Laurence Freeman o.s.b.[1]

L'effusion de douleur et d'émotion suscitée par la mort de la princesse Diana a étonné et questionné aussi bien l'Église que l'État en Grande-Bretagne. Je me trouvais à Londres à ce moment-là et j'ai vu comment les Anglais, qui normalement se contentent d'ignorer la religion et ne démontrent pas facilement leurs émotions, cherchaient une façon de manifester ce qu'ils ressentaient et qu'ils avaient désespérément besoin d'exprimer. Personne n'avait remarqué combien la princesse, qui était devenue une superstar mondiale, était aussi le symbole d'un pouvoir si grand qu'il éveillait des forces archétypales dans la psyché collective. Notre centre de méditation à Londres en ce temps-là se trouvait près du palais de Kensington où la princesse avait vécu. J'ai donc pu constater la profondeur de ce phénomène. Des milliers de personnes venaient s'asseoir en silence sur l'herbe, devant sa maison, apportant des bouquets de fleurs (l'industrie florale a dû s'approvisionner d'urgence aux Pays-Bas), des bougies allumées, et elles décoraient les portails et les arbres du parc avec des photos, des rubans et des messages. Tout semblait d'une part très religieux et d'autre part très païen. Cette cérémonie n'avait pour ainsi dire pas de symbolique ou de contenu chrétien, mais les gens priaient ou essayaient de prier. Les chefs religieux tentèrent de comprendre ce que tout ceci représentait. Les politiciens savaient qu'ils devaient parler avec beaucoup de prudence.

Les funérailles à l'abbaye de Westminster, suivies par des millions de spectateurs dans le monde, furent célébrées selon le rituel chrétien traditionnel tinté d'éléments bien choisis de la culture populaire. Ce fut une belle et touchante occasion qui semblait finalement exprimer de manière émotionnellement et symboliquement satisfaisante, dans une forme de prière conventionnelle, ce qu'éprouvaient les gens, qui depuis longtemps n'allaient plus à l'église. Pendant un certain temps après les funérailles, on remarqua un léger accroissement de la fréquentation des églises, mais bientôt le nombre de fidèles diminua de nouveau et ce fut le retour à l'indifférence habituelle, la distance et la confusion en ce qui concerne tout ce qui est religieux.

Le phénomène «princesse Di» (ainsi que les formes de chagrin plus dignes manifestées quelques années plus tard, à la mort de son ennemie, la reine mère) nous suggère d'être prudent avant d'affirmer que l'Occident postmoderne a perdu tout intérêt ou goût pour la prière. C'est la forme et la compréhension de la prière qui ont changé. Les vieilles formes d'adoration et même la théologie sous-jacente d'un Dieu qui nous appartient personnellement et avec lequel nous communiquons au travers de ces activités, ont été ébranlées à la base. Beaucoup de personnes utilisent ces formes de culte, mais elles ne se sentent pas à l'aise de le faire. Elles recherchent quelque chose de plus profond à l'intérieur des formes liturgiques délabrées et souvent tristes qu'elles utilisent. D'autres personnes les ont complètement abandonnées. Aucune nouvelle forme et aucun accord n'a encore réussi à s'imposer et à être accepté collectivement. D'un côté, nous avons le phénomène en croissance rapide des religions pentecôtistes, charismatiques, néofondamentalistes; de l'autre, les mouvements *new age* qui se diffusent très vite et ont énormément de succès. Entre ces deux mouvements, il y a la masse des gens qui sont stressés, débordés par le travail ou au chômage, avec peu de temps à consacrer à la religion ou à la spiritualité, à part dans les moments de crise personnelle ou de changement: naissance, maladie, mariage, anniversaires ou, bien sûr, devant la mort. Dans le bloc communiste, un siècle de répression et de persécution de la religion de la part de l'État n'a pas réussi à supprimer l'instinct religieux. Le matérialisme et le laïcisme moderne l'ont étouffé, mais ne l'ont pas éliminé. Ce que nous sommes appelés à faire à mi-chemin de notre singulière évolution culturelle, c'est peut-être d'essayer de comprendre ce qui se passe, de regarder profondément en nous et de nous demander, nous qui sommes de moins en moins nombreux à être ouvertement religieux, qu'est-ce que la prière et quelle est la meilleure façon de la pratiquer aujourd'hui. La crise postmoderne qui touche à la signification et aux valeurs a profondément dérangé le christianisme et ses pratiques de prière. Ceci est positif, car le christianisme occidental post-impérial avait besoin de se réveiller. Il est possible qu'en répondant aux problèmes de notre temps, nous réussissions à mieux saisir l'essence de notre propre tradition et à comprendre l'enseignement et la personne de Jésus. Alors nous serons peut-être capables d'apporter non seulement un soulagement temporaire, mais de la sagesse, du soutien et de l'espoir à notre monde fou et désespéré.

Commençons, en bonne orthodoxie déconstructionniste, par examiner les différentes significations du mot «pratique». Les discussions d'une conférence d'évêques catholiques sur le thème de la pratique religieuse s'appuieront sur le nombre de personnes qui assistent à la messe, qui demandent le baptême ou les funérailles traditionnelles. Échangez avec un bouddhiste et vous l'entendrez parler de sa méditation, de son «assise». Dans la tradition de la théologie ascétique et mystique, le mot «praxis» est lié à toute l'étendue de la vie vécue dans la foi. Ces diverses significations sont pertinentes pour une compréhension actuelle de la prière. Nous sommes renvoyés au sens de ce mot chez les premiers chrétiens pour qui *lex orandi est lex credendi*, ce qui, en effet, signifie: «la manière dont vous priez est la manière dont vous vivez». La prière aujourd'hui a une grande étendue de significations et d'expressions: significations et expressions différentes pour des gens et des modes de vie différents.

Quand j'enseigne la méditation, la prière contemplative dans la tradition chrétienne de la sagesse, des Pères du désert jusqu'à nos jours, j'utilise souvent l'image de la roue. C'est un bon symbole de la prière parce qu'il suggère le mouvement et donc une direction significative de la vie. La prière est simplement notre voyage complet vers Dieu. Les rayons de la roue représentent les différentes formes de prière. Beaucoup de vieux rayons semblent avoir moisi et ils sont tombés, ou bien ils ont besoin d'être remplacés. Et pourtant la signification de toutes ces formes dépend aussi du contexte. Ce qui fonctionne dans certains endroits échoue dans d'autres situations et ne réussit pas à convaincre les gens que ce sont des pratiques authentiques. Ce qui fonctionne à Taizé peut échouer dans une classe ou une paroisse. Des phrases et des gestes qui ont une signification à un enterrement, même pour un athée, semblent faux à la bénédiction d'un nouveau-né. Ma cousine, qui n'est pas une chrétienne pratiquante, m'a demandé récemment de bénir son nouveau-né. J'ai eu de longues et merveilleuses conversations avec elle et son conjoint sur la signification de la naissance et sur leur nouveau statut de parents. Pour moi, ils décrivaient une expérience de Dieu qui était mystique et qui change la vie. Ceci m'a convaincu que la prochaine vague théologique doit intégrer l'expérience de la sexualité, du mariage et du fait de devenir parents, exprimée par ceux qui ont une connaissance directe de ces choses. Ma cousine ne voulait pas de baptême, mais à la fin, comme souvent après nos discussions, nous inventâmes à nouveau la roue. Un rituel fut créé qui incluait la lecture de textes de différentes traditions, des prières qui n'étaient pas adressées à un être céleste, et l'utilisation de pétales de roses à la place de l'eau. La cérémonie eut lieu dans le jardin durant un très bel après-midi d'été anglais. Le père de ma cousine et moi étions les seuls chrétiens pratiquants présents à la cérémonie et nous n'avons pas pu nous empêcher d'échanger un regard et de sourire quand, au moment où je parsemai la tête du bébé de pétales de rose, il commença à pleuvoir.

Ceci est un exemple de bricolage avec les rayons de la roue. Une conception plus légaliste des sacrements y verrait une «néoliturgie» condamnable. Mariages et baptêmes ne peuvent être reconnus par l'Église qu'à la condition d'être célébrés dans des églises selon d'exactes procédures. Cependant, l'Église, dans sa sagesse ouverte à l'autocritique, a depuis longtemps reconnu la distinction entre ce qui est *licite*, c'est-à-dire légalement acceptable, et ce qui est *valide*, c'est-à-dire réel aux yeux de Dieu et de l'homme. Ainsi, un prêtre retourné à l'état laïque peut validement mais non licitement célébrer la messe. De nos jours, pour la plupart des gens, ce qui compte dans la prière, c'est sa validité au sens d'authenticité et non sa simple légitimité. Les sacrements ne sont généralement plus considérés comme un monopole à la fois protégé par les droits acquis d'une classe cléricale et protégeant ceux-ci en retour. On compte également de nombreux rayons de la roue, ou formes de prière, qui ne sont pas explicitement religieux. Beaucoup considèrent une randonnée en montagne, du jogging, une activité de loisir représentant une vraie passion, comme des formes de prière. Toute chose qui focalise positivement la personne entière dans la simplicité et l'attention pure peut à bon droit être appelée prière et peut même être «adoration en esprit et en vérité».

Poursuivons notre exploration du symbole de la roue de la prière. Une roue doit être en contact avec le sol si l'on veut faire avancer la voiture ou la charrette. C'est la *praxis*. La prière a besoin d'être incarnée dans le temps et l'espace. Dès l'origine, les premiers chrétiens, comme les musulmans et les bénédictins par la suite, prirent l'habitude de ponctuer leurs activités quotidiennes de «moments forts de prière». L'objectif n'était pas de satisfaire ou d'apaiser la colère ou la jalousie d'un Dieu. Il était de soutenir et d'approfondir l'expérience de la prière continuelle qui était le but spirituel de toute pratique religieuse; c'était d'ailleurs, non pas tant de prier que de *devenir* prière. À un certain moment, ce sens du but spirituel s'est affaibli au profit d'une idée plus légaliste de la prière comme simple satisfaction d'une obligation personnelle ou sociale: dire ses prières ou aller à l'église. En même temps se développait une conception plus légaliste du péché et du pardon. Manquer à ces règles et obligations faisait vivre dans le scrupule, la culpabilité, la honte ou la crainte du châtiment divin. Mais dans les premiers temps de l'Église, les moments et les pratiques de prière faisaient partie d'une approche intégrée du projet humain de transformer la totalité de la personne en un être spirituel. «Que vos esprits soient remodelés et votre nature entière ainsi transformée», écrivait saint Paul aux Romains.

Une histoire d'un Père du désert rend bien compte de ceci. Un jour, un vieil abba fut questionné par son disciple sur la prière: «Je fais toutes les prières comme il faut, je jeûne, j'observe les règles morales et... Que puis-je faire de plus? Que manque-t-il?» Le vieillard répondit en écartant les bras. Jusqu'au bout des doigts, il se mit à rayonner du feu de la prière qui brûlait continuellement dans son cœur. Le disciple comprit.

Tous les rayons de la roue sont des expressions valides de la prière si elles sont pratiquées avec un cœur pur, exempt des peurs associées à la compulsion intérieure ou extérieure. C'est là un élément essentiel de la spiritualité contemporaine, qu'elle respecte la liberté de la personne. Le danger, ici, c'est l'anarchie de l'hyperindividualisme. La rigidité fondamentaliste collective n'apporte aucune solution à ce problème. La prière exige un équilibre entre individualité et identité collective qui respecte et accroît la liberté de l'esprit. Si tant de gens se disent spirituels et non religieux, c'est parce qu'ils considèrent que les institutions religieuses ne respectent pas cet équilibre. Ils voient qu'on fait un usage excessif de la force pour atteindre ce qui est, par essence, un état non violent. Aucune pratique spirituelle n'est réellement efficace si on l'accomplit par peur.

Cependant, les rayons de la roue sont des *expressions* de la prière qui rayonnent du centre et retournent, par la voie de la multiplicité, à l'unité du centre. Que trouvons-nous dans ce centre? On peut donner deux réponses, l'une spirituelle et l'autre religieuse. Du point de vue spirituel, nous trouvons l'immobilité. En effet, sans cette immobilité, il n'y aurait pas de mouvement. Si l'essieu d'un chariot n'est pas immobile, la roue va zigzaguer et vous ne serez pas en mesure de contrôler la direction. Marthe a besoin de Marie. L'immobilité est cette concentration de la conscience harmonisée qui produit un mouvement clair et compatissant. La contemplation sous-tend l'action. Soyez d'abord, et ensuite vous serez prêt pour toute action. Cette priorité de l'immobilité contemplative dans le sens donné à la prière est une sagesse universelle. Le cri du psaume, «Arrête et sache que je suis Dieu», trouve un écho dans toutes les grandes traditions, dans leur cœur contemplatif commun.

Que trouve-t-on du point de vue *religieux* au centre de la roue de la prière? Ceci est variable selon la religion, mais pour le chrétien la réponse est simple: nous trouvons l'intelligence (la pensée) du Christ, la prière de Jésus en personne dans son attention au Père qui simultanément et également nous embrasse et embrasse toute la création. C'est la théologie essentielle de la contemplation chrétienne, celle que l'on trouve dans l'ouvrage de John Main, *Un mot dans le silence, un mot pour méditer*[2]. Dans le paradoxe de cette expérience, nous pouvons alors dire: «Je ne sais pas comment prier (malgré tous les rayons de la roue et toutes les formes de prières), mais le Christ prie en moi plus profondément que les mots ou les expressions formelles appartenant à cet univers de signes.» Ici, la pauvreté en esprit acquiert un sens, de même que le vieil adage monastique selon lequel «le moine qui sait qu'il prie ne prie pas vraiment, tandis que le moine qui ne sait pas qu'il prie est vraiment en train de prier».

La doctrine chrétienne de la présence de l'Esprit en nous exige que toute théologie de la prière tienne pleinement compte du «côté droit» de la conscience, la dimension apophatique, le nuage de l'inconnaissance, la prière du cœur en tant qu'elle est distincte des formes de la prière mentale ou liturgique. L'Église institutionnelle a toujours été mal à l'aise avec cette dimension malgré la logique de la chose et l'enseignement contemplatif de Jésus lui-même sur la prière. Le rôle traditionnel de l'Église hiérarchique dans la régulation des sacrements, la formation de la jeunesse, le maintien de la stabilité sociale à travers l'ordre religieux l'a amenée à se restreindre pour l'essentiel à l'univers des signes sacrés, à la dimension kataphatique de la prière. «La source et le sommet de la vie de l'Église, déclare le concile Vatican II, est la célébration de l'Eucharistie.» Bede Griffiths

17

désapprouvait avec douceur: «La source et le sommet de sa vie, disait-il, c'est l'Esprit.» Évidemment, en disant que c'est l'Eucharistie, il est plus facile de contrôler l'Église. Il ne s'agit pas là d'une simple querelle de mots, mais d'une distinction qui éclaire les rôles différents et complémentaires du clergé séculier et du clergé régulier dans l'Église. Mais elle illustre également la crise du divorce actuel entre religion et spiritualité.

Jésus est autant un maître de contemplation que de non-violence. Ces deux piliers de l'enseignement de Jésus sont inconcevables et irréalisables l'un sans l'autre. Pour nous en tenir au versant contemplatif de son enseignement, tournons-nous vers le Sermon sur la montagne. À propos de la prière, il développe dix points dont aucun n'a trait à des formes extérieures ou des rites, sauf pour nous mettre sévèrement en garde contre les dangers de l'hypocrisie, d'une religion tout extérieure et de l'*ego* religieux:

1. La prière n'est pas une quête égotiste de l'approbation d'autrui;
2. Elle est une entrée dans la chambre intérieure de notre cœur;
3. Il faut user des mots avec parcimonie;
4. Avoir confiance en Dieu signifie que nous faisons l'expérience que Dieu connaît déjà nos besoins;
5. Nous ne pouvons pas prier sans être dans le processus et la grâce du pardon;
6. D'autres pratiques de maîtrise de soi comme le jeûne revêtent un sens positif et joyeux;
7. Les soucis matériels sont légitimes mais ils sont subordonnés à une vision spirituelle de la vie;
8. L'illumination (la bonne santé de l'œil de l'âme) est nécessaire;
9. Nous devons être libérés des anxiétés compulsives;
10. L'attention doit être unifiée dans le moment présent.

Ce sont les éléments de la contemplation, et leur valeur est éternelle. Nous pouvons sans hésiter confronter la crise postmoderne de la religion à l'autorité de cet enseignement. Dans le débat confus autour du sens de la prière et de l'autorité des institutions religieuses dans un monde postmoderne, ces points concernant la prière résument l'essentiel. C'est ce que Paul VI semblait penser lorsqu'il déclarait que la mise en œuvre de l'esprit du Concile dépendrait du développement de la contemplation chez les laïcs. Il disait aussi que l'homme moderne n'est pas en quête de maîtres mais de témoins. (On peut s'interroger sur ce qu'aurait pu être la vie de l'Église au cours des cinquante dernières années si cette perception révolutionnaire n'avait pas été assombrie par la contestation massive de l'autorité ecclésiale provoquée par *Humanæ vitæ*.) Rahner était à peu près du même avis lorsqu'il disait, dans sa célèbre formule, que le chrétien du futur serait contemplatif ou ne serait pas. (Comment comprendre cette remarque à la lumière de la prédiction selon laquelle 80% des chrétiens seront bientôt pentecôtistes, charismatiques, fondamentalistes?)

Néanmoins, les nombreux sens de la prière, ou de la «pratique spirituelle» comme les non-religieux préfèrent l'appeler, ne sont pas chaotiques. Ils s'éclairent si on les relie non seulement à la fluidité culturelle mais aussi au niveau de conscience spirituelle éveillée chez le pratiquant, la personne qui prie. Ceci peut paraître élitiste, mais ce n'est, en fait, qu'évolutionniste. Le sens et la forme de la prière diffèrent selon le degré de développement humain, d'intégration personnelle. C'est ce qui ressort clairement des nombreuses études récentes sur les stades de développement de la foi et sur la formation de la psyché telle que nous la comprenons pour l'instant. Ceci n'implique pas qu'on juge autrui ou qu'on se sente supérieur à lui. Et naturellement, il est impossible d'évaluer le stade de développement d'une autre personne en termes spirituels. La seule chose qui importe, ce sont les résultats: vous les reconnaîtrez à leurs fruits. Le Dalaï-lama l'exprime très simplement en disant que la religion devrait produire de bonnes personnes: «Ma religion, c'est la bonté», dit-il.

Malgré tout, il est possible de parler de niveaux d'éveil spirituel. Le télé-évangéliste qui, le 12 septembre 2001, déclare que

l'attaque sur New York est le châtiment de Dieu contre les ho-
mosexuels et les défenseurs de l'avortement qui vivent dans la
ville ne se place pas au même niveau que Thich Nhat Han qui,
dans le *New York Times* appelle instamment à une réponse non
violente, ou que le Pape qui fait une déclaration courageuse et
mûrement réfléchie en faveur de la paix et opposée à une attaque préventive contre l'Irak.

Cette question de la prière revêt aujourd'hui une dimension
horizontale: c'est la diversité des formes de la prière, le syncrétisme, l'influence du Nouvel Âge et des styles de l'Orient. Elle
touche aussi la découverte moderne des formes de prière orientales qui intègrent le corps — taï chi et yoga — qui, malheureusement, ont été négligées par le christianisme, la religion de
l'incarnation. Ces influences orientales sur la religion sont sans
doute les plus précieuses et les plus facilement assimilées par
l'Occident moderne. Mais, comme je l'ai dit, la prière revêt
aussi une dimension verticale: la profondeur de la conscience
spirituelle dans la personne qui prie. La simplicité et l'unité du
moyeu de la roue de la prière vécue dans le cœur de la personne, est une réalité. Lorsqu'une personne commence à sonder
ses profondeurs intimes, à pénétrer dans la «chambre intérieure»
de la prière, cela ne signifie pas qu'elle en abandonne toutes les
formes à l'exception de la pratique méditative. En fait, il se peut
même qu'elle adopte de nouvelles pratiques qui l'aident à poursuivre sa pratique contemplative et qui l'enrichissent. Un amour
renouvelé pour la *lectio divina* et une nouvelle compréhension
mystique de l'Eucharistie sont, chez les méditants chrétiens, des
fruits très courants de l'esprit. Mais la dimension de profondeur
de la prière modifie à coup sûr la compréhension du sens de ses
formes traditionnelles.

Au demeurant, ce changement s'insère dans l'évolution naturelle de la conscience, au cours du temps, vers la contemplation. Pour la théologie chrétienne classique comme pour la
philosophie du monde antique, la contemplation est le but de la
vie. Jung disait quelque chose de similaire à propos des buts de
la seconde moitié de la vie. Un jour, j'ai rencontré une femme

aux Philippines qui avait commencé depuis peu à méditer dans notre Centre. Elle me raconta que sa foi en Dieu et son approche de la prière avaient été complètement bouleversées par l'enlèvement et le meurtre de son jeune neveu. Lorsque l'enfant fut enlevé, elle-même et les autres membres de la famille décidèrent de bombarder le ciel en permanence. «Demandez et vous recevrez.» Telle était la simplicité de leur foi. Elle fut ébranlée lorsque leurs prières échouèrent. Pourquoi donc Dieu laisse-t-il s'accomplir le mal, surtout envers des innocents? Elle ne rejeta pas Dieu ou la prière, mais elle ne savait plus qui ou ce qu'était Dieu réellement, et la prière lui devint un mystère total. Saint Augustin parle de cette étape essentielle dans le développement de la foi en rapport avec la prière dans sa lettre à Proba:

> À certains moments, nous ramenons nos esprits à la tâche de la prière en les écartant d'autres soucis et préoccupations, ce qui d'une certaine façon refroidit notre désir, nous rappelant par les mots de notre prière à la concentration sur ce que nous désirons. C'est pourquoi, les paroles de l'Apôtre «faites connaître vos demandes à Dieu» ne doivent pas être entendues comme si les demandes devaient être portées à la connaissance de Dieu qui assurément les connaissait avant qu'elles ne soient exprimées, mais comme étant portées à notre connaissance sous le regard de Dieu dans l'exercice de la patience... Nous avons besoin de mots pour nous aider à revenir à nous-mêmes et nous faire voir ce que nous demandons, non pour nous faire supposer que le Seigneur doit être informé ou fléchi par des mots.

Autrement dit, prier ce n'est pas dire à Dieu ce qu'il ne connaît pas ou ce qu'il doit faire; ni lui demander de changer d'avis; ni d'être de mon côté contre d'autres. Tout ceci, me direz-vous, n'est que du bon sens chrétien ordinaire, mais on l'entend rarement exposé de cette manière en chaire ou dans les salles de classe. Peut-être saint Augustin jugeait-il qu'il ne fallait pas le dire haut et fort, à l'instar de Voltaire qui n'aimait pas que ses hôtes parlent de leur athéisme devant les domestiques. Il est intéressant de noter que c'est dans la même lettre à Proba qu'Augustin fait référence, la seule je pense, à une méthode réelle de prière contemplative:

Les frères d'Égypte, dit-on, offraient des prières fréquentes mais très brèves et dans le style d'oraisons jaculatoires, de peur que leur concentration vigilante, indispensable pour qui veut prier, faiblisse et soit émoussée par un excès de longueur. Par là, ils démontrent bien également que cette concentration, de même qu'elle ne doit pas être forcée jusqu'à s'émousser si elle ne peut durer, de même, si elle dure, elle ne doit pas être interrompue rapidement.

Il fait référence, ici, à la «formula» ou *mantra* recommandée par Jean Cassien dans sa Dixième Conférence qui est à l'origine de la redécouverte par John Main de cette forme de méditation, et plus tard, par la Communauté mondiale des méditants chrétiens, qui aujourd'hui, la pratique et l'enseigne dans cent quinze pays. Ce qui était considéré autrefois comme une pratique spécifiquement monastique de «prière pure» a connu, à notre époque postmoderne, une transformation démographique. Ce qui, autrefois, semblait ne convenir qu'à une élite spirituelle s'est aujourd'hui totalement démocratisé. C'est un bon exemple de l'évolution de la doctrine chrétienne.

La dame des Philippines dont j'ai parlé traversa une crise de sa foi. Elle lui était personnelle et ne semblait pas toucher les autres personnes qui avaient prié avec elle avec tant de sincérité pour demander l'intervention divine. C'est la même crise de langage, de pensée et de sens en matière religieuse qui s'est abattue collectivement sur la culture occidentale. Ayant parlé de son dilemme à un ami qui pratiquait la méditation, celui-ci l'invita à participer au groupe hebdomadaire de méditation. Elle méditait déjà deux fois par jour depuis quelques mois lorsque je la rencontrai. Elle n'avait pas eu, disait-elle, de réponses à toutes ses questions, mais elle se sentait plus proche de Dieu et elle avait été conduite vers une forme de prière qui était elle-même une grande grâce, une perle de grand prix, dans sa vie. L'angoisse suscitée par la crise de sa foi avait été une source de croissance. Comme dans d'autres domaines, nous grandissons spirituellement en traversant des crises. Pour reprendre les termes de Jean de la Croix, elle avait entamé le pèlerinage contemplatif après avoir connu la nuit obscure des sens. Peut-être que la culture occidentale tout entière se trouve actuellement dans cette nuit obscure, privée de la «consolation sensible» que lui apportaient autrefois ses formes familières et réconfortantes de prière. Peut-être faudrait-il aussi que la sagesse de l'Église s'attache à expliquer que cette nuit obscure, comme le dit Jean de la Croix, est celle de l'aveuglement causé par la lumière de Dieu et non celle de la privation de l'amour divin. Et peut-être que l'Église devrait enseigner avec confiance la contemplation plutôt que d'essayer de persuader les gens de se mettre en marche arrière dans leur vie pour avancer spirituellement.

S'il n'est pas contrarié, le mouvement naturel de l'esprit humain nous conduira assurément vers la contemplation. Mais comme pour toute fonction ou besoin naturel, comme apprendre à marcher et à parler, par exemple, l'être humain a besoin d'aide. La crise actuelle de la religion, le déficit général d'autorité dont souffrent les institutions et le leadership religieux font que cette aide est difficile à donner. C'est un peu comme lorsqu'il fut mis fin au monopole de la société Bell, une foule de petites entreprises de téléphone envahirent le marché. (Aujourd'hui, il est plus difficile de passer un coup de téléphone aux États-Unis qu'en Inde.) L'Église occidentale a perdu son monopole sur la prière et la spiritualité. Cependant, il y a beaucoup de choses qu'elle seule peut enseigner, ceci en dépit du fait que les stades classiques et ordonnés du développement religieux ne sont plus guère possibles aujourd'hui. La transmission du savoir de base sur l'Évangile et la doctrine chrétienne s'est interrompue; il suffit qu'une seule génération renonce à cette transmission pour perturber et menacer radicalement toute tradition ou culture. Il y en a encore qui disent qu'on ne devrait pas enseigner aux gens à méditer tant qu'ils ne sont pas prêts à le faire (et un directeur spirituel averti vous dira quand vous êtes prêts). Mais cette idée appartient de plus en plus au passé. Les gens méditent. Ils sautent les étapes traditionnelles de l'entraînement à la foi et se lancent sans hésiter. Très souvent, le clergé qui n'a reçu aucune formation à la prière contemplative se sent menacé. Parfois, il rejette cette forme de spiritualité qu'il considère comme erronée: «S'ils sont tellement spirituels, pourquoi ne viennent-ils donc pas à l'église?» Mais cette réaction aussi est en train de changer, et au lieu de rejeter la pratique contemplative qu'ils constatent chez les laïcs, beaucoup de prêtres se mettent à son école.

Ce n'est qu'en s'adaptant à la réalité de la quête et de la pratique spirituelles du monde moderne que l'Église sera capable de remplir la mission qu'elle tient de Dieu d'enseigner et de guider. Ce n'est que dans cet esprit d'adaptation initié par le concile Vatican II que l'Église sera capable de répondre aux problèmes réels de l'homme moderne face à la prière. Beaucoup de ces questions seront abordées dans les autres chapitres de cet ouvrage collectif. À qui s'adressent nos prières? Qui est le «tu» de notre prière? Qui est celui qui prie? Quel lien unit la prière du chrétien à la pratique spirituelle du bouddhiste? Dieu, qui est-il ou qu'est-il? Quel est le rapport entre connaissance de soi et connaissance de Dieu?

Telles sont les questions théologiques intéressantes de notre époque. Malgré le protectionnisme universitaire de nombreuses facultés de théologie qui refusent de laisser entrer la spiritualité dans leur champ d'étude, une réserve qui se reflète dans l'attitude de maints leaders pastoraux essayant de défendre la vie liturgique traditionnelle, ces questions sont très largement abordées. Mais ce ne sont pas de simples questions académiques; elles touchent l'être humain en profondeur. Les gens les posent et les explorent sur le plan de leur propre expérience spirituelle. Celui qui prie, disait Évagre, est un théologien et un théologien est quelqu'un qui prie. Sans doute que dans l'Église d'Occident nous sommes en train de retrouver ce respect pour l'apophatisme qui ne s'est jamais perdu dans l'Église d'Orient où, par conséquent, le lien entre théologie et prière ne fut jamais intellectuellement rompu.

Pour conclure, j'aimerais réfléchir sur le sens de la prière pour les jeunes d'aujourd'hui, dans un monde façonné par la philosophie de la déconstruction et la culture profane.

La modernité nous contraint à poser ces questions, une modernité que nous devrions accueillir de bon gré au lieu de nous en plaindre ou d'être déprimés parce que le nombre des paroissiens diminue et que les églises ferment. Nous avons maintenant une nouvelle occasion de mieux comprendre et d'explorer le sens de l'Évangile. Par exemple, un fruit de cette redécouverte de ce qui nous était familier se manifeste par la compréhension nouvelle du lien étroit qui existe entre l'enseignement de Jésus sur la contemplation et celui sur la non-violence. Comme nombre de théologiens d'aujourd'hui le reconnaissent, l'athéisme en tant qu'aspect de la modernité n'est pas qu'un ennemi. C'est aussi une purification de la foi. Une forme d'apophatisme. Une critique radicale menant à une authenticité plus profonde. Ce grand mystique postmoderne du XIIIᵉ siècle qu'était Maître Eckart, nous presse de «prier Dieu de nous débarrasser de Dieu». La conclusion de Derrida selon laquelle l'acte éthique suprême est le don de soi, mais que celui-ci est humainement impossible, a conduit de nombreux théologiens à une fructueuse réévaluation du sens de l'incarnation, de la rédemption et de la grâce, ainsi que de l'unicité de Jésus.

Cependant, la modernité telle que vécue de nos jours par la plupart des gens est plutôt sombre. La civilisation occidentale ressemble de plus en plus à un désert de sens et à une crise quotidienne pour survivre dans la dignité. Michel Houellebecq exprime tout ceci avec une douloureuse et troublante crudité. Dans ses romans, la modernité est perçue comme un monde tourmenté par un excès de choix dépourvus de sens et une diminution de liberté. La morale s'est desséchée en solitude vide et subjective. Dans *Les particules élémentaires*³, la description de l'enterrement signe, de façon tragicomique, la faillite du langage religieux et de la croyance en sa capacité de donner du sens, même chez ceux qui en font usage.

Au fond, ce qui fait de cet auteur un porte-parole significatif des tiraillements de la postmodernité, c'est bien son humour, la tentative cynique et désespérée de comprendre le destin pour s'en distancer par la description et le rire. «Ce n'est pas encore le pire si vous pouvez dire que c'est le pire», disait Shakespeare. Si la religion a des difficultés à s'adapter au monde moderne, l'art, quant à lui, n'en a pas. Il est dans sa nature de refléter ce que les gens vivent et pensent, et, peut-être, en faisant simplement cela, de changer le cours des choses. Le lien ancestral entre religion et art, autrefois exprimé dans la «beauté de la sainteté», dans la liturgie elle-même, a été si gravement endommagé que nous en sommes réduits à l'«art religieux» et, souvent, à une condamnation religieuse de l'art profane. De même, la religion n'entretient plus avec la science de lien créateur et mutuellement mortifiant et, trop souvent, elle se polarise sur les dangers de la recherche scientifique et de la découverte en mythifiant à l'excès la «loi naturelle» et la loi «surnaturelle».

Le sombre regard sur le présent porté par Houellebecq se reflète dans sa prophétie sur le suicide génétique de l'espèce humaine et l'autocréation d'une race immunisée contre la souffrance et programmée pour le plaisir plutôt que pour la transcendance. C'est d'autant plus inquiétant que cette vision du futur est partagée par un nombre croissant d'écrivains, comme Margaret Atwood dans son récent *Oryx and Crake*[4]. S'ils ont raison, nous n'aurons bientôt plus besoin d'organiser des Congrès comme celui-ci.

Plus sinistre encore est la vision de Houellebecq du champ de ruines que sont les relations humaines, de l'échec de la disposition à la fidélité et de l'impossibilité de faire le don de soi-même. Dans un tel monde, le sexe porte l'impossible fardeau d'être la source principale du sens et la seule voie de communication de soi radicale. C'est un monde sans la prière. Pourtant, de la stérilité et du désespoir même d'un tel monde semble jaillir une timide étincelle de spiritualité, comme par la simple friction entre la conscience humaine et le monde non humain, le personnel et l'impersonnel, l'Homme et la nature, et, si l'on ose dire, la créature et le créateur.

Dans le monde de Houellebecq, si une figure comme celle du Dalaï-lama traversait la scène, elle se verrait gratifiée d'un signe bref et dédaigneux de reconnaissance. En fait, il n'en est pas vraiment ainsi dans la réalité. Récemment, j'ai emmené un groupe de mes étudiants à une conférence que le Dalaï-lama donnait dans une cathédrale. Comme à son habitude, il parla avec simplicité, brièveté et humour, sans grandes exhortations ni commandements. Tout était très simple et évident. Il ne mettait pas en œuvre ses grandes ressources philosophiques. J'imaginai que les étudiants seraient déçus, mais ils réagirent à quelque chose qui dépassait la parole. Ils lui firent confiance. Il était joyeux, humble, confiant et non coercitif. Je ne dis pas qu'on ne trouve pas de leaders tels que lui dans le christianisme, mais je constate que les étudiants furent capables de répondre à cette évidente fécondité de la prière qui transparaît dans sa personnalité. Le témoignage d'un chrétien s'exprimant comme lui, du haut d'une chaire de cathédrale, les aurait atteints plus difficilement. Après la conférence, ils notèrent la différence qu'ils avaient remarquée entre la simplicité et la gaieté du Dalaï-lama et l'air plutôt tendu et sévère du clergé de la cathédrale — un jugement plutôt injuste, car les prêtres étaient préoccupés par le bon déroulement de l'événement, tandis que le Dalaï-lama pouvait se concentrer, comme toujours, sur le fait d'être présent. Mais le fait essentiel et leur réaction demeurent.

J'ai noté la même réaction chez des jeunes qui assistaient au Séminaire John Main de l'an 2000 où nous avions invité d'anciens animateurs du séminaire, y compris le Dalaï-lama, à réfléchir sur le lien entre la méditation et la paix dans le monde, et sur le rôle d'intermédiaire du dialogue interreligieux. Les jeunes — un terme dont nous devons limiter la signification à l'âge mesuré par les ans — recherchent l'expérience et l'autorité capable d'interpréter ou de donner un sens à cette expérience. Dans l'univers houellebecquien, nous avons l'expérience mais jamais le sens. Or, le sens ne se met pas facilement en boîte. Il n'est pas comme la restauration rapide, ou s'il l'est, il n'est pas nourrissant et, à terme, sans doute il nous rendra malade.

La prière est l'expérience du sens, et, au-delà du jeu de mots, c'est aussi le sens de l'expérience. La contemplation, la vision de Dieu, est le but de toute existence. Si l'usage courant du mot «sens» possède une signification ultime, il doit bien s'agir de cela. Prier ou mourir. Comme nous prions, nous vivons.

L'autorité extérieure, y compris dans le domaine de la religion, devient oppression si elle n'est pas reliée à une autorité intérieure, même si ceci n'est pas pleinement compris. C'est ce qu'on appelle l'authenticité et ce que l'on ressent comme tel. Nous éprouvons cette autorité intérieure quand nous découvrons notre bonté innée, belle et radieuse, notre ressemblance avec Dieu. L'expérience de la méditation — la «prière pure» comme l'appelaient les Pères du désert — n'est que cette découverte personnelle de la parenté d'identité entre nous et le mystère divin de notre source et destination finale. Cette autorité intérieure ne peut être imposée par une autorité extérieure. On ne peut pas obliger les gens à méditer. En tant qu'acte d'attention pure, dans toute la richesse de sens que Simone Weil donne à ce mot, la méditation est un acte purement gratuit, le don de soi qui unifie et transcende le moi. Durant ce semestre, j'ai offert aux étudiants la possibilité de méditer quelques minutes au début de mes cours. S'ils ne le voulaient pas, ils pouvaient arriver dix minutes plus tard et attendre à l'extérieur. En fait, je crois avoir trouvé la solution miracle pour que les étudiants arrivent à l'heure. Ils apprécièrent beaucoup l'invitation et y répondirent avec profondeur. Ainsi ont-ils pu goûter, même de façon minime, à la contemplation dans leurs vies marquées par le stress et l'excès de stimulations, mais cela avait le sens d'une prière et semblait changer quelque chose. C'était aussi une façon d'unir dans la prière des personnes très diverses par leurs croyances et leurs attitudes envers la religion. Non seulement la méditation est le domaine naturel commun à toutes les religions et donc un puissant catalyseur de l'entente interculturelle et de la paix, mais elle peut aussi donner à l'Occidental postmoderne morcelé, distrait et anxieux, un sens de la paix intérieure et de l'unité avec ses congénères. Dans tout ceci, l'unique secret, c'est la simplicité.

Les multiples formes de prière qui enrichissent la vie personnelle et communautaire devront, dans les temps à venir, satisfaire à cette exigence nouvelle d'une authenticité enracinée dans l'autorité intérieure de la contemplation. Sans référence à cette expérience de la contemplation qui, selon saint Bernard, est déjà et en permanence en train de remplir notre cœur, toutes les formes traditionnelles de prière resteront insatisfaisantes et inadéquates.

D'après les astrologues, nous sommes entrés dans l'ère du Verseau, une ère pendant laquelle l'autorité intérieure prend le pas sur les formes extérieures. Le chrétien postmoderne n'est pas obligé d'y voir une menace. Nous pouvons y voir ce que le Nouveau Testament appelle le «Jour du Christ» qui, simplement, se fait plus proche, plus puissant et plus lumineux.

Notes

[1] Bénédictin anglais, Laurence Freeman dirige la Communauté mondiale de la méditation chrétienne. Héritier spirituel de Dom John Main, il approfondit l'expérience chrétienne de la méditation en entretenant un dialogue avec d'autres traditions religieuses. Il est l'auteur de plusieurs ouvrages, notamment: *La parole du silence* (1995), *Jésus, le maître intérieur* (2002) et *Lettres sur la méditation* (2003).

[2] John MAIN, *Un mot dans le silence, un mot pour méditer*, Montréal, Le Jour, 1995.

[3] Michel HOUELLEBECQ, *Les particules élémentaires*, Paris, Flammarion, 1998.

[4] Margaret ATWOOD, *Oryx and Crake*, Toronto, McClelland et Stewart, 2003.

2

LA PRIÈRE CHRÉTIENNE INTERRELIGIEUSE: DE LA PRAXIS À LA THÉOLOGIE

Richard Bergeron[1]
Fabrice Blée[2]

On ne peut plus être catholique sans être œcuménique, et être œcuménique, c'est être catholique autrement. Cela suppose que l'on ressaisisse son expérience catholique dans la catégorie de l'œcuménisme chrétien dont le postulat fondamental est que l'Église du Christ subsiste dans les autres confessions chrétiennes, du moins celles qui appartiennent au conseil œcuménique des Églises. Chaque Église ou confession exprime un aspect de l'infinie richesse du christianisme; en entrant en communion avec l'autre et en se laissant interpeller par lui, chaque chrétien se trouve enrichi; il se comprend sous un nouveau jour en découvrant la spécificité de l'autre.

De même on ne peut plus être chrétien sans être interreligieux. Le pluralisme spirituel et religieux actuel ne permet plus à aucune religion de vivre isolément, fermée sur soi dans la méconnaissance, le refus, voire la haine de l'autre. Le chrétien est appelé à saisir son expérience dans la catégorie du dialogue interreligieux. Ce faisant, il se voit dans le miroir de l'autre et établit avec les différentes religions un rapport qui rend possible la prise en compte vraie et entière de l'existence de l'autre dans son altérité et sa différence imprescriptible. En rencontrant l'autre, il se voit lui-même sous un nouvel éclairage et découvre des aspects oubliés ou endormis de sa propre expérience. Le processus dialogal a une puissance extraordinaire de transformation de sa propre foi. En dialoguant, le chrétien devient chrétien autrement.

Le dialogue interreligieux, on le sait, revêt de nombreuses formes qui sont mises en œuvre soit séparément soit ensemble. À côté du dialogue de vie qui consiste à développer une attitude d'accueil de l'autre dans le respect de son identité, il y a le dialogue des œuvres dont les objectifs, surtout de caractère humanitaire, visent le développement et la libération des humains, et le dialogue théologique où les interlocuteurs apprennent à découvrir et à apprécier leurs croyances respectives. Au niveau plus profond, il y a le dialogue de l'expérience religieuse.

Ce dernier type de dialogue se vit de l'intérieur et à l'intérieur de soi, non à côté. Pratiquer le dialogue intérieur, c'est passer d'une manière de penser et de vivre sa vie spirituelle, centrée sur sa seule appartenance religieuse, à une posture qui prend en compte la diversité des expériences spirituelles et religieuses. Le dialogue intérieur est compris comme une structure fondamentale de l'existence humaine (Socrate, Buber, Lévinas). L'ultime dialogue est au plus profond de soi. En tant qu'être humain, je cherche en dialogue à répondre aux appels de mon être structurellement relationnel; en tant que chrétien, j'entre en relation avec l'autre croyant à cause de l'appel que j'entends à l'intérieur même de mon expérience chrétienne.

La particularité de ce dialogue intérieur, appelé aussi dialogue «intrareligieux[3]» ou encore dialogue de l'expérience, réside dans l'intériorisation de la relation à l'autre. Le dialogue devient ainsi une question existentielle pour soi, mieux, une démarche spirituelle en elle-même. Ce dialogue discret se développe dans le silence du cœur à l'abri du trop des paroles et du danger d'enfermer son vis-à-vis dans des catégories qui lui sont étrangères. Or, s'il y a intériorisation de la relation à l'autre, cela veut dire que cette relation ne s'opère plus seulement de personne à personne, comme dans le cas des autres types de dialogue. Le dialogue de l'expérience religieuse se réfère certes à un partage des expériences des uns et des autres, mais il culmine dans une situation où l'autre est présent à soi et en soi, à tout moment, devenant partie intégrante de mon existence sans que sa présence physique ne soit requise. Ce dialogue est le plus exigeant, car il requiert une connaissance profonde de sa propre tradition spirituelle et exige qu'on se laisse interpeller par une autre vérité universelle au cœur même de sa propre foi.

Le dialogue intérieur peut prendre plusieurs formes et se situer à plusieurs niveaux de pratiques et d'engagement: fréquenter les Écritures sacrées des autres religions, utiliser leurs formules de prières, participer à des rencontres interreligieuses, adopter l'une ou l'autre forme de méditation, faire des pèlerinages aux lieux saints des diverses religions, contempler leurs œuvres d'art, étudier leurs enseignements, faire des séjours chez les autres et y recevoir l'hospitalité, comme le font les moines chrétiens et bouddhistes dans leur dialogue interreligieux monastique.

Dialogue et prière

Tous les dialogues n'aboutissent pas nécessairement à la prière. «Mais si cette possibilité est exclue, écrit P. F. de Béthune, l'édifice du dialogue s'écroule. Tant que les échanges avec d'autres croyants [...] se cantonnent à des questions de formulation, d'histoire, de rituels, l'entreprise du dialogue est désespérée. [...] La prière est le plus court chemin entre les humains, parce que Dieu est au plus intime de chacun d'eux. Je crois donc qu'il faut aller jusqu'à dire que la communion dans la prière est la *clef de voûte* du dialogue[4].»

Il en est ainsi parce que la prière n'est pas le simple cri d'une âme religieuse; elle instaure le dialogue fondamental, l'*ur-dialog* avec un Au-delà de ce qui est senti, raisonné et mesuré[5]. Cet *ur-dialog* est le fondement ultime de tout dialogue interreligieux parce qu'il définit l'essence même de la religion. La prière implique la foi. «Prier est dans la religion ce que penser est dans la philosophie; prier c'est produire de la religion[6].» Si la prière produit de la religion, chaque religion produit une prière spécifique et a un «usage particulier» dc la prière qui, dans une large mesure, recouvre une croyance et des doctrines spécifiques... La prière est donc avant tout l'expression d'une foi religieuse donnée. C'est dans la prière que se révèle ce qu'une religion a de spécifique. Loin de se réduire à un ensemble de mots récités, à une simple expression de l'âme religieuse ou à un silence neutre devant le mystère ou l'Au-delà, la prière est essentiellement «porteuse d'une certaine conception du divin, d'une théologie, d'une morale, d'une spiritualité particulière. Elle est le lieu où s'articulent et s'expriment les divers éléments qui forment une religion. Et par là même, elle est un mode de compréhension, par l'intérieur, d'un système religieux[7]». Autant dire que toute prière, aussi bien celle qui jaillit spontanément du cœur du croyant que celle qui est ritualisée et codifiée dans une religion, occupe une place et joue un rôle névralgiques dans le dialogue interreligieux et dans la rencontre entre les religions. La prière de l'autre croyant est une prière autre. C'est dans la reconnaissance de cette irréductible altérité qu'il faut aborder la question de la prière interreligieuse et en tenter la pratique. La prière interreligieuse peut être un puissant facteur de compréhension mutuelle, le lieu secret où s'établit le dialogue ultime.

Aussi les praticiens chrétiens du dialogue entre les religions ont-ils cherché, au cours des trente dernières années, à saisir la prière chrétienne dans la catégorie du dialogue. On peut donc parler d'un dialogue de la prière ou mieux d'une prière en dialogue ou prière interreligieuse.

Avant de traiter de la prière interreligieuse, il paraît indispensable à notre propos de dire un mot sur la prière tout court.

Deux attitudes fondamentales constituent dans le christianisme — et cela semble vrai pour la plupart des religions — les principaux supports de la prière: la parole et l'écoute. Prier c'est parler à Dieu, aux Dieux; c'est prendre la parole en face de Dieu pour exprimer sa peine, sa requête ou son action de grâce. Comme parole à Dieu, la prière implique forcément la reconnaissance d'une altérité entre Dieu et l'orant où la relation toujours asymétrique tend à maintenir la dualité dans la communion. Comme écoute, la prière délaisse toute parole, toute représentation et émotion pour tendre au silence qui atteste la certitude d'une présence intérieure. Non plus face-à-face avec un Autre extérieur à soi, mais rencontre au plus profond de soi avec un Au-delà de soi. Comme écoute dans le silence, la prière aspire à dépasser l'écart de l'altérité et l'extériorité de la communion et à abolir toute distance pour parvenir à la fusion de l'écoutant ou du méditant avec l'Ultime. C'est dire que toute prière chrétienne authentique — qui se fait écoute ou parole — inscrit chez le priant le maintien d'un double désir: désir d'un Face-à-face intime et «amoureux» dans lequel le «Je» et le «Tu» sont affirmés, et désir d'une fusion dans laquelle l'âme s'engloutit en Dieu dans la dissolution de son «Je» autonome et du «Tu» personnel de Dieu.

Les différentes religions vont insister sur l'un ou l'autre de ces deux axes constitutifs de la prière. Les religions dites monothéistes et prophétiques vont privilégier la parole; quand elles parlent d'écoute, elles désignent surtout, mais non exclusivement, l'écoute de la Parole de Dieu proclamée ou écrite (livres saints). Mettant l'accent sur le parler à Dieu, elles posent avec force l'altérité divine et excitent le désir d'une communion interpersonnelle. Par ailleurs, les grandes religions orientales — dites sapientielles — insistent sur l'écoute silencieuse et développent une foule de techniques d'intériorisation, dans le but d'atteindre le divin au-delà de soi et de parvenir à la non-dualité et à la dissolution du «Je» dans la Vacuité de l'impersonnalité divine. Dans le premier cas, la parole a tendance à occuper tout l'espace et à réduire l'écoute à «une minute de silence» dans le flot des formules récitées; dans le second, l'écoute silencieuse a tendance à évacuer toute parole ou à la concentrer à l'extrême dans un *mantra* qui est une formule ou un mot sacré possédant la capacité de transformer le méditant.

Les deux axes de la prière — parole et écoute — se retrouvent dans toutes les religions. Les religions de la parole laissent une place à l'écoute silencieuse alors que les religions de l'écoute laissent des espaces à la parole et au désir d'une communion amoureuse avec le divin. Geffré fait remarquer:

> ...[O]n ne devrait jamais oublier en particulier qu'il y a toujours eu, *à l'intérieur des religions prophétiques*, des courants qui cherchaient à dépasser ce qu'il y a de trop anthropocentrique dans la relation dialogale d'un «moi» créé et d'un «tu» divin. La prière, dans sa spontanéité la plus gratuite, témoigne d'une unité originaire plus radicale que les rapports d'extériorité entre le Dieu créateur et le moi créé. Maître Eckhart, par exemple, est le témoin le plus audacieux et le plus profond de cette ultime quête de l'homme intérieur. Il faut en dire autant du mystique Al-Hallaj à l'intérieur de la tradition musulmane, quand il ose affirmer son identité avec Dieu au-delà de toute extériorité[8].

Par ailleurs l'hindouisme laisse place à la *bhakti*[9] et le bouddhisme offre de l'espace à la recherche d'une communion amoureuse avec les Bouddhas. Il n'y a pas de *sannyasin*[10] qui un jour ne soupire après un dialogue amoureux avec la divinité, comme il n'y a pas de mystique chrétien qui n'aspire un jour à dépasser toute dualité pour se fondre en Dieu.

En contexte dialogal on peut distinguer globalement trois modes ou formes de prière chrétienne interreligieuse. La première advient quand des chrétiens se joignent à des croyants de diverses religions pour prier; la seconde quand des chrétiens insèrent dans leur prière chrétienne des éléments (techniques, méthodes, formules) empruntés à d'autres religions; la troisième quand des chrétiens s'inscrivent totalement comme chrétiens dans la prière d'une autre religion.

Exposons brièvement chacune de ces formes et voyons les questions théologiques qu'elles soulèvent. S'il est un domaine où la praxis précède la théologie, c'est bien celui de la prière interreligieuse. La controverse qu'elle a suscitée montre à quel point cette pratique fait pression sur les discours théologiques officiels, voire sur le dogme lui-même.

Quand le chrétien prie avec d'autres croyants

C'est le modèle mis en œuvre par le pape Jean-Paul II à Assise le 27 octobre 1986, lors de la rencontre entre des représentants des grandes Églises chrétiennes et ceux des religions du monde, venus de tous les horizons dans le seul but explicite de prier pour le don de la paix. La rencontre a fait l'objet de vives discussions. La signification que le Vatican a donnée à cette prière est fort bien documentée. C'est à la lumière du concile Vatican II, particulièrement de la Déclaration *Nostra œtate*, que la rencontre recevra son interprétation chrétienne, plus spécifiquement catholique. On ignore tout ou presque de la façon dont cette interprétation a été perçue par les autres Églises et religions et de la manière dont ces dernières ont compris la rencontre.

Les rituels minutieusement préparés laissent deviner les préoccupations pastorales, politiques et théologiques qui ont motivé les organisateurs. Les représentants des diverses religions se sont rendus à Assise. Dans un premier temps, tous les participants prient au même moment mais dans des endroits différents; dans un deuxième temps, ils prient au même endroit mais à des moments différents. Les prières se succèdent dans un ordre convenu. Tous les participants assistent (mais sans y participer) à la prière des autres. Outre l'écoute mutuelle, il y a après chaque prière un temps de silence. Ce modèle d'Assise a été reproduit un peu partout dans le monde. À l'instigation du franciscain Rolf Fernandes et d'un groupe de ses confrères, plusieurs prières pour la paix, style Assise, ont été organisées à Montréal et ont connu un franc succès.

Le rituel de ce modèle n'est pas neutre; il tranche en pratique une question théologique non encore résolue aujourd'hui. La formule «être ensemble pour prier, non pas prier ensemble» a en effet inspiré le rituel. De fait, les participants n'ont pas prié ensemble, même s'ils ont été ensemble pour que chacun d'entre eux fasse sa prière à lui. Donc il ne s'agit pas vraiment d'une prière commune, ni d'une prière interreligieuse. Sans doute peut-on parler, à la suite de P. F. de Bethune, d'une prière multi-religieuse: plusieurs prières se font successivement dans un même lieu, écoutées par des croyants de diverses religions.

L'«être ensemble pour prier» permet d'éviter le syncrétisme ou l'apparence de syncrétisme et affirme avec évidence l'irré-ductible différence des religions. En tant que geste public posé par des représentants officiels, l'«être ensemble pour prier» était de nature à rassurer les fidèles des religions représentées et à emporter leur sympathie et leur adhésion. À côté des raisons d'ordre pastoral, on invoque des motifs théologiques pour fer-mer toute possibilité de prière commune entre les croyants de foi différente. On affirme d'emblée que, théologiquement, il est tout simplement impossible pour les chrétiens de «prier ensem-ble» avec des croyants d'autres religions. Telle est la position retenue à Assise.

Mgr Jorge Mejia, dans un texte qui a probablement inspiré la rencontre d'Assise, développe la thèse de l'impossibilité de «prier ensemble». Tout son raisonnement se fonde, d'une part, sur l'axiome *lex credendi, lex orandi* et, d'autre part, sur la théologie de la distinction hiérarchisée des religions[11].

Lex credendi, lex orandi. Le contenu de la foi se retrouve dans la prière et vice-versa. D'où la foi, comme norme de la prière. Toute prière a une identité particulière qui découle de la spécificité de la religion à laquelle elle appartient. Un croyant ne peut tout simplement pas entrer impunément dans la prière d'un autre croyant sans mettre en danger son identité et sans risquer d'être affecté par le syncrétisme. Il ne peut y avoir de prière commune que s'il y a partage de la même foi: pas de prière commune sans foi commune. Cela est évident au niveau du ri-tuel et de la prière officielle; pas de *communicatio in sacris*. Cela vaut aussi pour la prière individuelle. Le corollaire de ce principe: «Plus vaste est le domaine de ce qui est commun sur le plan de la foi, plus large est la possibilité d'une prière com-mune; à l'inverse, moins la foi est commune, plus ambiguë se-rait une prière commune[12].»

Le degré d'impossibilité de la prière commune se mesure donc au degré d'éloignement des religions d'avec le christianisme. Il en résulte que les possibilités de prière commune s'amenuisent à mesure que les religions sont loin de l'épicentre du christianisme et de la prière chrétienne. Elles sont donc plus grandes avec les trois religions monothéistes ou abrahamiques qu'avec les religions orientales où les divergences sont plus importantes et les points de contact plus rares. L'irréductibilité des différences interdit la prière commune. L'«être ensemble pour prier» témoigne mieux de la vérité des rapports concrets entre les religions qui restent de fait toujours enfermées — malgré les efforts de dialogue — dans leur suffisance.

Il en résulte, croit-on, que la prière commune est impossible. Cette impossibilité a deux versants: d'une part, le chrétien ne peut pas s'insérer dans la prière des autres croyants et, d'autre part, il lui est impossible d'admettre les croyants des autres religions dans sa prière à lui.

Aux yeux de plusieurs, dont nous sommes, la théorie de l'impossibilité d'une prière commune relève plus d'un problème de méthode que de théologie. Peut-on justifier en l'occurrence le recours à une norme abstraite pour baliser une pratique émergente et un territoire à peine exploré? Le problème est de savoir dans quelle mesure un discours intemporel est tenable dans les circonstances, en dépit des directives concrètes qui peuvent être données. Devant des expériences nouvelles, il n'est pas sûr qu'il faille raisonner par avance et emprisonner l'expérience émergente dans un corset de principes abstraits. Ni les directives ni les normes théoriques «ne sauraient anticiper l'expérience religieuse que susciteront la diversité et la nouveauté des rencontres à venir, ni dicter aux croyants ce qu'il leur convient de faire [...] C'est à la prière accomplie *hic et nunc* de décider de ses modes de contact et de jonction provisoire et circonstanciée entre croyants de diverses traditions, puis de dire à la théologie, non ce qui est possible en soi mais ce qui est possible ce jour-là, avec ces croyants-là, et non à la théologie de le décréter d'avance en cédant à un goût de la généralisation qui impose à l'expérience de se conformer à la norme[13]». Ne convient-il pas de renverser l'adage classique et dire: *lex orandi, lex credendi*?

C'est l'expérience de la prière qui informe la foi. Il y a entre la théologie et la prière un rapport dynamique. Donner la priorité à la prière commune, cela peut exiger et provoquer des changements théologiques; faire le contraire, c'est rendre la prière captive du discours.

La deuxième critique qu'on peut adresser à la théorie de l'impossibilité de la prière commune, c'est de considérer la prière prioritairement, sinon exclusivement, sous son aspect de parole, d'énonciation. On oublie trop l'expérience qui essaie de se dire sous des expressions explicites; on peut facilement devenir prisonnier de l'incompatibilité entre ses propres formules et la croyance de l'autre. Il devient alors quasiment impossible de s'inscrire dans sa prière. Cette métaphore de l'insertion impossible accorde beaucoup de place aux mots de la prière et pas assez à ce qui se cache sous les mots. Prier avec les mots des autres, inscrire sa prière dans leurs formules, n'implique pas nécessairement que l'on ratifie les doctrines qui leur sont sous-jacentes. Il y a un modèle de communion autre que celui qui porte sur l'accord des mots et des doctrines. S'insérer dans la prière de l'autre, c'est — au-delà des mots — s'inscrire dans le mouvement même de sa prière et dans la générosité de son intention et s'insérer avec lui dans une réalité qui transcende toutes les différences religieuses.

Les formules de prière ne sont pas dépréciées pour autant, mais seulement resituées dans leur fonction propre qui est de dire l'expérience. Mais quand cette expérience utilise des mots pour se dire, encore faut-il que ces mots soient habitables par tous les locuteurs impliqués, quelle que soit leur appartenance religieuse. Les psaumes peuvent être priés conjointement par les chrétiens et les juifs (mais non sans difficulté pour les chrétiens qui y injectent souvent leur propre interprétation «christologique»). Ou encore, certaines prières du Coran au Dieu unique peuvent être récitées par le musulman et le chrétien. Et il y a des prières chrétiennes comme le Notre Père qui peuvent probablement être priées ensemble par les trois religions monothéistes. Mais les prières explicitement trinitaires — celles qu'on peut considérer comme spécifiquement chrétiennes — peuvent-elles être récitées par d'autres que des chrétiens, comme d'ailleurs toutes les prières spécifiques à chaque religion, qui comportent un contenu doctrinal explicite propre à la foi du priant?

C'est ici, pense Küng, que nous atteignons le point critique: «Lorsqu'on exprime la spécificité d'une religion, ce qui en est le caractère propre et particulier, on ne peut attendre des membres d'une autre religion qu'ils fassent une telle prière. Au mieux ils le feraient à la légère et de manière ritualiste ou bien pour plaire à un ami d'une autre croyance, ou bien parce qu'on utilise de telles formules de prières sans trop y penser[14].» On ne peut sérieusement exiger d'un juif ou d'un musulman qu'ils s'insèrent dans une prière spécifiquement chrétienne, qui est trinitaire, pas plus qu'on ne peut demander à un chrétien qu'il récite avec le bouddhiste la formule du Triple Refuge. Dans tous ces cas la prière serait facteur de séparation plutôt que d'union. Elle serait non un signe de réconciliation mais une menace pour l'identité de chacun.

Il est évident que si on insiste indûment sur l'expression verbale de la prière, on ne voit effectivement pas comment des représentants de religions différentes puissent prier ensemble, car les doctrines, les mythes et les symboles dans lesquels s'exprime l'expérience de chacun appartiennent à une communauté particulière qui y puise son inspiration et y trouve l'expression de son identité. Sont-ils vraiment accessibles à une autre communauté? L'usage commun des symboles propres à une religion ne suggérerait-il pas une communauté de type institutionnel qui, en fait, n'existe pas?

Mais ce caractère particulier du symbole doit-il nécessairement entraîner l'impossibilité de prier ensemble? N'y a-t-il pas moyen de surmonter cette difficulté? Oui, pensent plusieurs, dont Amaladoss, à condition de choisir ou de créer une prière universalisable comportant des symboles communs qui puissent exprimer la communauté d'expérience de divers croyants. Cette prière universalisable pourrait utiliser des symboles qui seraient tirés de répertoires communs à toute l'humanité et que chaque religion intégrerait de diverses manières dans sa propre tradition; car, outre les symboles puisés dans sa mythologie et son histoire, chaque religion utilise aussi des symboles tirés de la nature (eau, lumière, feu, arbre, montagne) et de l'expérience humaine (se lever, se laver, manger). Ces symboles peuvent recevoir un sens commun dans un contexte commun. Cela ouvrirait la possibilité d'une prière commune. Cette possibilité de la prière en commun n'a pas à être prise dans un sens universaliste, c'est-à-dire comme pouvant être utilisée par tous les priants appartenant à toutes les traditions religieuses. «Prier avec un juif ou un musulman peut constituer pour moi une expérience différente de celle de prier avec un hindou[15].» On peut rester fidèle à sa propre tradition religieuse sans devoir toujours en manifester tout le contenu confessionnel. Danger de rester enfermé dans sa tradition sous prétexte d'exigence d'identité totale. La rencontre de l'autre prescrit toujours une déprise et un exode. «De même que l'on ne peut pas toujours manifester ce que l'on pense et croit, on peut admettre que certaines circonstances invitent à prier selon des mots et des formules qui, venant d'ailleurs, amènent à renoncer à une part non de ce que l'on croit, mais de son droit ou de son envie de manifester ce que l'on croit[16].»

Hans Küng souhaite que des spécialistes prennent l'initiative de rassembler des textes de prière universellement utilisables et habitables, tirés de diverses religions, en vue d'une prière commune. Il ne parle pas de textes rédigés à cette fin et ne relevant d'aucune tradition. Il est difficile, selon lui, de trouver des principes généraux qui puissent justifier qu'on prie ensemble avec des textes communs, les relations des religions entre elles étant trop différentes. N'empêche qu'on *puisse* et *doive* pourtant le faire. Cette possibilité et cette exigence découlent de trois observations:

1 — Dieu étant l'origine et le but ultime de tous les humains qui forment une seule race humaine, pourquoi ceux-ci n'auraient-ils pas le droit de prier ensemble Celui ou la Réalité qui constitue cette origine et cette destination communes? Les

êtres humains ont le droit de prier ensemble et devraient le faire plus souvent.

2 — Avant d'être des systèmes de doctrines et des symboles, les religions sont des lieux destinés à développer et à promouvoir la relation entre les humains et le divin. Même si les doctrines peuvent être différentes voire inconciliables, cela n'empêche pas que la relation à Dieu proposée par les religions puisse être vraie et authentique. Or, l'expérience de cette relation à Dieu se réalise d'abord dans la prière. C'est dire que la prière en commun s'enracine dans la visée ultime de la religion qui est de mettre en relation avec l'Au-delà; elle est même une exigence interne à la religion.

3 — Comme le dit Jean-Paul II: «Toute prière authentique est suscitée par l'Esprit Saint qui est mystérieusement présent dans le cœur de chaque personne.» Une évaluation aussi positive fonde la possibilité et l'exigence d'une participation active à la prière d'un autre croyant.

Quand le chrétien utilise la prière des autres

Dans cette partie nous passons à un autre type de prière, celle du chrétien qui, seul ou avec d'autres chrétiens, se sert de la prière d'autres croyants: prier chrétiennement la prière des autres et utiliser des éléments de prières qui leur sont propres. Nous fixons notre attention principalement sur les religions orientales et sur l'utilisation par le chrétien de leurs techniques, rituels et symboles spécifiques. Il y aurait beaucoup à dire sur cette question. Nous ne pouvons cependant, dans le cadre de ce chapitre, que nous limiter à quelques considérations[17].

L'utilisation des méthodes et techniques orientales dans la prière chrétienne se fait selon trois modalités ou approches différentes.

La première approche: l'emprunt. Il s'agit d'extraire quelques éléments aux autres spiritualités, d'utiliser certains de leurs rites, techniques et symboles, sans se laisser influencer par la religion d'où sont tirés ces éléments. Les tenants de cette approche ne reconnaissent généralement pas que ces médiations puissent donner accès au Tout-Autre. Elles procurent tout au plus un «auto-salut» de l'avis du jésuite Joseph Masson[18]. Dans le meilleur des cas, ces techniques de méditation servent de gymnastique, de moyen de relaxation physique et mentale; elles prédisposent à la prière chrétienne. On les réduit donc à n'être qu'une préparation à quelque chose de plus essentiel.

La deuxième approche: la christianisation. Selon cette approche, le priant chrétien adhère à des formes de prière qui se présentent déjà comme des synthèses chrétiennes élaborées à partir d'une connaissance pratique des religions orientales. On reconnaît volontiers la valeur transcendantale de ces voies méditatives, mais on estime cependant qu'elles peuvent être détachées de leur contexte philosophique et ascétique. Ainsi peut-on pratiquer le zen sans connaître le bouddhisme. On fait de ces méditations, des pratiques en quelque sorte areligieuses que l'on peut transposer dans un cadre chrétien. On aboutit alors à l'élaboration d'un zen chrétien avec H. M. Enomiya-Lassalle[19] et K. G. Dürckheim[20], ou d'un yoga chrétien avec J.-M. Déchanet[21]. Cette approche peut éventuellement aboutir à l'élaboration d'une prière chrétienne qui s'inspire des voies orientales sans qu'on n'y fasse plus référence. C'est le cas de la méditation chrétienne de J. Main[22] et de la *centering prayer* de T. Keating et B. Pennington[23]. Dans un cas comme dans l'autre, les fondateurs se sont initiés auprès de maîtres orientaux authentiques, puis ils ont développé, à partir de leur expérience, des voies adaptées à la culture chrétienne occidentale. Il demeure que de telles synthèses, si importantes soient-elles, font l'économie du dialogue.

Tout compte fait, le rapport à l'Orient est mis ici au service d'un renouveau spirituel en milieu chrétien; l'existence de ce rapport n'est pas nécessairement reconnu. On parle alors d'une certaine assimilation; cela affecte les méditations orientales dans leur spécificité culturelle et religieuse. Les approches assimilatrices des méditations orientales peuvent même servir de support pour les critiquer, voire les dénigrer, en conséquence de l'inconfort souvent ressenti dans les milieux ecclésiaux quand un chrétien se fait disciple du bouddhisme ou de l'hindouisme en matière de méditation. Il va sans dire cependant que grâce à de telles synthèses chrétiennes, le chrétien s'estime en meilleure posture pour rencontrer les maîtres de l'Orient d'égal à égal.

La troisième approche: l'hospitalité. Selon cette approche, qui est pratiquée par ceux qui entrent dans une expérience intérieure de dialogue intra-religieux, l'adoption d'une méditation «non chrétienne» préserve l'altérité propre à la tradition religieuse à laquelle elle se rattache, induisant de ce fait une transformation profonde du sujet à son contact. Cette approche suppose que les méditations orientales soient reconnues comme des voies à part entière vers la Transcendance, mais aussi qu'elles aient quelque chose de spécifique à nous dire sur elles-mêmes.

Quand le chrétien s'inscrit totalement dans la prière d'une autre religion

Dans cette démarche, le chrétien entre dans la prière de l'autre et laisse l'autre entrer dans sa propre prière. Ce type de prière est strictement dialogal. Il y a accueil de ce qui est à la fois spécifique et universel dans l'expérience spirituelle de l'autre. On y respecte le caractère irréductible de la différence religieuse. Il y a respect de l'altérité religieuse. La méditation orientale n'est plus vue comme une simple technique ou méthode, mais comme une voie englobante avec sa cohérence philosophique, historique et anthropologique[24]. Ici, la prière inscrit un mouvement vers l'autre et un retour à soi que John Dunn appelle *passing over and coming back*. Seul, ce type de prière peut véritablement être qualifié d'interreligieux, car seul, il implique le respect radical et inconditionnel de l'altérité. Parmi les tenants catholiques de cette prière interreligieuse, on doit mentionner, entre autres, Henri Le Saux, Bede Griffiths, Raimundo Panikkar, William Johnston, Oshida Shigeto ainsi que bien des moines qui s'adonnent au dialogue intermonastique. Nous savons que dans ce dialogue, l'hospitalité joue un rôle pratique et symbolique d'une grande importance. Des moines chrétiens font de longs séjours dans des monastères bouddhistes et tentent d'entrer le plus profondément possible dans le mode de vie, l'expérience spirituelle et la prière des moines bouddhistes, qui leur rendent la pareille.

Entrer dans l'expérience religieuse de l'autre revient à lui offrir un espace en soi sans jamais cesser d'être soi-même. C'est en assumant pleinement le commandement de Jésus et la présence de l'Esprit que le chrétien est appelé à s'ouvrir à l'altérité, ainsi qu'à la dimension spirituelle de l'autre, et ce, idéalement, jusqu'au don de sa propre vie, comme en témoignent avec force les moines trappistes de Thibérine. Une telle hospitalité peut s'opérer dans le cadre d'une adoption du zen ou du yoga. Accueillir des méditations orientales, c'est au fond accueillir des générations de chercheurs qui ont donné corps à cette pratique porteuse de tout un héritage spirituel et religieux que l'on rencontre dès lors qu'on commence à méditer[25].

On ne peut vraiment parler de prière interreligieuse que dans cette troisième approche. L'interreligieux n'a de sens que s'il existe un vis-à-vis accueilli tel quel dans sa différence. Par contre, dès lors qu'on fait de l'autre un soi-même, par exemple en cherchant à tout prix un dénominateur commun entre les partenaires du dialogue, l'altérité disparaît et avec elle toute possibilité de dialogue. Donc, la prière qualifiée d'interreligieuse est marquée par ce rapport à l'altérité, un rapport intériorisé dans la mesure où la prière renvoie à l'intimité entre soi et le divin qui s'effectue dans le cœur, au plus profond de la chair. On aboutit alors à la situation, typique chez un Le Saux, où se confrontent en soi deux façons de penser et de sentir, deux expériences et deux cohérences religieuses, avec en outre l'impossibilité de choisir entre l'une ou l'autre voie; non pas que cela soit un signe d'instabilité ou de confusion, mais bien celui d'un choix assumé de l'appel à saisir chez l'autre l'intuition la plus haute pour mieux s'éveiller à elle. Connaître l'autre dans sa spécificité sans vouloir l'assimiler ni fusionner avec lui, voilà la nouvelle vocation qui se dessine ici et que l'on retrouve au cœur du dialogue de l'expérience religieuse. Cela signifie que le contenu de la foi se retrouve dans la prière, que toute prière a une identité particulière qui découle de la spécificité de la religion où elle s'enracine. On retrouve alors la formule *lex orandi, lex credendi*. Or, il est intéressant de rappeler ce que nous avons dit plus haut: alors que pour Mejia, cette formule sert d'argument pour refuser toute possibilité de prier ensemble, dans un autre contexte elle devient paradoxalement le fondement théologique de toute expérience intra-religieuse, et donc la condition d'une prière partagée par les partenaires du dialogue et assumée dans l'intimité de sa propre foi.

Évocation d'un débat

Toutes ces tentatives d'utilisation de prières et de techniques orientales ont soulevé dans l'Église une vive controverse du fait que ces techniques ne sont pas des cadres vides, mais qu'elles véhiculent un sens et une intention tirés du système religieux d'où elles sont extraites. En les adoptant, le chrétien les christianise-t-il vraiment ou au contraire n'est-il pas «hindouisé» ou «bouddhicisé» par elles?

Le débat sur les méditations orientales prend corps surtout à partir des années 1970. Nous proposons ici de le considérer à partir du dialogue interreligieux monastique. Pourquoi ce choix? Certainement pas pour minimiser les nombreuses expériences qui se font en ce domaine parmi les laïcs, les prêtres et les religieux des ordres apostoliques, mais pour montrer qu'on ne saurait évaluer adéquatement la praxis et les enjeux qui se rattachent à la question de l'adoption de méditations orientales sans tenir compte un tant soit peu de l'expérience des contemplatifs chrétiens, surtout ceux des ordres bénédictin et cistercien, concernés par ces questions depuis des décennies.

Cela s'explique du fait que les méditations orientales, envisagées dans leurs plus hautes aspirations, sont les pratiques qui se rapprochent le plus de la prière contemplative chrétienne. En outre, en Asie, ces méditations concernent une minorité de personnes, principalement les moines, ceux qui, temporairement du moins, renoncent au monde. On comprend dès lors pourquoi les moines chrétiens en dialogue sont directement concernés par la question qui retient notre attention. Ils ont acquis une expertise des plus précieuse concernant le rapport aux méditations orientales dans le cadre du rapprochement entre les monachismes qu'ils ont initié à la fin des années 1960. Il serait faux par ailleurs de croire que le dialogue monastique ne concerne qu'un groupe restreint de reclus et qu'il ne revêt que peu d'intérêt à l'échelle de l'Église. Il vise au contraire un changement de mentalité et de comportement au sein du christianisme, bien au-delà des murs des abbayes.

L'adoption par les moines et les autres chrétiens de techniques et méthodes de méditation orientale n'a pas tardé à soulever une vive controverse. Dès 1977, le théologien suisse, Balthasar, publie un article qui dénonce vivement l'infiltration des pratiques orientales dans les monastères chrétiens. Il écrit: «Aussi bien le dilettantisme vraiment ridicule avec lequel on contrefait en Europe les méthodes asiatiques [...] que le mélange charlatanesque de pseudo-zen avec toutes sortes de pauvreté sans consistance, de dynamique de groupe psychanalytique [...] devraient ne faire que rire si, devant la perte de valeurs substantielles de l'Église, la trahison portée dans la citadelle la plus intérieure de cette même Église, on ne devait pas se voiler la face de honte [...] Même un Merton et les bénédictins à Bangkok et à Bangalore ont tenté de trouver un équilibre sur une telle poutre branlante[26]!» Ce texte est l'indice d'un malaise profond au sein de l'Église face à l'emprunt d'éléments étrangers dans la prière des chrétiens. Toujours est-il que le débat est lancé. En réponse aux propos de Balthasar, le bénédictin Pierre Massien de l'Institut catholique de Paris publie en 1979 un article où il s'attaque aux préjugés qui, encore fortement ancrés dans les milieux chrétiens, portent atteinte aux religions orientales et en biaisent la juste compréhension[27]. Les moines en dialogue sont en fait convaincus que le succès du zen ou du yoga ne relève pas d'un phénomène passager et secondaire,

48

et qu'il est encore moins une menace pour la foi chrétienne. Ils y voient davantage un signe des temps, une occasion providentielle de ressaisir l'essentiel de la vocation monastique qui s'exprime en termes d'expérience du divin et d'intériorité. Ne faut-il pas écouter attentivement tous ces jeunes qui s'adonnent au zen et au yoga tout en prenant leurs distances par rapport à l'Église institutionnelle?

En 1984, les moines d'Europe font circuler un questionnaire portant sur la présence de Centres hindous ou bouddhistes en Occident, sur les raisons du recours actuel à l'Orient et à ses religions, ainsi que sur l'apport des moines dans la rencontre avec les traditions monastiques non chrétiennes. Les réponses sont éclairantes: que ce soit en Italie, aux États-Unis, en France, en Hollande ou en Allemagne, le nombre des adhérents aux pratiques orientales est très élevé; et ce sont surtout des jeunes. Les moines prennent ce phénomène au sérieux. Dans une conjoncture où les écueils sont nombreux, les moines offrent une protection contre les dangers que représentent les pseudo-mystiques. Le discernement s'impose et pour ceux qui accueillent les méditations orientales et pour ceux qui éprouvent de la méfiance à leur endroit.

C'est le cas de Balthasar qui, en 1985, publie un autre texte: *Nouveaux points de repère*. Il n'est plus question ici de trahison de la part des moines chrétiens ni de dénonciation acerbe comme dans l'article de 1977. Ses propos sont plus nuancés. Il se demande «comment et suivant quelle échelle de valeurs les méthodes orientales de méditation peuvent être intégrées dans le christianisme[28]». Sans jamais vraiment répondre à la question, il présente les voies orientales essentiellement comme des préparations à l'accueil de la grâce divine, précisant toutefois qu'il n'existe aucun exercice qui puisse forcer la venue de Dieu: «Si, pour la méditation orientale (et pour certains moines chrétiens sous son influence, tel par exemple Évagre le Pontique), la pratique de l'amour du prochain comme exercice au détachement de soi fait partie de la purification préparatoire, elle n'est donc qu'un simple moyen pour accéder au degré supérieur de la vision; pour la voie authentiquement chrétienne, elle ne peut jamais être réduite à cette situation de préparatifs[29].» Balthasar oppose en fait les méthodes orientales, axées sur la transcendance, au christianisme qu'il considère comme la seule religion tournée vers le monde. À l'endroit des méditations orientales, la prudence est donc toujours de mise.

Cet appel à la prudence sur l'arrière-fond du vieux débat sur les œuvres et la grâce, on le retrouve quelques années plus tard et à l'échelle de l'Église, dans la fameuse *Lettre sur la méditation chrétienne* signée en 1989 par le cardinal Ratzinger et publiée par la Congrégation pour la doctrine de la foi[30]. Ce document qui va susciter de nombreuses réactions dans les milieux chrétiens marque une étape importante dans notre débat. S'inspirant entre autres des textes de Balthasar, cette lettre décourage d'utiliser les méditations orientales qu'elle identifie indirectement aux hérésies gnostiques des premiers siècles de l'ère chrétienne. Au mieux, elle voit dans ces méditations des éléments que l'on peut extraire et assimiler dans la spiritualité chrétienne, sans bien sûr que celle-ci n'en subisse aucun changement. Somme toute, la lettre de Ratzinger dissuade d'entrer dans un dialogue profond avec les religions orientales.

N'ayant pas été consultés dans la préparation de ce document, les moines chrétiens, forts de leur discernement et de leur expertise, vont y réagir avec l'appui du cardinal Arinze qui leur demande officiellement en 1991 de poursuivre le débat en faisant état de leur expérience en ce domaine. Les moines en dialogue répondent à cette invitation en publiant en 1993 un document majeur intitulé *Contemplation et dialogue interreligieux*. Il s'agit d'une première synthèse de diverses expériences que des moines ont menées durant une vingtaine d'années au contact des voies surtout bouddhique et hindoue. Ce document marque un jalon important dans l'histoire générale du dialogue de l'expérience religieuse. Et pourtant il n'exercera que bien peu d'influence sur le débat qui nous concerne; il n'aidera guère à dissiper les malentendus et à prévenir les mises en garde et les dénonciations de la part des milieux officiels.

Pour s'en convaincre, qu'il suffise de penser aux commentaires controversés de Jean-Paul II sur le bouddhisme dans son livre *Entrez dans l'espérance*[31], aux propos tout aussi controversés du cardinal Ratzinger qui, dans l'*Express* (20 mars 1997), compare les pratiques orientales à de l'auto-érotisme, ou encore à la condamnation récente du bénédictin allemand, Willigis Jeager, pour son enseignement du zen.

Les méditations orientales font toujours l'objet d'un débat très animé, que les diverses mises en garde ne font qu'attiser. On continue d'explorer des voies spirituelles prometteuses pour les uns et inquiétantes pour les autres. Le débat sur la prière interreligieuse n'en est désormais que plus vif et controversé, d'autant qu'il pousse les antagonistes dans des voies encore plus sinueuses et profondes, celles d'une spiritualité du dialogue. En 1998, le Conseil pontifical pour le dialogue interreligieux organise son assemblée plénière autour de cette question; et en 1999, Arinze invite les catholiques à partager leur expérience en ce domaine. Les moines y répondent aussitôt; ils rassemblent une cinquantaine de témoignages sur la façon dont le dialogue influence leur rapport au divin. Ces témoignages sont publiés en 2003 dans un document intitulé *Expériences monastiques de dialogue interreligieux*. Il faut noter pour notre propos qu'environ 40% des témoignages parlent explicitement de la pratique d'une méditation ou prière contemplative issue d'une autre religion.

À l'inverse du document *Contemplation et dialogue interreligieux*, ce texte n'offre pas une synthèse des expériences analysées. La mobilisation des moines n'est pas isolée. Elle s'inscrit dans une démarche et une préoccupation qui dépassent le cercle strictement monastique. Le débat concerne toute l'Église, et c'est en fonction de tous les avis reçus, de toutes les expériences partagées, monastiques et autres, qu'une synthèse peut commencer à s'élaborer.

À côté des documents qui viennent d'être évoqués brièvement, il y en a un autre que nous aimerions mentionner comme preuve que le débat se poursuit bel et bien aujourd'hui, pas toujours de façon explicite et sans connaître de progrès notables. Nous voulons parler du texte sur le Nouvel Âge publié en 2003[32]. Ce texte a tendance à amalgamer Nouvel Âge et pratiques méditatives bouddhiques et hindoues. Là encore, on se réfère à la lettre de 1989 et on ignore une fois de plus l'expertise monastique en la matière. Ce document continue à jeter le doute sur l'emprunt de méditations orientales et plus encore sur un dialogue spirituel profond avec elles.

Que retenir finalement de ce débat dont on ne saurait, dans ce bref exposé, rendre compte de toute la richesse et la complexité? 1. D'abord, on remarque qu'il s'agit d'un véritable débat d'Église impliquant de part et d'autre non seulement des ordres contemplatifs, mais aussi des théologiens et des cardinaux, sans parler de laïcs et de religieux appartenant aux ordres apostoliques, voire du pape dont les allégations ont pu servir aussi bien les fins de ceux qui favorisent l'usage des méditations orientales que de ceux qui s'y opposent. 2. Ensuite, on note que les mises en garde à l'endroit des méditations orientales ont souvent des effets contraires à leurs intentions initiales: les réactions qu'elles ont suscitées favorisent au bout du compte une plus grande ouverture face aux pratiques contestées. 3. Il faut aussi mentionner que ce débat sur les méditations orientales en cache un autre, celui des œuvres et de la grâce, où s'affrontent deux tendances, une plus dogmatique et l'autre plus spirituelle ou contemplative[33]. Cette dernière invite à voir les formulations dogmatiques de l'Église comme des signes qui pointent vers la réalité ultime sans s'identifier à elle, alors que la première a tendance au contraire à les absolutiser et, en conséquence, à jeter un certain soupçon sur tout développement d'une mystique chrétienne apophatique suite au contact avec les spiritualités bouddhiques et hindoues. 4. Enfin, ce débat oppose deux attitudes, l'une qui relève de l'assimilation et l'autre qui encourage le dialogue. D'un côté, on tombe dans un comparatisme qui force à conclure que notre religion est supérieure aux autres, à ces religions dont on peut tout au plus récupérer les meilleurs éléments; de l'autre, on respecte l'altérité des voies spirituelles non chrétiennes, ce qui débouche sur une compréhension et un enrichissement mutuels. Tout repose en définitive sur la vision que l'on a des méditations orientales et sur la manière de les mettre en pratique à l'intérieur même de sa propre spiritualité chrétienne.

Concernant les méditations orientales, la question est moins de savoir jusqu'où le chrétien peut les emprunter sans tomber dans le syncrétisme, que de s'assurer qu'il est prêt à assumer ce que sa foi exige véritablement de lui en termes d'attention à l'autre et de dépouillement de soi. Ce n'est pas parce qu'on considère les méditations orientales comme des voies spirituelles à part entière qu'il faille, pour les adopter, renier sa propre foi. N'est-ce pas le contraire qui est vrai? C'est, en effet, au cœur de l'altérité religieuse que le chrétien est invité à prier sa propre foi.

Il n'est donc pas question de mettre sa foi entre parenthèses; au contraire, c'est la foi elle-même qui incite le chrétien à s'ouvrir, non pas à moitié mais pleinement, à la façon dont l'Esprit se communique à l'autre. On ne saurait s'investir dans une expérience religieuse non chrétienne et en saisir la spécificité, qu'en étant enraciné dans sa propre foi. C'est ce dont l'expression «double appartenance» tente de rendre compte; elle renvoie en réalité à ce qui est spécifique à la foi chrétienne, à son originalité. Or, celle-ci ne réside pas dans une technique spirituelle particulière, mais dans le don de soi et l'hospitalité inconditionnelle que requiert l'amour de l'autre, en premier lieu de l'ennemi qui traditionnellement a revêtu les livrées de celui qui prie et croit autrement.

Adopter une méditation orientale ne constitue pas nécessairement une menace pour la foi chrétienne; cela peut être l'occasion de l'approfondir. La double appartenance ne renvoie pas ici à la construction statique d'une identité religieuse hybride; elle sert bien plus à désigner une dynamique dialogale où l'autre devient partie intégrante de ma recherche de Dieu. Dans la relation à l'autre où il est appelé à rencontrer l'Esprit, le chrétien doit surmonter bien des tentations et des épreuves; mais il reçoit la promesse de se réconcilier avec le divin et d'en accueillir davantage le mystère. C'est en se dépouillant des idoles et des fausses identités qu'on entre dans le désert de l'altérité, un désert dont la marque spécifique réside dans la tension entre l'enracinement dans sa propre tradition et l'engagement dans celle d'un autre. Le rapport aux méditations orientales devient l'occasion d'une prière interreligieuse et d'une spiritualité du dialogue dès lors qu'il nous offre de toucher l'Esprit, origine de toute oraison authentique.

Pour conclure

Le débat suscité par la prière interreligieuse a soulevé plusieurs questions cruciales, entre autres, celle du Dieu que l'on prie et celle de l'identité chrétienne dont le syncrétisme et la double appartenance ne sont que des facettes.

Identité et syncrétisme

Voyons d'abord la question de l'identité chrétienne. La rencontre de l'autre pose toujours la question de l'identité; elle est l'occasion d'affirmer et de confirmer sa propre identité. Comment rester fidèle à soi-même et conserver son identité chrétienne tout en adoptant des formes qui appartiennent spécifiquement à une autre identité religieuse? Comment protéger son identité sans se laisser enfermer dans une forme historique quelle qu'elle soit? L'identité étant une donnée dynamique, on ne peut la sauvegarder en se crispant sur une forme révolue. L'attachement à une forme passée et le refus de s'ouvrir à l'inédit peuvent bien être l'indice d'une infidélité à soi-même. Y a-t-il véritable recherche d'identité sans risque de se perdre? Quel est le prix dogmatique à payer pour qu'un modèle dialogal de spiritualité et une prière interreligieuse puissent se justifier théologiquement? En d'autres termes, comment le chrétien peut-il maintenir et enrichir son identité à travers le processus de rupture et de refondation qu'induit la saisie du christianisme dans la catégorie du dialogue? Une chose est sûre, dans une culture pluraliste où les religions sont en contact quotidien dans un même espace public, l'identité chrétienne ne peut plus se penser sans la prise en compte des autres religions.

La question de l'identité nous mène à celle du syncrétisme. On a peur d'être contaminé par des doctrines, des idées, des pratiques, des techniques jugées contraires, incompatibles et donc irréconciliables. Une des stratégies régulièrement utilisée par le christianisme pour protéger son identité fut de porter l'accusation du syncrétisme. On a pu qualifier le syncrétisme de «pire trahison[34]», de «fornication spirituelle[35]». Y a-t-il promiscuité plus indécente que cette intolérable mixture, dans le système chrétien, d'idées et de pratiques étrangères et hétérogènes? Dans son sens négatif, le syncrétisme est aux antipodes du christianisme pur, authentique, fidèle à ses origines. C'est un produit frelaté, empoisonné. Aussi le concile Vatican II met-il en garde contre «toute apparence de syncrétisme[36]». C'est par peur du «syncrétisme» que l'Église oppose une résistance tenace à la prière interreligieuse. Mais l'histoire des religions a délesté le syncrétisme de son indice négatif pour le considérer comme l'état normal d'une religion vivante qui assimile, réinterprète, s'ajuste, emprunte, adopte des éléments hétérogènes pour les refondre dans un nouvel *éthos*. C'est au nom de ce nouveau visage du syncrétisme que les tenants de la prière interreligieuse ont justifié leur position. Certes, dans la question du contact entre religions, le temps n'est pas encore aux synthèses théologiques, petites ou grandes, qui assureraient intégration et cohérence. Par ailleurs ne doit-on pas se résigner à un peu d'éclectisme en ces temps de grandes fractures[37]?

La question de l'identité mène aussi à celle de la double appartenance religieuse. Cette expression est-elle légitime? Elle vise une situation inédite jusqu'à tout récemment. De plus en plus de chrétiens se disent chrétiens-bouddhistes ou chrétiens-hindous, tous ces «chrétiens à trait d'union», pour reprendre l'expression de Jacques Dupuis. Puisqu'il y a eu autrefois des judéo-chrétiens et des pagano-chrétiens, pourquoi n'y aurait-il pas des hindous-chrétiens, c'est-à-dire des croyants d'autres religions qui confesseraient Jésus à leur façon? Peut-on parler d'hindouisme chrétien ou de christianisme hindou? Je ne sais pas. Pourtant il doit bien y avoir une façon bouddhiste, hindoue et musulmane de nommer Jésus, comme il y a une façon juive de le faire?

Mais est-il vraiment question ici de double appartenance? Lors des Deuxièmes Assises pastorales européennes tenues à Bruxelles en novembre 1999, premier congrès à traiter du problème, les congressistes se sont entendus pour reconnaître que l'expression «double appartenance» revêt un caractère ambigu et que, partant, il importe de la manier avec précaution. Cette expression suppose, en effet, l'adhésion simultanée à deux groupes sociaux, à deux structures religieuses — ce qui n'est généralement pas le cas en ce qui a trait à l'adoption par le chrétien des méditations orientales. On pourrait même affirmer que dans certains cas, notamment celui de Le Saux, c'est le contraire qui est vrai, étant entendu que le *sannyasin* dont il a revêtu la robe, est précisément un homme qui n'appartient à aucun système religieux ou spirituel et qui assume intégralement ce grand détachement. Il demeure toutefois qu'une telle démarche est conditionnée à bien des égards par la tradition hindoue et sa vision du monde. De plus, l'expression «double appartenance» peut laisser entendre que le chrétien a un pied dans l'une et l'autre religion et qu'il est en proie à l'indétermination; être chrétien un jour et bouddhiste le lendemain ou encore avoir la main droite chrétienne et la gauche bouddhiste, bref être à moitié chrétien et à moitié bouddhiste. Le Saux se dit plutôt chrétien à 100% et hindou à 100%. Panikkar et Béthune iront dans le même sens. Aborder les choses de cette façon permet d'écarter tout discours qui pose la «double appartenance» en termes d'addition. Ce qui ne signifie pas cependant qu'on soit relié de la même façon aux deux traditions[38]. En réalité, l'expression désigne l'effort déployé pour saisir et faire sienne un tant soit peu la cohérence philosophique et ascétique d'une autre religion et en capter l'expérience qui ouvre sur la vérité universelle, cette vérité qui est au cœur de la religion de l'autre et en traduit paradoxalement ce qu'elle a de plus spécifique. En d'autres termes, être bouddhiste ou hindou à 100% ne veut pas dire se plier dans les formes aux divers rites et observances de ces religions, mais en saisir en pratique l'intuition la plus haute, celle qui coïncide avec l'expérience de libération qui en constitue la dimension essentielle. La «double appartenance», vue sous cet angle, ne peut pas être associée à la religion à la carte.

Si les théologiens s'accordent sur le caractère équivoque de l'expression, ils reconnaissent par ailleurs l'importance de prendre au sérieux les expériences de plus en plus nombreuses auxquelles renvoie cette expression. «Quoi qu'il en soit des théories théologiques, écrit Dupuis, il importe, en le domaine qui nous occupe, d'éviter les jugements absolus et de réfléchir à partir de la réalité vécue[39].» Cela va à l'encontre de déclarations *a priori*, comme celle de Masson, qui pose d'emblée l'impossibilité «d'être à la fois chrétien et yogi, chrétien et zéniste. Il n'y a pas, selon lui, de compromis possible[40]». Nous sommes invités moins à rejeter *a priori* toute possibilité de double appartenance qu'à préciser davantage ce qu'on désigne par là.

Quel Dieu prie-t-on?

Le second point touche la question de Dieu. Faut-il s'en étonner? La prière n'est-elle pas une mise en relation — par la parole et l'écoute — avec un Au-delà irréductible qu'on ne peut nommer mais qui est susceptible de recevoir tous les noms? *Innominabile et omninominabile*, disait Maître Eckhart. La prière ne peut que renvoyer à ce mystère insaisissable. Cet insaisissable n'est «connu» que s'il apparaît, se laisse voir. Il n'est de Dieu pour moi que manifesté. C'est dire que Dieu est inséparable de l'image dans laquelle il s'«épiphanie». Toute prière, toute tentative de relation à Dieu passe par la médiation de l'image que j'en ai. Même manifesté, le divin reste infini mystère. Le Dieu confessé et prié est inséparable de ses médiations. Toute prière passe par elles, même si le priant peut souhaiter les dépasser.

Chaque religion s'enracine dans une image du divin indissociable de la relation qu'elle veut favoriser entre le croyant et l'Au-delà. Elle a une manière spécifique de nommer le divin. Les images et les noms par lesquels elle le désigne ne sont pas des termes synonymes. Par exemple, le Brahman hindou n'est pas le Dieu trinitaire des chrétiens, personnel, créateur, juge provident. Dieu et Brahman ne sont pas la même chose. Ce sont deux concepts qui ne recouvrent pas la même réalité et qui n'ont pas les mêmes attributs. Je ne puis tout simplement pas traduire Dieu par Brahman pas plus qu'il m'est loisible de traduire Dieu par table et Brahman par avion.

Dieu et Brahman sont néanmoins équivalents. Panikkar parle d'équivalence «homéomorphique» entre les deux, au sens où Dieu et Brahman jouent un rôle équivalent à l'intérieur de leur système respectif[41].

Ce qui est dit ici du Dieu chrétien et de Brahman vaut aussi en bonne partie pour Yahvé. Les chrétiens ont refusé de parler de leur Dieu comme de Yahvé. Ils ont donné à leur Dieu un nom trinitaire[42]. De leur côté, les musulmans parlent d'Allah; le Coran rejette avec virulence l'idée de Trinité et de filiation en Dieu. Ni Yahvé ni Allah ne sont des traductions du Dieu chrétien, mais il y a cependant entre eux une équivalence «homéomorphique». Il n'y a donc qu'un seul Dieu, mais les croyants adorent-ils vraiment le même Dieu? Ne font-ils pas l'expérience d'un Dieu toujours différent[43]?

Dans ce contexte, est-il possible pour un chrétien de prier avec d'autres croyants porteurs d'images spécifiques du divin? Peut-il faire autre chose qu'être avec les autres pour prier et communier à leur prière? Mais peut-il vraiment prier avec les autres dans une prière commune: prier ensemble? Alors cette prière commune habitable par plusieurs priants ne sert-elle à chaque croyant que de support à sa propre prière, chrétienne, musulmane, hindoue? Chacun y prie sa propre prière dans un cadre commun. Nous avons qualifié de «multi-religieuse» cette prière avec les autres croyants. Cette prière est-elle autre chose qu'un ensemble de prières parallèles qui s'adressent à des dieux différents, à des visages différents de Dieu? N'y aurait-il pas entre elles une convergence «homéomorphique» en ce sens qu'elles auraient toutes la même fonction, celle de mettre chaque priant en contact avec un aspect particulier du mystère, contact visant à opérer chez lui une transformation en syntonie avec l'image projetée de Dieu?

Le chrétien peut-il prier en utilisant des textes de prières, des techniques et des symboles propres à d'autres religions? Oui certes, il peut emprunter des éléments hétérogènes mais à condition de les intégrer dans sa propre prière et de les interpréter chrétiennement. L'utilisation des psaumes par les chrétiens est un paradigme qui doit nous servir de phare en la matière. On est alors devant une prière chrétienne qu'on pourrait qualifier de «syncrétiste», au sens positif que l'histoire des religions a donné à ce mot, le syncrétisme étant l'état normal d'une religion vivante qui assimile, incorpore et intègre, en les réinterprétant, des données étrangères rencontrées sur sa route. En ce sens la méditation chrétienne de John Main et la *centering prayer* de Pennington ne peuvent-elles pas être dites «syncrétistes»?

À côté de la prière chrétienne «multi-religieuse» et «syncrétiste», il y a la prière chrétienne «interreligieuse» proprement dite: ici le chrétien s'inscrit totalement comme chrétien dans l'espace spirituel de l'autre et s'en nourrit. Cette prière s'inscrit dans ce mouvement selon lequel le priant chrétien outrepasse ses propres frontières pour aller chez l'autre et revenir chez soi enrichi. Tout ce mouvement se passe à l'intérieur du sujet. Ce type de prière est certes possible, mais difficile et périlleux. Ne devient pas passeur de rive qui veut. Dom Le Saux a failli y laisser sa peau. Il écrit dans son journal: «Souvent je rêve de mourir, car il me semble qu'il n'y ait plus d'issue pour moi en cette vie. Je ne puis être à la fois hindou et chrétien, et je ne puis non plus être ni simplement hindou, ni simplement chrétien. Alors, quel sens à vivre? Quel découragement de vivre[44]!»

Notes

[1] Richard Bergeron est professeur émérite de l'Université de Montréal où il a enseigné pendant une trentaine d'années la christologie et les questions relatives au pluralisme religieux.

[2] Fabrice Blée est détenteur d'un doctorat en théologie de l'Université de Montréal. Il est professeur à l'Université Saint-Paul à Ottawa. Il y enseigne la spiritualité chrétienne dans ses rapports avec les autres religions. Il dirige la collection «Spiritualités en dialogue», chez Médiaspaul.

[3] Raimundo PANIKKAR, Le dialogue intrareligieux, Paris, Aubier, 1985.

[4] Pierre François DE BÉTHUNE, «Les enjeux du dialogue de l'expérience spirituelle», La vie spirituelle, n° 731 (juin 1999), p. 248-249.

[5] En allemand, la racine ur- signifie originel, vierge, primal.

[6] NOVALIS, cité dans Michel MESLIN (dir.), Quand les hommes parlent aux Dieux, Paris, Bayard, 2003, p. 5.

[7] Ibidem.

[8] Claude GEFFRÉ, «Le dialogue entre les religions», dans Frédéric LENOIR et Ysé TARDAN-MASQUELIER, Encyclopédie des religions, tome 2, Paris, Bayard, 2000, p. 2425.

[9] Bhakti: mot sanscrit qui, dans l'hindouisme, signifie «dévotion».

[10] Sannyasin: dans l'hindouisme, ascète qui a renoncé au monde.

[11] Jorge MEJIA, «Être ensemble pour prier: réflexions théologiques», Documentation catholique, n° 1919 (1957), p. 1083-1085.

[12] François BOEPSFLUG, «La rencontre d'Assise: prier en commun et prière commune», La vie spirituelle, n° 731 (juin 1999), p. 301.

[13] Ibid., p. 304 et 306.

[14] Hans KÜNG, «La prière des religions dans le nouveau contexte mondial», Concilium, n° 231 (1990), p. 3.

[15] Michael AMALADOSS, «Prier ensemble pour la paix, Assise 1986, dans le contexte d'aujourd'hui», Spiritus, n° 126, tome XXXIII (février 1996), p. 114.

[16] François BOEPSFLUG, «La rencontre d'Assise», p. 311.

[17] On trouvera un développement plus étoffé dans Fabrice BLÉE, Le désert de l'altérité. Une expérience spirituelle du dialogue interreligieux, Montréal, Médiaspaul, 2004.

[18] Joseph MASSON, «Le Chrétien devant le yoga et le zen», Nouvelle revue théologique, n° 104 (1972), p. 389.

[19] Hugo Makibi ENOMIYA-LASSALLE, Le Zen, chemin de l'illumination, Paris, Desclée de Brouwer, 1965.

[20] Gerard WEHR, *Karlfried Graf Dürckheim*, Paris, Albin Michel, 1997.

[21] Jean-Marie DÉCHANET, *La voie du silence*, Paris, Descléc de Brouwer, 1956.

[22] John MAIN, *La méditation chrétienne*, 2e éd., Montréal, Le Prieuré bénédictin de Montréal, 1985.

[23] Thomas KEATING et Basil PENNINGTON, *Centering Prayer*, New York, Doubleday, 1980.

[24] Voir Fabrice BLÉE, «Le milieu de la pratique zen: pour une spiritualité du dialogue», *Origins*, n° 3-4 (2003), p. 23-34.

[25] Pierre DE BÉTHUNE, *Par la foi et l'hospitalité*, Clerlande, Publication de Saint-André (Cahiers de Clerlande, n° 4), 1997, p. 117.

[26] Hans Urs VON BALTHASAR, *et al.*, *Des bords du Gange aux rives du Jourdain*, Paris, Saint Paul, 1983, p. 161.

[27] Pierre MASSEIN, «Le point de vue bouddhiste et le point de vue chrétien sur les techniques de méditation», *Bulletin de l'A. I. M.*, n° 27 (1979), p. 50-55.

[28] Hans Urs VON BALTHASAR, *Nouveaux points de repère*, Paris, Fayard, 1980, p. 103.

[29] *Ibid.*, p. 110.

[30] Joseph RATZINGER, «Quelques aspects de la méditation chrétienne: Lettre de la Congrégation pour la doctrine de la foi aux évêques de l'Église catholique», *Documentation catholique* (7 janvier 1990), p. 16-23.

[31] JEAN-PAUL II, *Entrez dans l'espérance*, Paris, Plon-Mame, 1994.

[32] «Jésus Christ le porteur d'eau vive: une réflexion chrétienne sur le Nouvel Âge», *Documentation catholique*, n° 2288 (16 mars 2003), p. 272-310.

[33] Fabrice BLÉE, «Double appartenance religieuse et dialogue interreligieux monastique», *Mission,* n° 10 (2003), p. 9-32.

[34] Léon BRUNSCHWIG, *La raison et la religion*, Paris, Alcan, 1939, p. 95.

[35] J. Britto CHETHIMATTAN, «Portée et condition du dialogue entre hindous et chrétiens», *Concilium*, n° 3 (1965), p. 52.

[36] CONCILE VATICAN II, Décret *Ad gentes* sur l'activité missionnaire de l'Église, n° 22, 1965.

[37] Richard BERGERON, «Bricolage ou développement: comment discerner?», *Prêtre et pasteur* (avril 2003), p. 211-217.

[38] Fabrice BLÉE, «Quelle voie chrétienne-bouddhiste? Pour une articulation de la double appartenance religieuse», dans Dennis GIRA et Jacques SCHEUER, *Vivre de plusieurs religions: promesses ou illusion?*, Paris, l'Atelier, 2000, p. 151-160.

[39] Jacques DUPUIS, «Hindou-chrétien et chrétien-hindou», dans Dennis GIRA et Jacques SCHEUER, *Vivre de plusieurs religions: promesses ou illusions?*, p. 55.

[40] Joseph MASSON, «Le chrétien devant le yoga et le zen», *Nouvelle revue théologique*, n° 104 (1972), p. 389.

[41] Raimundo PANIKKAR, *Entre Dieu et le cosmos*, Paris, Albin Michel, 1998, p. 44.

[42] On connaît la virulente controverse au cours de l'Antiquité chrétienne sur la question de savoir si le Dieu chrétien et Yahvé de l'Ancien Testament sont identiques. Marcion et ses disciples ont même affirmé que Yahvé et le Dieu chrétien n'avaient rien en commun.

[43] Voir Richard BERGERON, *Hors de l'Église, plein de salut*, Montréal, Médiaspaul, 2004.

[44] Marie-Madeleine DAVY, *Henri Le Saux, le passeur entre deux rives*, Paris, Albin Michel, 1997, p. 136.

3

QUI EST L'AUTRE DE LA PRIÈRE?

Jean-Claude Breton[1]

C'est justement de cette insensibilité apparente qu'il va être question dans la suite du récit. Dieu annonce à Abraham son intention d'exterminer les habitants de Sodome en raison de leur perversité. Le patriarche refuse pour une fois de s'incliner, reste debout, s'approche et dit: «Anéantiras-tu le juste avec le méchant dans la colère?» (Genèse 18, 23) Suit le fameux dialogue où le patriarche, critiquant la notion de justice collective, marchande le nombre de justes. Dieu recule. Il réclamait au départ cinquante justes pour sauver Sodome, il descendra jusqu'à dix. Abraham ne lui en demandera pas davantage. Cet échange est révélateur d'une inversion dans les rapports entre l'homme et Dieu. Ce n'est plus la divinité qui crée l'humain à son image, mais le contraire. Abraham travaille à la moralisation de Dieu en lui inculquant des principes de justice qui lui semblaient étrangers. Le dieu d'Abraham est donc ici, sans aucune ambiguïté, un dieu façonné à l'image du patriarche, taillé à sa mesure[2].

Cette citation suggère que la prière est un lieu où l'orant façonne en quelque sorte son Dieu. Il se fait un dieu qui lui convient et il dévoile du coup qui est le dieu de sa foi, sinon de sa religion, comme je l'illustrais dans un texte antérieur. Le propos aujourd'hui est différent, il ne s'agit pas de livrer une réflexion avancée et déjà assurée d'une ferme conviction. La démonstration, s'il est encore permis d'utiliser ce mot, ne tendra pas à convaincre, mais plutôt à s'engager, comme complice, dans une démarche qui est davantage devant soi que déjà réalisée. Je préciserai d'abord la nature de mon propos et ses limites.

D'entrée de jeu, dans son introduction au livre *Quand les hommes parlent aux Dieux*[3], Michel Meslin affirme que la prière suppose un Autre à qui elle s'adresse. Bien de nos contemporains disent par ailleurs prier alors qu'ils s'adonnent à des pratiques méditatives où l'Autre n'est pas aussi clairement affirmé. Il y aurait donc, à un premier regard, une différence dans la référence à l'Autre de la prière, selon les pratiques concrètes. Mais, plus profondément, cette différence n'est-elle pas le reflet du fait que l'Autre de la prière a changé?

Je n'entends pas répondre ici de façon définitive à cette question, mais plutôt proposer des outils qui permettraient d'en commencer l'exploration. En faisant l'hypothèse que, dans la tradition chrétienne au moins, l'Autre de la prière a connu des transformations, il s'agirait donc, dans un premier temps, de suggérer quels sont les traits de cet Autre à différentes époques, et, dans un deuxième, de dégager quelques conséquences de ces changements (de façon à souligner l'intérêt et la pertinence de cette enquête). Plus précisément encore, notre hypothèse tendrait à manifester un processus d'intériorisation dans la référence à l'Autre qui, de sujet extérieur et transcendant, deviendrait de plus en plus intérieur au geste de l'orant. Pour le moment, nous nous contenterons d'illustrer cette hypothèse à partir de quelques exemples pris dans l'histoire de la prière chrétienne, pour en manifester partiellement le bien-fondé et commencer une vérification plus complète.

Projet limité s'il en est, qui s'en tient volontairement et uniquement à la tradition chrétienne, même si ma conviction personnelle me porte à croire qu'on pourrait éventuellement trouver des phénomènes semblables, sinon identiques, dans d'autres traditions. Bien plus, la tradition chrétienne elle-même ne sera pas explorée dans tous ses recoins, dans toute sa richesse. J'oserai tout simplement proposer des illustrations à partir de coups de sonde à trois moments de son histoire.

Le premier moment renverra à une prière des débuts de la chrétienté. Une prière donc qui n'est plus la simple reprise d'une prière juive, mais qui s'inscrit dans les premiers siècles de la tradition chrétienne. Le deuxième moment offrira une prière empruntée à ce qu'on appelle communément le début de l'ère moderne, soit le XVIIe siècle, celui de Descartes et Pascal, mais aussi celui de la naissance de l'école française de spiritualité. Enfin, le troisième moment portera sur une prière empruntée au XXe siècle et témoignant, à mon avis, de ce que j'oserais appeler la façon nouvelle de faire place à Dieu dans la prière[4].

Pour chacun des moments, je vais d'abord présenter rapidement la prière retenue et son auteur. Ensuite, je vous inviterai à lire le texte de la prière en portant attention aux passages significatifs d'une manière de parler de Dieu et à Dieu. Puis j'essaierai de faire ressortir la situation de l'orant dans la pratique de cette prière. Mon hypothèse, comme je le disais plus haut, est que ces trois prières composées à des périodes différentes témoignent d'un mouvement où Dieu devient de plus en plus intérieur à la démarche de prière, et où l'orant s'inscrit de plus en plus comme un partenaire explicite dans la réalisation de ce que la prière exprime.

Je fais tout de suite une petite pause pour répondre aux objections de ceux et celles qui affirmeront que mon projet est impossible à réaliser ou qui le dénonceront d'entrée de jeu en me soupçonnant d'avoir choisi des prières qui illustrent mon hypothèse, en négligeant celles qui la mettraient en question ou la réfuteraient.

Mon premier élément de réponse à semblable objection rappellera d'abord que je n'entends pas ici faire la démonstration exhaustive et absolument convaincante de mon hypothèse, mais que je cherche plutôt à situer les critères à éventuellement prendre en compte, et à illustrer du coup le type de démarche exigée. Mais tout reste à faire et, par cette réflexion, j'espère tout juste vous faire visiter le chantier qu'il s'agirait ensuite d'explorer plus avant.

Ma deuxième remarque concèdera volontiers aux porteurs d'objections que mon choix est biaisé et qu'il vise à faire valoir mon hypothèse. Une démarche plus approfondie devra prendre en compte des exemples qui vous viennent déjà en tête et qui nuanceraient sérieusement mes propos grossiers. Comment oublier la formule d'Augustin qui parle de Dieu comme m'étant plus intime que moi-même et oser suggérer en même temps que la prière aurait connu un chemin d'intériorisation de Dieu depuis ses origines chrétiennes? Je ne suis pas complètement naïf ni ignorant, et je sais qu'il faudrait nuancer plus que je vais le faire. Mais je demeure convaincu que la vision de Dieu de la communauté chrétienne, telle qu'on peut la reconnaître déjà à partir de quelques exemples de prières, a changé au cours des siècles, que ce changement a rapproché Dieu des êtres humains et que ceux-ci sont du coup devenus des collaborateurs plus importants dans la réalisation du contenu des prières.

C'est dans cette ligne de pensée que j'essaierai aussi de dégager quelques conséquences de ce changement dans la perception de Dieu dans la prière: retombées sur la facture et le contenu de la prière elle-même, sur la compréhension de la personne priante et de son rapport à Dieu. Nous y reviendrons après le travail d'analyse.

Analyse de trois prières chrétiennes

Je dois d'abord m'expliquer sur le choix de mes prières. Je suis d'abord parti de la pré-sélection qu'offre le livre de Meslin déjà cité. Au lieu de faire mon enquête personnelle dans l'histoire de la prière chrétienne, j'ai accepté de m'en tenir aux choix déjà faits dans ce livre et d'y chercher les prières qui pourraient me servir. Ensuite, j'ai tenté de prendre des prières à la fois typiquement chrétiennes, donc pas trop proches des pratiques juives antérieures, et représentantes de leur époque. Ce dernier trait n'est pas facile à gérer, car, en toute honnêteté, il présupposerait une maîtrise de toute l'histoire de la prière chrétienne et une connaissance certaine de chacune des périodes visées. Faute de me reconnaître tout ce savoir, je crois suppléer à la maîtrise de l'histoire par le recours aux choix préalables de l'ouvrage de Meslin, et, pour chaque époque, j'ai choisi un ou une auteur(e) dont la réputation permet de dire qu'il ou elle représente bien son temps. J'ajoute ici une remarque pour la prière du XXe siècle. J'ai résisté à la tentation de retenir une prière de Marcel Légaut à la fois pour ne pas revenir sur un terrain déjà exploré et parce que celle que Meslin a retenue n'est pas authentiquement de Légaut, mais la reprise adaptée d'une prière tamoule.

Avant d'entreprendre la lecture des prières retenues, il s'impose aussi d'identifier les critères que je me propose d'utiliser. La tâche n'est pas facile, car s'il faut retenir des critères pertinents à la question soulevée, il faut aussi éviter de les choisir de façon à présumer de la réponse. Les critères doivent être assez clairs et précis pour aider à distinguer, s'il y a lieu, les prières en fonction de leurs particularités. Mais ils ne doivent pas imposer à ces prières une identité qui ne leur appartient pas. J'essaierai donc de mener mon analyse à partir des critères suivants.

Le premier tiendra dans le vocabulaire utilisé pour parler de Dieu et cherchera à identifier l'image de Dieu retenue dans telle ou telle prière. Un dieu cosmique, un dieu de l'histoire, un dieu métaphysique, un dieu mythologique, et autres distinctions de la sorte.

Le deuxième critère tentera de cerner la place des demandes dans la prière en question. Y a-t-il des demandes directes ou incluses indirectement dans le geste d'action de grâce, par exemple? Quel est le contenu des demandes et quelle place la prière souhaite-t-elle y accorder à Dieu et à celui ou celle qui prie?

Le troisième critère portera sur l'image de l'orant qu'il est possible d'en dégager. Pour le dire en images, est-ce un orant debout ou en prostration? Un orant actif ou qui se contente de parler? Un orant qui parle de façon personnelle ou qui se fait l'écho de propos habituels de sa tradition religieuse?

Un dernier critère essaiera de faire une place à la facture même de la prière, à sa composition, à sa structure et, si possible, à sa situation historique. Il ne s'agit probablement pas d'un critère au sens propre, mais d'un lieu où je voudrais ajouter toutes les remarques utiles pour bien identifier une prière.

Une dernière remarque préliminaire. J'ai inclus des critères qui ne portent pas directement sur Dieu et sur son image, car je crois évidemment que l'environnement, et surtout la perception de la personne priante, sont importants dans l'enquête entreprise ici.

Avec ces outils rudimentaires, je me lance dans l'analyse.

La prière de Grégoire de Nazianze (environ 330-390)

Grégoire de Nazianze est un de ces théologiens de la Cappadoce qui se sont imposés après le concile de Nicée comme des références majeures dans la compréhension de la foi chrétienne. Il est décédé en 390. Il fut président du concile de Constantinople en 381 et exerça un rôle prépondérant dans la reconnaissance de la place de l'Esprit Saint par ce concile. C'est aussi à lui que nous devons la magnifique formule suivante: «Ce qui n'a pas été assumé, n'a pas été guéri. Ce qui est uni à Dieu, voilà ce qui est sauvé.» Sa prière est présentée dans le livre *Quand les hommes parlent aux Dieux* comme un hymne de louange emprunté aux *Poèmes dogmatiques*.

Voici cet hymne de louange qui exprime pleinement à la fois l'humanisme chrétien du IVᵉ siècle et la profondeur de la réflexion théologique.

> Ô toi, l'au-delà de tout,
> comment t'appeler d'un autre nom?
> Quel hymne pourrait te chanter
> puisqu'aucun mot ne t'exprime?
> Quel esprit pourrait te saisir
> puisque nulle intelligence ne te conçoit?
> Car toi seul es ineffable
> et tout ce qui se dit vient de toi.
> Toi seul es inconnaissable
> car tout ce qui se pense vient de toi.

Tous les hommes te célèbrent,
 ceux qui parlent et ceux qui sont muets.
Tous les êtres te rendent hommage,
 ceux qui pensent et ceux qui ne pensent pas.
Le désir de l'univers,
 le gémissement de tous les êtres
 aspirent vers toi.
Tout ce qui existe te prie,
 et vers toi, tout homme qui sait comprendre l'univers
 fait monter un hymne silencieux.
Le mouvement du cosmos déferle en toi,
 car, de tous les êtres, tu es la fin.
Tu es unique,
 tu es chaque homme et tu n'es aucun,
tu n'es pas un être solitaire,
 mais tu n'es pas l'ensemble des êtres.
Toi qui as tous les noms,
 comment puis-je t'appeler?
Toi, le seul qu'on ne peut nommer...
Quel esprit céleste pourra pénétrer
 les nuées qui voilent le ciel?
Aies pitié, ô toi, l'au-delà de tout!
Comment t'appeler d'un autre nom[5]?

Image de Dieu

Les mots pour parler de Dieu évoquent d'abord ce qu'on
appellera plus tard la tradition apophatique. Aucun nom ne convient à Dieu; il est ineffable, inconnaissable. Mais pas complètement inconnu puisque tous les hommes le célèbrent et lui rendent
hommage. Il serait donc un «vers toi», difficilement identifiable,
mais dont la grandeur et la force ne font pas de doute, puisque le
mouvement du cosmos déferle en lui et qu'il est la fin de tous les
êtres. Objet du désir et de l'aspiration de tous les êtres, il est
unique; il est chaque homme et en même temps il n'est aucun

d'eux. Sans être solitaire, il n'est pas la somme des êtres. Il a tous les noms, mais aucun ne lui convient vraiment, puisqu'on ne peut le nommer. Seul un esprit céleste pourra pénétrer les nuées qui voilent le ciel et qui, dès lors, cachent qui est l'au-delà de tout, qu'on ne peut appeler d'un autre nom.

Ce vocabulaire reflète un mélange du sens religieux de l'adoration et de l'humilité métaphysique en présence de Dieu. L'altérité et la différence de Dieu, eu égard autant à la nature humaine qu'à la réalité du cosmos, sont des caractéristiques de premier ordre. Si on ne peut pas le nommer, c'est que Dieu est au-delà de tout ce pour quoi notre langage est adéquat et suffisant.

La place des demandes

À première vue, il n'y a pas de demandes dans cet hymne qui semble se contenter de célébrer la grandeur de Dieu[6]. Mais les motifs d'action de grâce cachent et voilent des objets éventuels de demande ou des souhaits qui ont la force de vœux. On voudrait saisir pour pouvoir chanter Dieu. L'univers et tous les êtres le désirent et aspirent à se rapprocher de lui. Tout ce qui existe le prie et fait monter vers lui un hymne silencieux, faute de trouver les mots qui conviennent. Tout cela parce qu'il est la fin de tous les êtres et du cosmos entier. C'est dire, ou tout au moins sous-entendre, que tout ce qui est et tout ce qui advient relèvent de lui. C'est pourquoi il n'est pas possible, ou pas utile de formuler des demandes, puisqu'il faudrait le faire pour tout et qu'en tout les mots manquent.

L'image de l'orant

L'orant n'est pas personnalisé de façon identifiable. Un peu à l'image de Dieu, il est le reflet vague et imprécis de tous les hommes. Il semble que ce soit en raison de l'esprit dont il est doté qu'on puisse espérer de lui une prière digne de Dieu, si tant est qu'il soit possible de prétendre atteindre cet objectif. Mais ni son esprit ni son être ne sont précisément identifiés.

Il représente tous les hommes, donc tous les êtres humains, hommes et femmes, dans leur rapport à Dieu. Un des motifs qui amène les êtres humains à prier est le fait d'avoir compris l'univers. On voit par là la caractéristique de l'orant tel que conçu par Grégoire: il s'agit d'un être humain qui a suffisamment compris la nature du monde pour lui reconnaître une origine, un créateur et un principe d'ordonnancement à qui il faut adresser une prière toujours inadéquate et imparfaite.

Facture et situation globale de la prière

La traduction française permet de reconnaître que cette prière a été construite comme un hymne, et la présentation confirme ce fait. Un hymne qui s'inscrit dans un volume de poèmes dogmatiques. On est donc en face d'une prière adoptant une formulation poétique, doublée toutefois de préoccupations pédagogiques.

La prière s'ouvre et se termine en effet par une question portant sur le nom qui pourrait convenir à Dieu. Entre ces deux pôles, la prière entière va tenter de montrer la futilité de toute tentative de nommer Dieu adéquatement.

La forme de la prière vient confirmer ce que son vocabulaire nous avait déjà appris sur la nature du Dieu de Grégoire. Il s'agit d'un Dieu cosmique, à la grandeur et au pouvoir illimités, devant qui seul le silence est finalement admissible, même si on ose formuler une prière pour appeler à ce silence. Une expression de la grandeur de Dieu qui fait peu de place aux personnes qui le prient. Celles-ci doivent tout simplement s'efforcer de scruter le monde, pour tenter de le comprendre et pour y trouver la place qui leur convient.

En résumé, il est donc possible d'affirmer que selon toute apparence, cette prière de Grégoire de Nazianze est adressée à un Dieu cosmique, tout-puissant, avec lequel la personne priante ne peut entretenir qu'un rapport d'adoration et de soumission.

La prière de saint François de Sales (1569-1629)

Le personnage est bien connu et cet évêque de Genève qui n'a jamais résidé dans son diocèse, mais bien dans la ville d'Annecy, a vécu à cheval sur le XVIe et le XVIIe siècles, immédiatement après les débuts de la réforme de Calvin dans ce qui deviendra la capitale de la Suisse. Ami très proche de Jeanne de Chantal, il s'est préoccupé de proposer une voie spirituelle qui puisse se vivre en dehors du cloître. Il serait peut-être exagéré d'en faire le père de la spiritualité des laïcs, même si on doit bien reconnaître que les défenseurs de cette spiritualité au XXe siècle ont été heureux de pouvoir compter sur ce précurseur.

La prière retenue ici a été composée par François de Sales en février 1613 pour Marie-Aymée de Thorens et elle se veut une prière de situation pour cette future maman. C'est donc un évêque qui met dans la bouche d'une femme enceinte les mots d'une prière adaptée à la situation de la future maman.

Saint François de Sales (1569-1629) a beaucoup insisté dans son œuvre théologique et pastorale sur la possibilité de sanctification de l'état laïque: l'oraison ne devait pas être cantonnée à l'intérieur des couvents mais pratiquée par chacun, au cœur de sa condition et de ses affaires. Ici, il compose une prière pour une femme enceinte sur le point d'accoucher.

> Ô Dieu éternel, Père d'infinie bonté, qui avez ordonné le mariage pour en multiplier les hommes ici-bas, repeupler la céleste cité là-haut, et avez principalement destiné notre sexe à cet office, voulant même que notre fécondité fût une des marques de votre bénédiction sur nous; Hé! me voici prosternée devant la face de votre Majesté que j'adore, vous rendant grâces de la conception de l'enfant auquel il vous a plu de donner être dedans mon corps. Mais Seigneur, puisqu'ainsi il vous a semblé bon, étendez donc le bras de votre providence jusques à la perfection de l'œuvre que vous avez commencée: favorisez ma grossesse de votre perfection, et portez avec moi, par votre continuelle assistance, la créature que vous avez produite en moi, jusques à l'heure de sa sortie au monde; et lors, ô Dieu de ma vie, soyez-moi secourable,

et de votre sainte main, supportez ma faiblesse, et recevez mon fruit, le conservant jusques à cc que, comme il est votre création, il le soit aussi par rédemption, lorsqu'étant reçu au baptême il sera mis dans le sein de l'Église votre épouse.

Ô Sauveur de mon âme qui, vivant ici-bas, avez tant aimé, si souvent pris entre vos bras les petits enfants, hé, recevez encore celui-ci et l'adoptez en votre sacrée filiation, afin que, vous ayant et invoquant pour Père, votre nom soit sanctifié en lui, et que votre royaume lui advienne. Ainsi, ô Rédempteur du monde, je le voue, dédie et consacre de tout mon cœur à l'obéissance de vos commandements, à l'amour de votre service et au service de votre amour [...]

Et vous, Vierge Mère très sainte, ma chère Dame et unique Maîtresse, qui êtes l'unique honneur des femmes, recevez en protection et dans le giron maternel de votre incomparable suavité, mes désirs et supplications, afin qu'il plaise à la miséricorde de votre Fils, de les exaucer [...][7].

Image de Dieu

Le vocabulaire de l'auteur de *L'Introduction à la vie dévote* nous est plus familier que celui de Grégoire de Nazianze et il n'a pas connu les conséquences de la traduction. Dans la langue du XVIIe siècle, voici les mots que François de Sales retient pour parler de Dieu.

«Dieu éternel et Père d'infinie bonté», voilà qui situe tout de suite Dieu en dehors de notre monde. Sa grandeur et sa différence vont être confirmées par l'usage répété du mot «Seigneur», dont une fois explicitement en relation avec le salut de l'âme. Le mot «Père» apparaît aussi, mais dans une reprise légèrement modifiée de la prière enseignée par Jésus à ses disciples. Si le mot «sauveur» était relié à l'âme, celui de «rédempteur» le sera au monde: Dieu est rédempteur du monde.

Enfin le dernier paragraphe de la prière évoque la Vierge Mère et son Fils, et prend ainsi une couleur chrétienne qu'on attendait un peu depuis le début.

L'image suggérée par le vocabulaire est pour ainsi dire confirmée par les fonctions reconnues à Dieu. C'est lui qui a fixé, ordonné le but du mariage et qui voit, par sa providence, à l'atteinte concrète de ce but dans les cas particuliers de maternité. Le «Dieu de ma vie» invoqué par la future maman est aussi l'époux de l'Église qui sera pourvue de fidèles par le baptême des enfants, y compris celui à venir, qui est l'occasion de cette prière.

L'image qui se dégage en est une d'un Dieu grand et éloigné, non pas par indifférence à l'égard de sa créature, mais en raison de l'immensité de la tâche qui lui revient de gouverner par le détail le monde qu'il a créé, y compris d'y planifier les naissances. Un Dieu tellement grand et éloigné d'ailleurs, qu'il faut inclure une référence à la Vierge et à son Fils pour se donner une chance d'être entendu de lui. En somme, un Dieu qui ressemble au roi de France dans toute sa grandeur et dont on s'approche comme on fréquentera bientôt la cour de Louis XIV.

La place des demandes

Il y a d'abord un motif d'action de grâce au sujet de la conception de l'enfant «auquel il [...] a plu [à Dieu] de donner être dedans [s]on corps», qui laisse entendre que l'épouse a pu prier pour devenir mère. En tout cas, elle prie pour que la conception s'achève jusqu'à la perfection de l'œuvre commencée, grâce à la providence. Concrètement, cela signifie «favorise[r] [s]a grossesse de [sa] perfection [de Dieu]» et «porte[r] avec [elle], par [sa] continuelle assistance, la créature qu'[Il a] produite en [elle]». Cet accompagnement est souhaité jusqu'à l'heure de la naissance de l'enfant, de son entrée dans le monde. Alors la prière rejoint à la fois la mère et l'enfant à naître. Pour la mère, il s'agit de supporter sa faiblesse, pour l'enfant, de le recevoir comme un fruit et, puisqu'il est créature, qu'il soit aussi sauvé (rédemption), par son entrée dans l'Église par le baptême.

La prière se continue en demandant que l'enfant à naître soit adopté «en [sa] sacrée filiation» et qu'ayant Dieu comme Père, il puisse faire sienne la prière enseignée par Jésus et être compté au nombre des membres du royaume à venir.

Enfin, ces désirs et supplications sont confiés à la protection de la Vierge Mère, comme pour assurer leur réalisation par la miséricorde de son Fils qui les exaucera.

Ce qui me semble ressortir de ces demandes est une place très large faite à la notion de providence et à la quasi-identification de Dieu à ce rôle. Confirmation de l'image de Dieu déjà évoquée par le vocabulaire et par les rôles de médiateurs que Marie et Jésus exercent dans cet ordre.

L'image de l'orant

Rappelons-nous que cette prière mise sur les lèvres d'une future mère est formulée par François de Sales, qui est un des maîtres en spiritualité de l'époque. Voici les traits qu'il veut associer à la démarche de la personne en prière.

Première affirmation, la future mère est «prosternée devant la face de [sa] Majesté», dans un geste d'adoration. L'image royale est maintenue, mais corrigée par l'idée d'adoration. La prière est adressée par une personne qui se reconnaît en situation de faiblesse et d'abaissement.

Puis la prière prend un ton plus intime quand la future mère s'adresse au «sauveur de son âme». Tout en demandant l'adoption qui fera de l'enfant un enfant du Père, elle ajoute qu'elle le «voue, dédie et consacre de tout [s]on cœur à l'obéissance de [ses] commandements, à l'amour de [son] service et au service de [son] amour [...]». Il y a plus ici, il me semble, qu'un jeu de mots facile. J'entends l'auteur du *Traité de l'amour de Dieu* redire la place qu'il reconnaît à l'amour dans les relations entre les humains et Dieu.

On peut donc dégager deux inspirations dans la description de la future mère en prière. D'une part, elle se prosterne dans la faiblesse qui convient à une simple citoyenne devant la majesté de Dieu: inspiration empruntée à la culture de l'époque. D'autre part, cette mère est portée par la conviction que le Rédempteur l'aime et que son enfant appartiendra à son royaume d'amour: inspiration spirituelle propre à François de Sales.

Facture et situation globale de la prière

Sans trop s'y attarder, il faut rappeler le fait que cette prière de mère est préparée et proposée par un évêque célibataire. L'auteur s'est mis à la place de la future maman pour en formuler le contenu. La mère en devenir est invitée à couler son expérience et sa prière dans les mots de l'évêque.

Je suis bien mal placé pour apprécier les conséquences de cet échange. Il me faudrait donner la parole à une femme, et de préférence à une mère, pour entendre les commentaires convenables. Est-ce qu'une future maman a pu dans le passé et peut aujourd'hui faire sienne cette prière? Dans quelle mesure exactement? Et surtout, l'image de Dieu mise de l'avant est-elle d'abord celle venue d'une mère ou celle d'un citoyen du XVIIe siècle?

Faute de pouvoir immédiatement entendre une parole de mère, je formule les remarques suivantes. L'image de la mère et de sa relation à Dieu correspond tout à fait à ce que nous pouvons présumer pour cette époque. Les connaissances médicales et biologiques de l'époque sur les rôles du père et de la mère dans la conception laissent encore une place très grande à l'intervention de Dieu. On sait par ailleurs, en raison des débats sur la grâce, comment l'action du Créateur était intimement associée à celle de la Providence dans le gouvernement de la création. Dieu comble de sa grâce le monde qu'il a créé et la conception d'un enfant est donc le fruit de cette intervention gracieuse de la Providence.

Comme François de Sales désirait de son côté offrir aux hommes et aux femmes de son temps un chemin de vie spirituelle qui s'adapte à la vie en dehors du cloître, on peut croire qu'en plus d'être au fait des options théologiques de son temps, il s'efforçait de connaître les conditions de vie de ses concitoyens laïques et de leur proposer, comme ici, des prières adaptées. Il va donc construire ses prières et formuler ses enseignements de manière à être fidèle à la théologie de son temps et pertinent pour les personnes de son entourage.

Avant l'État-providence des époques récentes, le roi exer-
çait pour une part cette dimension sociale de la Providence et,
comme il tenait son autorité de Dieu, il en devenait en quelque sorte un partenaire et il en réfléchissait dès lors certains
traits.

Si le Dieu de cette prière ressemble ainsi au roi de l'époque,
on peut affirmer du même coup que l'orant ressemble aux habitants du royaume. J'emploie le mot neutre «habitant» plutôt
que de choisir un mot spécifique à un rang de la hiérarchie sociale, pour signifier que, dans la situation de la prière, toute
personne, indépendamment de son statut social, se retrouve un
peu dans la situation de qui s'adresse au roi. Qu'on soit prince,
duc ou simple paysan, on a intérêt à adopter un ton de soumission pour ne pas heurter la majesté royale. Le fameux sermon
de Bossuet sur la mort, un sort auquel tout le monde est également soumis, peut nous aider, il me semble, à comprendre la
situation des personnes en prière. Devant la majesté, elles doivent pratiquer l'humilité. Pour s'adresser à Dieu comme au roi,
il convient d'examiner sa dignité, ou en d'autres mots, de tenir
compte des motifs qui autorisent à parler et à demander.

Comment ces réalités vont-elles évoluer jusqu'à l'époque
d'Élisabeth de la Trinité, où la France est devenue républicaine,
mais où la foi chrétienne est encore bien souvent vécue en référence à la royauté?

La prière d'Élisabeth de la Trinité (1880-1906)

Il est quelque peu paradoxal qu'en moins de cinquante ans,
le carmel ait permis l'éclosion de deux grandes spirituelles que
l'Église a reconnues comme étant exceptionnelles. Après Thérèse de l'Enfant-Jésus et de la Sainte-Face, à Lisieux, voici
qu'apparaît Élisabeth de la Trinité, à Dijon. Elles ne se sont pas
connues et elles diffèrent par certains aspects. Mais elles ont en
commun d'être mortes dans la vingtaine, comme si elles avaient
épuisé leur corps par une vie spirituelle très, trop intense.

La Trinité occupe une place particulière dans l'expérience spirituelle d'Élisabeth et pas seulement dans son nom. Dans le petit livre[8] qu'il vient d'écrire, Jean Rémy explique longuement la place occupée par la Trinité dans la vie spirituelle d'Élisabeth, et il met au premier plan la prière que nous allons lire. À la veille d'une retraite de la communauté sur «[c]ette figure belle, aimable, adorable entre toutes qui s'appelle Jésus Christ», en la fête de la Présentation de Marie au Temple de 1904, Élisabeth s'est adressée à son Dieu, à la Trinité.

> Ô mon Dieu, Trinité que j'adore, aidez-moi à m'oublier entièrement pour m'établir en vous, immobile et paisible comme si déjà mon âme était dans l'éternité.
> Que rien ne puisse troubler ma paix, ni me faire sortir de vous, ô mon Immuable, mais que chaque minute m'emporte plus loin dans la profondeur de votre Mystère.
> Pacifiez mon âme, faites-en votre ciel, votre demeure aimée et le lieu de votre repos.
> Que je ne vous y laisse jamais seul, mais que je sois là tout entière, tout éveillée en ma foi, tout adorante, toute livrée à votre action créatrice.
> Ô mon Christ aimé, crucifié par amour, je voudrais être une épouse pour votre Cœur, je voudrais vous couvrir de gloire, je voudrais vous aimer... jusqu'à en mourir!
> Mais je sens mon impuissance et je vous demande de me «revêtir de vous-même», d'identifier mon âme à tous les mouvements de votre âme, de me submerger, de m'envahir, de vous substituer à moi, afin que ma vie ne soit qu'un rayonnement de votre Vie. Venez en moi comme Adorateur, comme Réparateur et comme Sauveur...
> Ô Feu consumant, Esprit d'amour, «survenez en moi», afin qu'il se fasse en mon âme comme une incarnation du Verbe: que je Lui sois une humanité de surcroît en laquelle il renouvelle tout son Mystère...
> Ô mes Trois, mon tout, ma Béatitude, Solitude infinie, Immensité où je me perds, je me livre à vous comme une proie.
> Ensevelissez-vous en moi pour que je m'ensevelisse en vous, en attendant d'aller contempler en votre lumière l'abîme de vos grandeurs[9].

Image de Dieu

Première affirmation qui saute aux yeux: «Ô *mon* Dieu, Trinité que *j*'adore.» Pour parler de Dieu, Élisabeth s'inscrit tout de suite comme référence incontournable, mais sans que cela n'enlève à Dieu de sa transcendance. Car dans les lignes suivantes, elle fait référence à l'éternité et à une paix mise en relation avec l'immuabilité de Dieu. Un Dieu qui est celui d'Élisabeth mais qui demeure éternel et immuable. Un Dieu qui s'est manifesté trine, mais dont le titre de Père n'est pas mentionné, étant remplacé par celui de Dieu.

Pour le Christ, on retrouve la même dynamique. C'est «[s]on» Christ qu'elle veut comme époux. Époux qualifié toutefois ici par une référence à la dévotion de l'époque, au Cœur du Christ: «[J]e voudrais être une épouse pour votre Cœur.» Le Christ n'est pas appelé médiateur, mais ce rôle lui est reconnu dans la mesure où il est invité à faire sa demeure dans l'âme d'Élisabeth et d'y devenir «Adorateur», «Réparateur» et «Sauveur».

L'Esprit est le seul qui échappe au possessif, sans doute parce qu'il est feu consumant. Ses traits apparaîtront mieux en regardant le contenu des demandes qui lui sont confiées.

Enfin la prière se termine par une invocation: «[M]es Trois, mon tout, ma Béatitude, Solitude infinie et Immensité où je me perds.» Retour en somme à la transcendance déjà attribuée au Dieu-Père, mais élargie cette fois-ci aux trois personnes.

La place des demandes

Les demandes formulées dans cette prière semblent toutes viser la communion avec le Dieu Trinité et très peu se préoccuper de la vie terrestre, si ce n'est comme temps de préparation à la communion parfaite et achevée.

Première demande: «[A]idez-moi à m'oublier entièrement pour m'établir en vous.» Pour que «ma paix» ne soit pas troublée et que «rien ne puisse me faire sortir de vous [...] pacifiez mon âme, faites-en votre ciel, votre demeure». «Que je ne vous y laisse jamais seul, mais que je sois là tout entière [...], toute livrée à votre action créatrice.»

Pour que ces demandes à Dieu se réalisent, il faudra l'intervention du Christ, d'où la deuxième série de demandes qui souhaitent en somme une identification entre l'époux et l'épouse, une sorte de substitution où le Christ supplée à la faiblesse d'Élisabeth.

Et c'est l'Esprit qui va permettre cette incarnation du Verbe dans Élisabeth, parce que ce «Feu consumant» est sommé de «survenir en [elle]» et qu'elle devienne ainsi pour le Christ, une «humanité de surcroît en laquelle il renouvelle tout son Mystère».

Le tout se termine par une invitation faite aux trois de s'ensevelir en elle, «pour que je m'ensevelisse en vous, en attendant d'aller contempler en votre lumière l'abîme de vos grandeurs». Retour du discours de la transcendance absolue, mais en même temps offerte à celle qui demande d'y communier[10].

Si on doit reconnaître l'influence du discours catholique de l'époque dans les mots de ces demandes, il faut surtout noter qu'au-delà du discours fusionnel qui serait moins accepté aujourd'hui, il y a là un souhait d'achèvement personnel confié à la prière. On peut disputer le modèle d'achèvement dans l'autre monde tel qu'il y est proposé, mais on doit quand même reconnaître que les demandes visent le progrès et la croissance d'Élisabeth elle-même, en communion avec Dieu bien sûr, mais sans s'oublier, ni disparaître. Apparition en définitive d'une collaboration entre le Dieu Trinité et l'orante pour que leur communion se réalise dans l'achèvement propre à chacun.

L'image de l'orante

Sans oser tutoyer son Dieu comme nous le faisons couramment aujourd'hui, Élisabeth ne craint pas de se faire une place dans cette prière. Bien sûr, elle commence, comme il sied en son temps, par demander de l'aide pour «s'oublier entièrement», mais c'est en vue de se pacifier et d'entrer ainsi dans la profondeur du mystère de Dieu. Du coup, elle aspire à ce que son âme pacifiée soit le ciel de Dieu et sa demeure aimée, où Élisabeth n'entend pas laisser Dieu seul.

Au sujet du Christ, on observe une relation similaire. Élisabeth se veut épouse du Christ et entend ainsi suppléer, par cette identification quasi fusionnelle, à son impuissance.

De la même manière encore, l'Esprit est interpellé à intervenir en elle et à y répéter pour ainsi dire ce qu'il a plus tôt réalisé en Marie: une nouvelle incarnation.

On le voit, sous le couvert d'un vocabulaire de soumission et d'humilité, Élisabeth manifeste une volonté personnelle forte et un désir indiscutable de mettre la Trinité au travail pour la réalisation de ses attentes. Il ne faut pas en effet se laisser distraire par les expressions empruntées au langage de l'époque, mais plutôt discerner sous celles-ci une démarche priante construite éminemment en fonction de l'orante. Celle-ci reconnaît la grandeur, l'éternité et la puissance de Dieu, et elle affirme adorer son Dieu Trinité, mais pour le reste, sa prière est formulée à son profit, si vous me permettez cette expression. Élisabeth prie Dieu pour elle, pas d'abord en lui demandant de poser des gestes à sa place pour la réalisation de son bonheur ou de son mieux-être, mais surtout pour qu'elle-même soit changée et devienne capable d'une communion de plus grande qualité avec Dieu. Dieu n'est pas seulement quelqu'un qui intervient pour agir à la place de qui le prie, mais quelqu'un qui est appelé à intervenir pour sa transformation intérieure.

Facture et situation globale de la prière

Je dois commencer cette section en vous avouant ma surprise à la suite de l'analyse de la prière d'Élisabeth de la Trinité. J'avais pris l'habitude de plus ou moins recevoir cette prière comme un modèle du discours sur la Trinité immanente, ontologique, et il me semblait qu'une prière qui commence par les mots «Trinité que j'adore» était à des lieux de la Trinité économique.

Mais ce n'est pas le cas. J'espère que vous le voyez aussi à la suite de l'analyse proposée.

Élisabeth ne dit rien de ce qu'elle croit ou de ce qu'elle prétendrait savoir à propos de la Trinité elle-même. Elle part de l'affirmation, dogmatique ou peut-être plutôt catéchétique dans son cas, pour intercéder auprès des trois personnes et les mettre au service de son projet de croissance personnelle. C'est à peine si sa confusion entre Dieu et le Père manifeste un tout petit bout de pauvre théologie trinitaire immanentiste. Pour le reste, elle se situe en pleine histoire du salut: le sien d'abord et un peu celui des autres par la reprise de l'incarnation. Qu'on me comprenne bien, je ne suis pas en train d'insinuer qu'Élisabeth serait moins missionnaire que la patronne des missions, Thérèse de Lisieux, mais je dis tout simplement que dans sa prière à la Trinité, elle n'invoque pas d'abord la Trinité pour ce qu'elle est en elle-même, mais pour ce qu'elle peut apporter à son «salut» personnel par les apports du Père-Dieu, du Fils-Christ et de l'Esprit.

Au plan de la facture littéraire, une fois retenues les allusions déjà faites au sujet du vocabulaire, on voit que cette prière n'est pas un poème ni un hymne de genre classique. Il s'agit plutôt d'une supplication présentée presque sous forme de narration, elle-même inspirée à la fois par les connaissances théologiques et les attentes personnelles. En ce sens, Élisabeth parle à son Dieu trinitaire, presque spontanément et comme à tout le monde, pour lui confier ses attentes les plus profondes pour leur relation et pour elle-même.

Avant de me faire accuser de trop insister sur la tendance que j'identifie dans cette prière d'Élisabeth, je vous propose d'essayer de dégager quelques conséquences et de soulever quelques questions à la suite de la lecture comparative des trois prières retenues.

Conséquences et questions

De quelques constatations

Je répète d'abord la modestie avec laquelle il est permis ici de parler de constatations. Un sondage mené à partir de trois prières empruntées à trois moments très différents de la tradition chrétienne n'autorise pas à dire l'orientation qui serait celle de cette tradition. Tout au plus est-il possible de dégager ce que nos analyses ont permis de voir, et de suggérer qu'il y a peut-être là un indice susceptible d'indiquer un sens.

Je résume donc rapidement les résultats de l'analyse en tâchant d'identifier le mieux possible les constatations qui s'imposent et je propose quelques questions qui s'y rattachent.

De l'adoration à la collaboration
(ou de l'adoration inscrite dans la collaboration)

À partir des prières retenues, il me semble possible de dégager une tendance, un mouvement dans la formulation des prières qui impliquent des déplacements dans l'image de Dieu. Il y aurait passage d'une prière où la transcendance de Dieu est au premier plan vers une prière où cette transcendance, sans être niée ni remise en question, est en quelque sorte mise au service de la croissance en humanité de la personne qui prie. Dans la première prière, Dieu est apparu comme l'ineffable, le tout autre, l'immensité, qui doit être reconnu pour comprendre le monde. Dans la deuxième, il est Providence et il veille sur le gouvernement du monde qu'il a créé; il fera l'objet de prières en lien avec cette gouvernance. Dans la troisième, Dieu n'est pas moins Dieu, il n'a rien perdu de sa transcendance, mais il est invoqué pour permettre à une petite carmélite de devenir elle-même.

C'est en ce sens que je parle d'un mouvement de l'adoration à la collaboration. Avec le temps, de plus en plus d'espace est accordé à la personne qui prie. Non pas que les prières anciennes aient oublié celui ou celle qui priait, mais parce que les prières plus récentes se préoccupent de ce qui arrive à la personne qui prie. Au départ, c'est l'ordre cosmique, avec la place qu'il fait aux êtres humains, qui doit être assuré. Puis vient le temps des interventions qui relèvent du gouvernement divin de notre quotidien et pour lesquelles il convient d'invoquer Dieu. Enfin, la prière, toujours adressée à un Dieu transcendant, se tourne franchement vers la réalisation de la personne qui la récite.

En ce sens, on peut dire que la tendance relevée à même les trois prières analysées rejoint le mouvement de la théologie toujours plus sensible et respectueux des médiations entre le monde et Dieu.

Questions relatives

Est-ce que cette situation nouvelle de la prière, qui s'est prolongée et affermie tout au long du XXe siècle à mon avis, ne révèle pas une condition tout à fait inédite de réalisation du mystère chrétien par excellence: l'incarnation? On sait les difficultés que les générations antérieures ont éprouvées à articuler dans la vie quotidienne, telle que reflétée par la prière, les rapports entre la divinité et l'humanité de Jésus, et par la suite à intégrer cette conviction dans la pratique de la vie chrétienne. Au-delà de l'équilibre des formules dogmatiques des grands conciles œcuméniques, l'histoire du christianisme est remplie d'exemples où la divinité ou l'humanité sont sacrifiées ou mises en veilleuse. Les difficultés rencontrées dans le discours sur Jésus se retrouvent encore dans la pratique de la religion chrétienne. Celle-ci devait en être une où Dieu serait recherché chez les humains plutôt que dans le ciel, comme nous le rappelle la description de l'Ascension dans les Actes des Apôtres (1, 11). Mais on a eu tendance à oublier l'invitation de l'ange à tourner les regards vers la terre plutôt que vers le ciel. Même si à l'époque de Grégoire de Naziance on disait que Jésus s'était fait homme pour que les hommes deviennent Dieu, on voit bien que la prière de ce temps ne reflète pas la même conviction. Je n'insinue pas qu'Élisabeth de la Trinité irait jusqu'à parler de divinisation des êtres humains et je ne souhaite pas qu'elle l'ait fait, mais je constate que cette carmélite, soumise et obéissante comme on pouvait l'être dans un carmel de son temps, n'en demande pas moins à la Trinité qu'elle adore de la rendre apte à tenir son rôle dans la réalisation de son salut.

C'est pour cette raison que j'insinue qu'après deux mille ans de christianisme, nous sommes peut-être dans les meilleures conditions pour réaliser ce qui est arrivé en Jésus et ce à quoi il nous invite dans la pratique d'une religion. L'image que j'ai voulu suggérer en parlant de «l'adoration à la collaboration» voudrait proposer que dans une dynamique de collaboration il est à la fois plus facile de reconnaître Jésus comme vrai Dieu et vrai homme, et surtout plus significatif de vivre à sa suite en cherchant à travailler avec Dieu à l'édification du royaume. En économie de collaboration, il me semble que nous sommes plus à même de donner toutes ses chances à l'incarnation.

Dans une tension dynamique entre passé,
présent et avenir

Une autre constatation qui s'impose au regard tient dans le fait que les prières analysées renvoient clairement au contexte culturel et historique qui les a vu naître. Je fais appel ici à vos connaissances pour compléter ce que je ne vais que suggérer. La prière de Grégoire porte la marque de la philosophie grecque de l'époque, même si elle se veut aussi l'écho des convictions chrétiennes les mieux assurées de son temps. Fidèle à l'expérience chrétienne initiale et à sa tradition jusqu'à lui, Grégoire ne parle pas moins dans les mots et la conceptualisation de son monde. J'ai déjà insinué au passage comment celle de François emprunte au discours et aux débats théologiques de son temps tout en étant formulée dans les mots, les images et les symboles de la royauté française. Enfin, Élisabeth, à mon étonnement sinon au vôtre, anticipe dans sa prière ce qui deviendra le discours anthropologique dominant du XXe siècle, même si elle exprime encore ses convictions dans les mots du XIXe[11].

Au-delà de ces évidences, il faut encore enregistrer que ces prières en tension historique ont connu une audience certaine en leur temps[12] et qu'elles se sont mérité une place dans l'anthologie sélective de Meslin. Elles s'imposent donc comme étant d'une qualité remarquable et dès lors susceptibles de nous aider à comprendre ce qui fait une «bonne prière». Elles nous disent à ce propos qu'une bonne prière, en tradition chrétienne en tout cas, devrait se faire l'écho d'une tradition tout en s'adaptant au moment nouveau où elle doit être utilisée. À la limite, cela signifierait qu'une bonne prière ne saurait être ni un simple retour aux sources ni un vol libre dans le présent[13].

Autres questions relatives

Les évidences que je viens de rappeler ne vont pas sans soulever certaines questions à des pratiques pastorales, liturgiques ou spirituelles.

Que penser, par exemple, du retour encouragé, pour ne pas dire du parti-pris inconditionnel, en faveur des pratiques anciennes de prière sans aucun souci d'adaptation aux préoccupations actuelles? Les psaumes, mais aussi beaucoup de prières du passé, représentent un trésor incommensurable pour l'inspiration de nos prières, mais ne faut-il pas les adapter et les encadrer à même notre présent pour leur redonner une pertinence? Je dois confesser avoir mieux compris ma difficulté personnelle à «prier avec les prières des premières communautés chrétiennes» à la suite de la présente réflexion. Ces prières sont sans doute des trésors d'informations théologiques et historiques, mais pour devenir des prières adaptées aux besoins et aux attentes d'aujourd'hui, elles doivent être reprises, reformulées et transformées de façon à dire vraiment les intentions des priants d'aujourd'hui.

Que dire des pratiques liturgiques qui, par fidélité au passé, n'osent pas prendre le virage du présent sous prétexte qu'elles doivent garder l'intégrité de leur contenu à l'abri des appropriations personnelles[14]? Cela n'équivaut-il pas à réserver la liturgie aux initiés et à en faire un mystère caché aux tout-petits? L'Évangile saura-t-il se retrouver dans cette option d'antiquaires? Encore là, il ne s'agit pas de renoncer à l'inspiration des pratiques anciennes, mais de les dépoussiérer pour les rendre accessibles et fécondes dans les liturgies d'aujourd'hui.

Que répondre à tous ces gourous des nouvelles spiritualités qui prétendent proposer des voies jamais encore empruntées et des prières inédites aux personnes assoiffées de notre temps? Peut-on imaginer que le bricolage spirituel, élaboré à partir de toutes sortes de composantes mal identifiées et mal situées dans le temps, pourra s'avérer de quelque fécondité une fois sa nouveauté démasquée? La créativité qui entend faire fi des découvertes du passé n'est-elle pas condamnée à l'illusion et à la répétition du passé ignoré? Je pense ici, dans un domaine qui n'est pas à proprement parler celui de la prière mais qui illustre bien mon idée, au roman *Da Vinci Code* de Dan Brown. Il me semble en effet y avoir là un bel exemple de bricolage, habile et au goût du jour, mais qui ne devrait pas dépasser le stade du divertissement. Comme quoi le renouveau ne peut pas faire l'économie d'une bonne connaissance du passé, sauf au risque d'errer et d'entraîner sur de fausses pistes pourtant déjà bien identifiées.

Conclusion

Il serait possible de continuer l'exposition des constats et la formulation des questions, mais je voulais juste illustrer la pertinence de regarder le portrait de la foi fourni par le miroir de la prière. Je continue en effet de soutenir que la prière offre un miroir étonnamment précis et exact de la situation réelle de la foi d'une personne ou d'un groupe.

La démarche proposée ici entendait illustrer ce qu'une observation, même réduite et limitée, du développement historique de la prière avait de suggestif. Imaginez ce qu'une étude plus complète et plus nuancée pourrait soutenir comme conclusions. Certains sceptiques me diront peut-être qu'une étude plus complète viendrait non seulement corriger mais démolir complètement ce que j'ai esquissé aujourd'hui. Je continue de croire pour ma part que des recherches plus poussées viendraient non seulement éclairer des pans d'histoire, mais qu'elles pourraient, de plus, inspirer des réformes et des pratiques adaptées à notre temps, et dès lors contribuer à plus de fécondité que certaines initiatives des dernières années.

Il est toujours possible de se réjouir du retour du religieux et de l'enthousiasme des jeunes lors des Journées mondiales de la jeunesse ou dans des mouvements comme Marie Jeunesse. Mais cherche-t-on à se rassurer, à se faire plaisir ou à préparer l'avenir? Les leçons qu'une meilleure connaissance de l'histoire de la prière pourraient nous fournir seraient sans doute plus dérangeantes, ou tout au moins exigeantes, mais elles auraient l'avantage de nous donner l'heure juste et de nous détourner de toute tentation de faire l'autruche.

Bien sûr, il faudra consentir à pousser plus loin ce qui n'a été qu'amorcé dans cette réflexion et s'attendre à quelques déceptions devant des résultats pas toujours aussi tranchés que dans ces anticipations, mais les mots de la prière sont fiables, car rares sont ceux et celles qui se livrent à cet exercice pour la frime!

Notes

[1] Jean Claude Breton est professeur agrégé et secrétaire de la Faculté de théologie et de sciences des religions de l'Université de Montréal. Ses champs d'enseignement et de recherche sont la question de Dieu et la vie spirituelle.

[2] Marc-Alain WOLF, *Quand Dieu parlait aux hommes: lecture psychologique de la Bible*, Montréal, Tryptique, 2004, p. 50.

[3] Michel MESLIN (dir.), *Quand les hommes parlent aux Dieux*, Paris, Bayard, 2003.

[4] Les deux premières prières sont composées par des évêques. Même s'ils appartiennent à des époques très différentes, ces auteurs sont des personnes en autorité dans la communauté et ils s'expriment à partir de ce qu'ils sont mais aussi de leur fonction. La troisième prière vient d'une carmélite dont l'expérience mystique s'avèrera importante. Sans doute aurait-il été préférable de prendre trois personnages aux vocations plus proches, mais la volonté de m'en tenir aux choix antérieurs de Meslin rendait cette option plus difficile.

[5] GRÉGOIRE DE NAZIANZE, *Poèmes dogmatiques*, PG 37, 507-508.

[6] Une formule, «aies pitié, ô toi l'au-delà de tout», exprime une demande claire. Mais dans la liturgie grecque ce «aies pitié» (*kyrie eleison*) revient si souvent comme un refrain qu'il est difficile d'y voir une demande originale.

[7] FRANÇOIS DE SALES, *Œuvres complètes*, tome 26, Annecy, Monastère de la Visitation, 1892-1964, p. 167.

[8] ÉLISABETH DE LA TRINITÉ, *L'expérience de Dieu avec Élisabeth de la Trinité: introduction et textes choisis par Jean Rémy*, [Saint-Laurent], Fides, 2003.

[9] ÉLISABETH DE LA TRINITÉ, «Ô mon Dieu Trinité que j'adore», *Élévations*, Louvain (Belgique), Abbaye du Mont-César, 1925, p. 21-24.

[10] Le langage d'Élisabeth peut faire sursauter, surtout après la lecture de Freud. Mais il faut ici plus que jamais ne pas oublier le contexte culturel et politique. Le catholicisme est encore bien royal au temps de notre carmélite et l'humilité occupe autant de place dans le monde religieux que dans le monde politique.

[11] En reprenant le contenu d'une note précédente, on pourrait signaler qu'une mystique comme Thérèse d'Avila avait anticipé, avant François de Sales, une prière personnelle à la manière d'Élisabeth. C'est vrai, mais cela imposerait des nuances dans mon exposé sur les points suivants: comparer des auteurs de prière de même situation sociale et ecclésiale, faire une place aux différences «nationales», et accepter les situations d'exception, qui viennent confirmer les règles prétendument plus générales.

[12] On le sait pour Élisabeth par informations directes, on le devine pour les autres quand ce ne serait que par le fait qu'on ait jugé important de les conserver.

[13] Il faudrait aussi faire la part d'autres facteurs qui interviennent pour réaliser une bonne prière: qualité de la formule, originalité du propos, sainteté de l'auteur.

Sans oublier que tous ces facteurs sont soumis aux variations personnelles. Par exemple, la tension entre passé et présent sera réglée différemment selon qu'un individu est plus sensible aux exigences du temps présent ou plus fidèle aux valeurs du passé. Il y a là des questions de goût, d'éducation et de tendances personnelles qui ne sont pas à négliger.

[14] On pourrait citer ici de nombreux passages de l'encyclique *Ecclesia de eucharistia* qui parlent en ce sens.

4

LA PRIÈRE:
ESSAI DE FONDEMENT
THÉOLOGICO-PHILOSOPHIQUE

Werner Schüssler[1]

«Pourquoi surcharger la prière [...] de pensées métaphysiques et théologiques?», se demande Hans Schaller. «Le risque n'est-il pas ainsi plus grand que, avec une telle remise en question, l'immédiateté confiante s'en trouve diminuée ou même éliminée[2]?» En un mot, la réflexion est-elle vraiment utile à l'acte de prier? Bien sûr, il y a la foi simple qui ne se pose pas de questions; et il y a aussi la prière de l'homme modeste, «qui d'une manière non réfléchie se débrouille avec ses propres expériences[3]». La foi et la prière deviennent un problème seulement lorsque la question de la foi naïve, intacte au sens le plus vrai du terme, devient «digne d'être posée». Mais en théologie il faut que la foi et la prière soient remises en question, car autrement, la théologie ne serait plus ce que le mot signifie, à savoir *logos* de *theos*: «discours sur Dieu[4]».

Rapport de principe entre philosophie et prière

Expérience et réflexion

Ce qui en fait est valable pour la foi, l'est aussi entièrement pour la prière, l'acte religieux fondamental[5]. Ici comme ailleurs, il serait faux d'opposer tout simplement philosophie et théologie, ou encore philosophie et religion. Car il est faux de penser la réflexion en opposition avec l'expérience; cela équivaut à une réduction de la réalité.

La vraie prière ne saurait se passer d'une compréhension philosophique, que celle-ci soit explicite ou implicite, comme c'est le cas la plupart du temps. À ce propos, Alfred de Quervain se défend à juste titre contre l'opposition entre une «piété de laïc» d'un côté et une «science de théologien» de l'autre: «C'est une grave erreur, écrit-il, de penser, que ce que le chrétien théologiquement non formé accomplit dans la prière et ce qu'il pense au sujet de la prière viennent tout simplement de Dieu, tandis que la réflexion du théologien serait la science d'un sans-dieu[6].» Le philosophe n'apprend rien à l'orant qui ne serait connu de celui-ci: «[I]l lui fait seulement prendre conscience de quelque chose, qui, dans l'accomplissement de sa prière, avant tout de sa prière de supplication, était déjà là implicitement[7].»

Il est évident que la réflexion philosophique et théologique sur la prière, face à l'acte de la vie, ne peut toujours être qu'une tâche secondaire. Cependant, l'acte de prier ne nous dispense pas de nous faire des idées sur la prière. Car, écrit Gerhard Ebeling, «l'acte de prier n'est pas étranger à l'acte de penser, ni l'acte de penser ennemi de l'acte de prier». Et il poursuit: «Sur l'acte de prier, on n'a pas trop mais trop peu pensé[8].»

La prière est-elle un thème philosophique?

Alors que d'anciens dictionnaires encyclopédiques philoso-phiques comme celui de Johann Georg Walch[9] ou celui de Wilhelm Traugott Krug[10] présentent encore un article sur le mot «prière», ce thème est complètement absent des nouveaux dic-tionnaires encyclopédiques[11]. Il semble bien qu'ici, comme dans l'ensemble du domaine de la théologie naturelle classique, l'hé-ritage kantien se fasse toujours négativement sentir. Dans son ouvrage de philosophie de la religion, *La religion dans les limi-tes de la simple raison*, Kant écrit, en effet: «La prière [...] est une illusion superstitieuse [...]; car elle est un simple souhait tenace face à un être qui n'a besoin d'aucune explication du sentiment intérieur de l'orant. D'ailleurs, aucun des devoirs qui nous incombent comme lois divines n'est accompli par là, de sorte que Dieu n'y est pas réellement servi[12].» «Cette phrase d'Emmanuel Kant, écrit Wilhelm Weischedel, exprime de la façon la plus rude les réserves que les philosophes opposent à la prière[13].» Kant voit la nature superstitieuse de la prière dans la tentative de l'homme «d'avoir de l'influence sur Dieu». C'est, selon lui, «une illusion à la fois absurde et téméraire [...] d'essayer de voir si l'on ne pourrait pas détourner Dieu du plan de sa sagesse[14]». Kant aurait raison si la prière se comprenait seulement comme la possibilité d'«avoir de l'effet sur Dieu». Sur ce point, où la prière se trouve classée dans le schéma mécanique de causalité, se rencontrent aussi bien la critique théologique que la critique de la religion, qu'elles soient de type athéologique ou antithéologique. Cela ne constitue certainement pas l'essence de la prière; c'en est plutôt une caricature. Mais ici comme ailleurs vaut l'adage: *abusus non tollit usum* (l'abus ne supprime pas le bon usage). Ainsi, «le fait d'une forme pervertie très répandue de la prière de supplication n'indique nullement ce qu'est la prière de supplication et ce qu'elle peut être[15]».

Le cadre général, dans lequel la philosophie traite normalement de la prière, se trouve ainsi déjà fixé: elle en traite de façon critique. Mais un autre aspect est la plupart du temps lié à «la critique philosophique de la prière». C'est l'idée d'un «idéal philosophique de la prière», que celle-ci soit de nature éthique, comme c'est le cas chez Kant, ou métaphysique, comme dans le cas du platonicien Maxime de Tyros (vers 180 av. J.-C.)[16]. À juste titre, Friedrich Heiler écrit à ce propos: «L'idéal positif de la prière, que la critique philosophique oppose à la prière vivante, apparaît à l'homme religieux [...] comme un pur produit d'abstraction, comme un misérable succédané [...]. La prière du philosophe n'est d'aucune façon une relation réelle et dramatique avec Dieu; elle ne comporte aucun rapport personnel, aucune communauté vivante avec lui[17].»

Certes, la «prière philosophique» était considérée dans le néoplatonisme comme l'«acte qui consiste à devenir toujours plus semblable avec la source de l'être[18]», ou comme «le chemin vers l'unité avec l'être du divin, conformément à la pensée religieuse[19]». Sans doute, la prière se situe aussi dans le domaine de la pensée, car elle est aussi «un acte de penser[20]». Mais la critique de Heiler est juste, pour autant que l'élément personnel semble être laissé de côté.

Notons cependant qu'aucune critique philosophique n'a réussi à éliminer la prière, ce «phénomène central de la religion[21]». De même aucun idéal philosophique de la prière n'a su remplacer la prière religieuse. Car la prière, comme Karl Heim l'a souligné avec pertinence, est «la fonction originelle-essentielle de notre esprit[22]».

Je voudrais maintenant poser la question de la possibilité et du bien-fondé de la prière. Et je m'en tiendrai ici à la prière de supplication, non pas seulement parce que les différentes manières de prier — remerciement, intercession, adoration — se révèlent souvent comme des prières de supplication, comme l'a noté Carl Heinz Ratschow[23], mais tout simplement parce que c'est là que culmine l'ensemble des problèmes de la prière[24]. C'est pour cela que la prière de supplication a souvent été qualifiée de «cas déterminant[25]», de «cas-test[26]» ou d'«épreuve de la foi[27]».

La prière et l'immuabilité de Dieu

La façon dont je pense Dieu a des conséquences décisives pour ma compréhension de la prière. Ainsi, dans la théologie contemporaine, la possibilité de la prière — *prayability* comme Don E. Saliers l'a formulé[28] — est un critère négligé pour évaluer la justesse de notre doctrine de Dieu. Mais ce n'est pas seulement la théologie qui réfléchit sur Dieu. Dieu, l'Absolu, l'Inconditionnel, la Transcendance[29], demeure aussi un thème de la philosophie, en tout cas de la métaphysique classique. Sans doute, «l'idée métaphysique de Dieu» n'est pas en mesure de rendre compréhensible «la prière comme moyen d'expression et de réalisation d'une relation vécue avec Dieu[30]»: il est évident que l'on ne prie pas le dieu de la métaphysique[31]. Pourtant, il n'est pas déraisonnable de s'enquérir, au plan métaphysique, des conditions de possibilité et d'intelligibilité de la prière[32].

Selon la métaphysique classique, Dieu est immuable; l'immuabilité lui appartient essentiellement. Mais si l'on s'accroche au théorème philosophique de cette immuabilité de Dieu, apparaît alors le dilemme dans lequel s'enfonce inévitablement la théologie de la prière. Ce dilemme, Ludger Oeing-Hanhoff, dans son article sur «La crise du concept de Dieu», l'a exprimé dans les termes suivants: «Peut-on s'adresser avec des prières de supplication à un Dieu qui n'est pas tout-puissant, qui ne peut accomplir aucun miracle? Par ailleurs, on se demande si l'on peut raisonnablement prier un Dieu qui a déjà tout déterminé d'avance et qui, dans son éternité et dans son immuabilité, est considéré comme "l'immuable cause première de tout mouvement", qui ne peut en aucune manière être mu [et ému] par une cause antérieure[33].»

Ce n'est pas seulement avec Thomas d'Aquin que Dieu est considéré comme l'immuable; cette doctrine se trouve déjà chez Platon et tout particulièrement chez Aristote. Des théologiens tels Augustin et Maître Eckhart l'ont adoptée.

Nouvelles objections contre le Dieu immuable par rapport à la problématique de la prière

On sera à peine surpris de constater que, du côté de la théologie du *process*, proviennent des objections contre le Dieu immuable des philosophes, auquel il semble absurde d'adresser des prières[34]. On l'est davantage lorsque ces objections viennent du côté théologique, et de la part de philosophes de la religion qui n'ont pas partie liée avec la théologie du *process*. J'aimerais le montrer par les deux écrits suivants qui traitent de la problématique de la prière[35]. Il s'agit d'abord de l'ouvrage important du théologien protestant de Marbourg Hans-Martin Barth, intitulé: *Où va — d'où provient ma demande? Sur la théologie des prières de supplication.* L'autre ouvrage est celui de Vincent Brüm-mer, intitulé: *Que faisons-nous, lorsque nous prions? Une recherche philosophique.*

Dans ces deux ouvrages on se dresse contre l'immuabilité de Dieu en soutenant qu'elle rend absurde la prière de supplication. Ainsi, à propos du «Dieu des philosophes», Hans-Martin Barth écrit: «Dieu est défini comme un être sur lequel l'homme ne peut avoir aucune influence; car vouloir avoir de l'influence sur lui, serait déjà une forme d'impiété, d'insurrection contre lui. Le sage devant un tel Dieu confesse seulement sa dépendance absolue. Le Dieu dont il est question alors n'est pas le Dieu dynamique qui, dans son histoire de salut, se révèle comme le Dieu de la Bible, mais bien le Dieu apathique des stoïciens, inaccessible à la souffrance et au changement. Finalement, il ne reste à ce Dieu rien d'autre que d'obéir à sa propre loi[36].»

Nous pouvons aussi lire chez Vincent Brümmer: «Si les desseins de Dieu sont établis de façon immuable depuis l'éternité, alors il ne peut être en mesure ni de réagir à propos de ce que nous faisons ou ressentons, ni de répondre aux demandes que nous lui adressons. On ne pourrait donc pas dire de lui qu'il fait quelque chose parce que nous le lui avons demandé par la prière. En effet, un Dieu absolument immuable serait plus semblable au Dieu philosophique du néo-platonisme qu'à l'être personnel que présente la Bible[37].» Par contre, Brümmer plaide pour que Dieu «soit considéré comme immuable dans un sens moins absolu[38]»: «Dieu est à certains égards immuable — dans sa bonté, dans son amour, dans sa fidélité —, mais il est muable à d'autres égards. Si Dieu ne pouvait en aucun cas être muable, il ne serait aucunement une personne[39].» Brümmer associe donc la muabilité de Dieu à son «être-personne». Selon lui, Dieu peut se transformer, «par exemple, en réagissant réellement à des événements contingents et des actions humaines[40]». Laissons de côté pour l'instant la question de savoir comment l'«être-personne» de Dieu doit être pensé, et si cet «être-personne» implique nécessairement la muabilité. Une telle conception n'attribue-t-elle pas à Dieu, comme le propose Brümmer, la condition de la temporalité?

L'immuabilité de Dieu et sa réaction qu'espère l'orant s'excluent-elles vraiment l'une l'autre? La tradition classique ne considère pas la chose de cette façon-là en tout cas. Elle a retenu à la fois l'immuabilité de Dieu et le caractère raisonnable de la prière de supplication. On doit donc chercher des solutions, qui retiennent à la fois l'immuabilité de Dieu et qui peuvent montrer en même temps le caractère sensé de la prière de supplication[41].

La prière de supplication au Dieu immuable

La question «Comment doit-on penser Dieu pour que la prière de supplication puisse être sensée?» est déjà comme telle mal posée. On doit plutôt se demander: «Comment la prière de supplication peut-elle être sensée compte tenu de l'immuabilité de Dieu?»

Dans son traité *Von Abegescheidenheit* (de l'isolement), Maître Eckhart discute de façon très évocatrice de ce problème[42]. Il s'agit de la question suivante: si la prière de supplication n'avait aucun effet sur Dieu, elle n'aurait finalement aucune réalité, car elle ne serait alors tout au plus qu'une relation réfléchie avec soi-même. Telle est précisément la conception de Walter Bernet, qui interprète la prière de supplication comme purement psychologique[43]. Mais si, par contre, la prière de supplication a un effet sur Dieu, comment concilier cela avec l'immuabilité de Dieu? Kant n'aurait-il pas raison avec sa critique?

Eckhart aborde ce problème fondamentalement, c'est-à-dire à partir de la question: «Qu'est-ce qui fait que Dieu est Dieu?» «Dieu est Dieu», signifie ici qu'«il se tient dans son retranchement immuable, et qu'il tient de ce retranchement son intégrité, sa singularité, ainsi que son immuabilité[44]». Pour notre problématique, ce dernier attribut de Dieu (son immuabilité) est particulièrement intéressant.

Cependant, Eckhart admet que toutes les prières et bonnes œuvres que l'homme peut accomplir en ce monde touchent si peu la transcendance de Dieu, qu'il en est comme si la prière ou la bonne œuvre n'avait jamais été accomplie. Et il ajoute: «Dieu ne sera pas pour cela plus bienveillant ni plus favorable envers l'homme, que si celui-ci ne lui avait jamais adressé de prière ou n'avait jamais accompli de bonnes œuvres[45].»

Mais alors, cet «inamovible isolement» ne rend-il pas la prière absurde? Effectivement, Eckhart se fait à lui-même cette objection: «Maintenant pourrais-tu dire: ainsi je comprends bien que toute prière et toute bonne œuvre sont perdues, parce que Dieu n'admet pas que quelqu'un puisse ainsi l'émouvoir. Et pourtant on dit bien: Dieu veut qu'on le prie à propos de tout[46].» Comment tout cela peut-il s'harmoniser?

«Écoute-moi bien, dit Eckhart, et comprends bien que Dieu, *dans sa première vision éternelle* — pour autant qu'il nous faille ainsi parler —, considéra toutes choses, telles qu'elles devaient se réaliser. Dans cette même vision [...], il voyait la plus petite prière et la plus banale bonne œuvre que quelqu'un accomplirait. Il considéra donc quelle prière et quelle pieuse sollicitude il voudrait ou devrait exaucer. Il voyait que tu voudras demain l'appeler et le supplier avec sérieux, mais il n'exaucera pas seulement demain cet appel ainsi que cette prière, car il les a déjà exaucés dans son éternité, avant que tu ne deviennes homme. Mais si ta prière n'est pas insistante et qu'elle n'est pas sérieuse, Dieu ne te rejettera pas seulement maintenant, car il t'a déjà rejeté dans son éternité. C'est ainsi que Dieu a tout considéré dans sa première vision éternelle, et qu'il ne fait rien à nouveau [c'est-à-dire, il n'agit pas sur intervention], car tout est accompli par avance. Ainsi, Dieu se tient-il de tout temps dans son inamovible retranchement, mais la prière et les bonnes œuvres des gens ne sont pas pour autant perdues[47].»

Dieu, immuable et parfait, ne serait pas Dieu si, à cause de nos supplications, il changeait son décret éternel[48]. On ne doit pas oublier cependant que l'immuabilité comprend la surabondance de la vie[49]; on ne doit donc pas la comprendre comme quelque chose de statique.

Selon Maître Eckhart, Dieu voit de toute éternité ce que chaque homme choisira librement; et en considération de cette libre décision et des actions délibérément voulues — en tenant compte en particulier de la prière humaine — il arrête ses décrets inchangeables[50]. Il est ici question de montrer la possibilité métaphysique de l'exaucement de la prière. La prière se situe chez Eckhart dans le cadre de la Providence divine. L'homme ne peut prier de façon efficace, que lorsqu'il demande ce qui est déjà providentiellement exaucé dans l'éternel décret de Dieu. La prière ne signifie par conséquent ni une intervention qui change quelque chose, ni une pure résignation passive devant le plan de Dieu; c'est plutôt une force de collaboration dans le déploiement et la réalisation des plans de Dieu[51].

Eckhart raisonne ici tout à fait dans la même logique que Thomas d'Aquin. Thomas aussi écarte de la pensée de l'immuabilité divine toute réflexion qui cherche à attribuer à la prière de supplication une quelconque possibilité d'influence causale sur Dieu[52]. «On ne peut pas rappeler quelque chose à Dieu, et il n'a pas besoin d'être informé de quelque chose[53].» Et pourtant on tient en même temps à l'efficacité de la prière[54]. L'objection selon laquelle le cours du monde se trouve ainsi déjà déterminé, n'est pas juste, car on ne doit pas comprendre la Providence divine dans le sens d'une pré-vision temporelle, mais plutôt comme une vision actuelle, qui n'est d'aucune manière déterminante[55]. Ainsi, *Providentia* ne doit pas être comprise au sens de *Prævidentia* ou de *Præscientia*. Ce n'est pas un «connaître-à-l'avance» de l'avenir, mais plutôt la connaissance d'un présent qui ne cesse jamais d'exister. C'est ainsi que Boethius avait lui-même déjà dissipé cette objection[56]. On peut comprendre alors comment l'immuabilité de Dieu se concilie avec la liberté humaine, y compris celle d'une prière de supplication.

Quand Wilhelm Maas évalue plutôt négativement les conséquences théologiques de la prière, à partir du principe philosophique de l'immuabilité de Dieu[57], il ne voit pas assez clairement que c'est justement ce principe — souvent mal compris certes — qui fonde la prière raisonnable[58].

La prière et la personnalité de Dieu

La prière n'a de sens que là où Dieu est pensé comme un Tu, là où il porte un visage personnel. Emil Brunner a pu ainsi qualifier la prière comme «la pierre de touche de la foi», et la théologie de la prière comme «la pierre de touche de toute théologie[59]». Car «mettre sous le mot "Dieu" un Je-Tu ou un Absolu sans nom, cela est décisif pour le caractère chrétien d'une théologie[60]». La philosophie grecque ne connaît pas le Dieu personnel qui s'adresse à l'homme. Le dieu de Platon et d'Aristote n'est pas un Dieu personnel. La notion de personnalité semble être le propre du Dieu judéo-chrétien. Peut-être doit-on reconnaître des réminiscences de la notion de personnalité de Dieu chez Plotin[61], mais elles ne sont qu'indiquées, et la pensée d'une sollicitude de Dieu pour le monde est restée étrangère à ce philosophe.

Mais que veut dire «personnalité de Dieu»? N'y a-t-il pas là quelque problème de compréhension? Dieu est-il une «personne» à la manière dont nous le sommes nous-mêmes — avec toutes les limitations liées à la personne humaine? Et si ce n'est pas le cas, comment doit-on penser la personnalité de Dieu? Cela renvoie à la question plus fondamentale: peut-on tout simplement faire des affirmations sur Dieu, et si oui, comment doit-on les comprendre?

Ce n'est pas seulement à partir de l'axiome de l'immuabilité de Dieu qu'on a soulevé à plusieurs reprises des objections contre la prière, particulièrement contre la prière de supplication[62]. La prière est aussi remise en question partout où la personnalité de Dieu est rejetée. Car la décision et la façon de prier dépendent de la notion qu'on a de la personnalité de Dieu et, dans ce cas, les implications philosophiques sous-jacentes aux conceptions théologiques sont particulièrement claires. Finalement, je m'appuierai sur les réflexions de Paul Tillich pour montrer comment l'on peut, en accord avec la philosophie, parler de la personnalité de Dieu.

Objections contre le Dieu personnel
et rejet de la prière

La transcendance occupe une place centrale dans la pensée de Jaspers qui fonde sa réflexion sur le commandement biblique: «Tu ne te feras aucune image de Dieu!» (Ex 20, 4) Ainsi Dieu se retire dans l'absolu lointain. Le dieu de Jaspers est absolument transcendant, absolument caché. Et chaque révélation, qu'elle soit de type naturel ou surnaturel, le chosifie, le fait descendre dans le domaine des êtres finis.

Pour une telle pensée, la prière ne peut être considérée que comme une irruption «gênante[63]» dans le retranchement de Dieu, ce que la philosophie doit s'interdire. Dans l'assurance quotidienne du voisinage de Dieu, la relation avec Dieu, selon Jaspers, perdrait sa profondeur — laquelle profondeur est sauvegardée par la situation de doute; «le caractère surnaturel de Dieu serait supprimé, et l'existence reposerait sur une certitude illusoire». Au contraire, la transcendance de Dieu semble exiger, «que l'homme se donne de la peine dans le doute et les difficultés[64]». «L'aide de la divinité ne signifie pas que quelque chose sera causé ou évité à mon appel. Elle se montre dans le "Chiffre", [c'est-à-dire dans les moyens d'expression de la trancendence]; elle demeure cependant cachée[65].»

Mais la prière n'aura de sens que si Dieu porte un visage personnel. Jaspers ne l'ignore pas: «Si l'homme s'adresse à la divinité dans la prière, elle devient pour lui un Tu, avec qui il veut entrer en communication en sortant de sa perdition. C'est ainsi qu'elle devient pour lui un être personnel: comme père, assistant, législateur, juge [...]. C'est seulement dans sa personnalité que Dieu est réellement proche[66].» Pourtant, selon Jaspers, il y aura atteinte à la transcendance divine si Dieu est conçu comme un Tu. Il s'en explique ainsi: «La personnalité est en effet le mode d'être du soi, qui selon sa nature ne peut pas rester seul. Elle se réfère à... Elle doit avoir quelque chose d'autre en dehors d'elle-même: personnes et nature. Si Dieu était une personne, il aurait besoin de l'homme pour communiquer avec lui. Dans la représentation de la personnalité de Dieu, la transcendance se trouve réduite à la dimension d'un être fini[67].»

Tout comme Kant, Jaspers pense que la prière recèle le danger d'être conçue comme de la magie: «La prière comporte le caractère paradoxal d'une influence exercée sur la transcendance pour obtenir d'elle des résultats[68].» Cependant, là ne se résume pas son attitude défavorable vis-à-vis de la prière. Car il parle aussi de la «pure prière»: «Elle est presque toujours impure; la prière pour des buts terrestres reste liée à la magie, ce qui ruine son sens. Dans l'attitude de soumission, la prière devant un Dieu personnel est sans but, mais la magie est une contrainte exercée par l'homme sur la divinité[69].» Pourtant Jaspers rejette aussi finalement la pure prière, puisqu'il rejette le Dieu personnel[70].

Qu'est-ce qui se cache derrière une telle conception? «La personne humaine, écrit Jaspers, est la forme d'être la plus haute qui arrive au monde et à laquelle nous pouvons accéder. C'est pour cela qu'elle est la forme dans laquelle la divinité se présente à nous. Mais l'ultime dans le monde est encore une partie du monde. L'attribuer à Dieu, n'est pas plus vrai finalement que lui conférer n'importe quel autre mode d'être du monde [...]. Toutes les réflexions qui pensent Dieu comme [...] personnalité [...] n'ont aucun fondement dans la réalité; elles paraissent plutôt [...] comme un sacrilège[71].» Selon Jaspers, les «prétendues catégories spécifiques du surnaturel» ont sans exception leur source dans l'immanence, et leur application à la transcendance engendre une «fausse connaissance[72]».

Derrière tout cela se trouve le rejet catégorique de la pensée de l'analogie philosophique. L'analogie signifie pour Jaspers «un rapprochement de Dieu, qui dissimule et restreint, une atténuation du sérieux de sa transcendance». «Penser la divinité par analogie est toujours une sécularisation[73]», dit-il de façon laconique.

La conviction de Gerhard Lohfink se confirme avec l'exemple de Karl Jaspers: «Le Dieu, face auquel la prière de supplication se présente comme inadéquate, n'est presque plus le Dieu chrétien; c'est plutôt l'idole d'une transcendance vide[74].» Il devient clair alors que la prière présuppose la personnalité de Dieu, et que la personnalité ne peut être attribuée à Dieu que si l'on s'attache à l'idée de l'analogie[75].

Que signifie «personnalité de Dieu»?

Dieu n'est pas qu'inconditionné, il est aussi toujours concret. Johann Baptist Metz l'a ainsi formulé: «Seul le Dieu concret et toujours contestable est digne d'adoration[76].» La foi en la personnalité de Dieu est en ce sens *conditio sine qua non* de toute prière authentique[77].

Paul Tillich a toujours souligné cet aspect; il a cherché aussi à le justifier par sa théorie du symbole. Selon Tillich, toutes nos affirmations sur Dieu sont de nature symbolique. Quiconque soulève la question de savoir si nos affirmations sur Dieu ne sont que symboliques, suppose implicitement qu'il existe quelque chose de *plus* que le symbolique, soit le sens littéral. Pour Tillich cependant, le littéral, dans le domaine de la religion, est toujours *moins* que le symbolique. En outre, une telle objection ignore la différence fondamentale entre signes et symboles. Les symboles ont ceci de commun avec les signes, qu'ils dirigent l'attention vers quelque chose qui se trouve en dehors d'eux-mêmes. Par ailleurs, la différence essentielle consiste en ce que les symboles — contrairement aux signes — participent à la réalité qu'ils «re-présentent», sur laquelle ils attirent l'attention[78]. «Personnalité de Dieu» signifie alors pour Tillich que Dieu est le «fondement de toute personne» et qu'il comporte le pouvoir ontologique de chaque personne. «Il n'est pas *"une personne"*, mais il n'est pas non plus moins qu'une personne[79].» L'être de Dieu est «supra-personnel». «Mais *supra-personnel* ne veut pas dire *impersonnel*[80]» ou non personnel.

La tradition classique n'a jamais compris cela autrement. Car il s'agit ici d'analogie ou de théologie négative. Entre «symbole», «analogie» et «théologie négative», il y a certes une différence; pourtant, dans ces différentes manières d'exprimer Dieu, il s'agit toujours finalement de l'unique et même réalité: c'est la conception que l'inconditionné transcende infiniment le domaine de tout conditionné, et que, à cause de cela, il ne peut être exprimé de façon immédiate et adéquate par aucune réalité finie. «Cela veut dire, religieusement parlant: Dieu transcende son propre nom[81].» Et pourtant ce Dieu n'est pas le «tout autre»: ce que Karl Barth, à la suite de Rudolf Otto, voudrait bien en faire. Car s'il était réellement le «tout autre», nous ne pourrions philosophiquement vraiment rien dire de lui. Dieu n'est certes pas semblable au monde, mais le monde lui est cependant semblable, comme l'affirment la philosophie et la théologie du Moyen Âge[82] à la suite de Plotin, qui, pour la première fois, a développé cette pensée fondamentale. Car l'effet ne saurait être complètement différent de la cause.

Maintenant, si nous parlons d'un Dieu personnel, cela implique toute une série de postulats philosophiques. L'idée d'analogie joue à ce sujet un rôle central. C'est alors une question secondaire que de chercher à savoir quelle forme de l'analogie on doit privilégier: la doctrine de l'analogie de Thomas d'Aquin par exemple, ou la théorie du symbole de Paul Tillich, pour ne citer que ces deux noms. Ce qui est décisif ici, c'est que le rapport entre Dieu et le monde soit pensé comme un rapport de relation, et non pas comme une différence absolue selon la pensée de Jaspers.

Le Dieu des philosophes et le Dieu des religions

Le Dieu personnel, que seul on peut prier, est aussi toujours en même temps le Dieu immuable, le Dieu qui par avance connaît nos souhaits[83]. L'immuabilité de Dieu n'est d'aucune façon une immuabilité statique[84]. C'est plutôt «l'absolue vérité vivante à laquelle rien ne manque, acte pur, qui ne peut être influencé de l'extérieur[85]». Déjà Aristote considérait «la cause première» comme pure source de vie[86]. Une telle immuabilité vivante et active fait problème à notre compréhension, parce que vie et activité sont toujours liées au devenir et au changement[87]. Dans la notion tillichienne de Dieu, se réunissent deux traditions à peine compatibles: la tradition scolastique-augustinienne, qui part de l'unicité et l'immuabilité de Dieu, et la conception dialectique qui mène à Schelling en passant par Böhme. Cependant, Tillich se décide finalement pour le Dieu immuable, quand il dit qu'en Dieu en tant que Dieu il n'y a aucune différence entre potentialité et actualité[88]. Ce point de vue trouve sa confirmation dans la conception tillichienne de la prière.

Ainsi la compatibilité du Dieu philosophique avec le Dieu religieux devient claire. Le mot de Pascal[89] sur le Dieu des philosophes peut avoir son charme, mais avec Max Scheler on doit plutôt retenir que «le Dieu des philosophes, tout en étant intentionnellement différent du Dieu des religions, est réellement le même[90]». Dans son célèbre écrit, *Religion biblique et ontologie*, Tillich s'exprime ainsi à ce propos: «Contre Pascal je dis: le Dieu d'Abraham, d'Isaac et de Jacob est le même Dieu que le Dieu des philosophes. Il est à la fois personne et négation de soi comme personne[91].» Selon Tillich, être et personne ne sont «aucunement des concepts incompatibles»: «Être renferme le fait d'être personne; il ne le nie pas[92].»

Il ne doit donc pas y avoir d'opposition irréductible entre pensée et prière, pas plus qu'entre savoir et foi. Ce qui vaut pour la foi, vaut aussi pour l'acte fondamental de la foi qu'est la prière. Nous concevons alors l'immuabilité de Dieu et l'idée d'analogie comme les fondements de la possibilité et du sens de la prière. Dieu est immanent et transcendant, il est inconditionné et concret[93]. On doit penser ensemble ces deux aspects. Si l'on conteste le caractère inconditionné, Dieu n'est plus Dieu; si l'on rejette l'aspect concret, je n'ai plus devant moi que l'idole d'une vide transcendance[94]. C'est dans cette tension que se trouve le croyant et par conséquent aussi celui qui prie. Les affirmations de Paul Tillich sur le thème de la prière montrent clairement cette dialectique, et confirment ainsi les aspects philosophiques de la théologie de la prière, que nous avons tenté de mettre ici en évidence.

Notes

[1] Werner Schüssler est professeur de philosophie à la faculté de théologie de Trèves. Il a fait son doctorat (1983) et son «habilitation» (doctorat d'État) en philosophie (1991) à l'Université de Trèves, et son doctorat en théologie (1988) à l'Université Laval à Québec. Il est l'auteur de plusieurs ouvrages sur Paul Tillich, mais aussi sur Leibniz et sur Karl Jaspers. Il est codirecteur des *Tillich-Studien*, une collection d'ouvrages publiés à Münster. Il a dirigé, dans cette collection, un ouvrage collectif sur la prière, où se trouve la version allemande du texte présenté ici.

[2] Hans SCHALLER, *Das Bittgebet: eine theologische Skizze*, Einsiedeln, Johannes Verlag, 1979, p. 12.

[3] *Ibid.*, p. 15.

[4] Voir Paul TILLICH, *Gesammelte Werke*, éd. Renate Albrecht, vol. 5, Stuttgart, Evangelisches Verlagswerk, 1964, p. 111.

[5] Voir Bernhard CASPER, *Das Ereignis des Betens: Grundlinien einer Hermeneutik des religiösen Geschehens*, Freiburg (Breisgau), Alber, 1998.

[6] Alfred de QUERVAIN, *Das Gebet: ein Kapitel der christlichen Lehre*, Zürich, Evangelischer Verlag, 1948, p. 14.

[7] Richard SCHAEFFLER, *Kleine Sprachlehre des Gebets*, Einsiedeln, Johannes-Verlag, 1988, p. 103-104.

[8] Gerhard EBELING, «Das Gebet», *Zeitschrift für Theologie und Kirche*, n° 70 (1973), p. 208. Voir Rudolf SCHNACKENBURG (*Das Evangelium nach Markus*, Düsseldorf, Parmos-Verlag, 1971, p. 144), qui pense que trop de réflexion enlève à la prière sa force. Aussi Friedrich HEILER, *Das Gebet: eine religionsgeschichtliche und religionspsychologische Untersuchung*, München, Reinhardt, 1918, p. 192 et 196.

[9] Johann Georg WALCH, *Philosophisches Lexicon*, Leipzig, 4ᵉ éd., 1775 (nouvelle édition, Hildesheim 1968), vol. 1, p. 1470-1476.

[10] Wilhelm Traugott KRUG, *Allgemeines Handwörterbuch der Philosophischen Wissenschaften*, Leipzig, 2ᵉ éd., 1832-1834 (nouvelle édition, Stuttgart 1969), vol. 2, p. 126-127.

[11] L'article «Preghiera» de A. MARCHETTI constitue une exception, dans l'*Enciclopedia filosofica*, Florence, 2ᵉ éd., 1968/69, vol. 5, p. 241-242.

[12] Immanuel KANT, *Werke in zehn Bänden*, éd. W. Weischedel, vol. 7, Darmstadt, 1975, p. 870.

[13] Wilhelm WEISCHEDEL, «Vom Sinn des Gebets», dans W. WEISCHEDEL, *Wirklichkeit und Wirklichkeiten. Aufsätze und Vorträge*, Berlin, 1960, p. 152; voir Vincent BRÜMMER, *Was tun wir, wenn wir beten? Eine philosophische Untersuchung*, Marburg, 1985, p. 17-19; Gerd HAEFFNER, «Die Philosophie vor dem Phänomen des Gebets», *Theologie und Philosophie*, n° 57 (1982), p. 526-549, surtout p. 528-531; Hans-Jürgen LUIBL, «Beten begreifen. Über die seltsame

Lust der Philosophie am Gebet», dans Elmar SALMANN et Joachim HAKE (éd.), *Die Vernunft ins Gebet nehmen. Philosophisch-theologische Betrachtungen*, Stuttgart, 2000, p. 45-48; Elmar SALMANN, «Philosophen vor dem Phänomen der Liturgie», dans *ibid.*, p. 75-86.

[14] Immanuel KANT, *Werke in zehn Bänden*, VII, p. 871-872 (voir note *); à ce sujet Hans SCHALLER, *Das Bittgebet: eine theologische Skizze*, p. 72-103; Hans Benno ASSEBURG, *Das Gebet in der neueren anthropologisch orientierten Theologie*, Hamburg, 1971, p. 20-26.

[15] Voir Hans SCHALLER, «Das Bittgebet und der Lauf der Welt», dans Gisbert GRESHAKE et Gerhard LOHFINK (éd.), *Bittgebet — Testfall des Glaubens*, Mainz, 1978, p. 58.

[16] Voir Friedrich HEILER, *Das Gebet*, p. 182-197.

[17] *Ibid.*, p. 196.

[18] Werner BEIERWALTES, *Proklos. Grundzüge seiner Metaphysik*, Frankfurt/Main, 1979, p. 327.

[19] *Ibid.*, p. 328; voir toute la section des p. 313-329 («Vollzug des Aufstiegs als Einung durch Gebet») et p. 391-394 («Exkurs III: Zur Problemgeschichte des philosophischen Gebetes»); là encore de plus amples indications bibliographiques, p. 392, n° 9.

[20] *Ibid.*, p. 329.

[21] Voir Friedrich HEILER, *Das Gebet*, p. 1-3.

[22] Karl HEIM, «Das Gebet», dans K. HEIM, *Leben aus dem Glauben. Beiträge zur Frage nach dem Sinn des Lebens*, Berlin, 1932, p. 109, voir. p. 126; Gerd HAEFFNER, «Die Philosophie vor dem Phänomen des Gebets», p. 539, à la suite de Ferdinand ULRICH, *Gebet als geschöpflicher Grundakt*, Einsiedeln, 1973, et Klaus RIESENHUBER, «Gebet als menschlicher Grundakt», dans Günter STACHEL (éd.), *Munen muso: ungegenständliche Meditation* (publication en honneur de H. M. Enomiya-Lassalle), Mainz, 1978, p. 317-339 (à propos de la prière comme acte humain fondamental).

[23] Carl Heinz RATSCHOW, «Gebet. I. Religionsgeschichtlich», *Theologische Realenzyklopädie*, XII, Berlin/New York, 1984, p. 31. Voir Kornelis Heiko MISKOTTE, *Der Weg des Gebets*, München, 1968, p. 33: «La signification la plus évidente de la prière est et demeure la demande»; p. 35: «Précisément, la prière est le signe et le sceau du mystère de la grâce. [...] Être autorisé à se présenter comme enfant, non pas seulement comme créature, comme penseur, comme douteur, comme serviteur, comme pécheur, mais comme un enfant qui finalement est autorisé à ne pas s'inquiéter de la souveraine majesté de Dieu ni de la distance infinie qui le sépare de lui.» Voir aussi Hans-Martin BARTH, *Wohin — woher mein Ruf? Zur Theologie des Bittgebets*, München, 1981, p. 15: «La prière n'a pas d'abord, comme le plus souvent aujourd'hui, le sens de réciter une prière (*Beten*), mais celui de demander (*Bitten*).»

[24] Voir Otto DIBELIUS, *Das Vaterunser. Umrisse zu einer Geschichte des Gebets in der alten und mittleren Kirche*, Gießen, 1903, p. 4-5; Hans SCHALLER, *Das Bittgebet*, p. 17.

[25] Walter KASPER, *Einführung in den Glauben*, Mainz, 1972, p. 79.

[26] Voir Hans SCHALLER, «Das Bittgebet — ein Testfall des Glaubens», *Geist und Leben*, n° 49 (1976), p. 191-202; Josef BOMMER, «Haben das Bittgebet und die Fürbitte noch einen Sinn», *Concilium*, n° 8 (1972), p. 678; ce contre quoi réagissent Gisbert GRESHAKE et Gerhard LOHFINK (éd), *Bittgebet — Testfall des Glaubens*; voir Richard SCHAEFFLER, *Kleine Sprachlehre des Gebets*, p. 95; voir aussi Otto Hermann PESCH, *Das Gebet*, Augsburg, 1972, p. 44.

[27] Voir Friedrich MILDENBERGER, *Das Gebet als Übung und Probe des Glaubens*, Stuttgart, 1968.

[28] Voir Don E. SALIERS, «Prayer and the Doctrine of God in Contemporary Theology», *Interpretation* (Richmond), n° 34 (1980), p. 278: «A neglected criterion for the adequacy of our doctrine of God in contemporary theology is precisely its "prayability". The doctrine of God must be responsible to the question: "Is this a God to whom we can pray in the full range of biblical prayer?"»; R. SCHÄFER, «Gott und Gebet. Die gemeinsame Krise zweier Lehrstücke», *Zeitschrift für Theologie und Kirche*, n° 65 (1968), p. 117-128, surtout p. 120, où l'auteur note expressément le parallèle entre la prière et la doctrine de Dieu, se limitant cependant à l'aspect négatif de la crise.

[29] Voir Ludger HONNEFELDER et Werner SCHÜSSLER (éd.), *Transzendenz. Zu einem Grundwort der klassischen Metaphysik*, Paderborn, 1993.

[30] Ainsi Gotthold MÜLLER, «Gebet. VIII. Dogmatische Probleme gegenwärtiger Gebetstheologie», *Theologische Realenzyklopädie*, XII, Berlin/New York, 1984, p. 88.

[31] Voir Johann Baptist METZ, «Voraussetzungen des Betens», *Herder Korrespondenz*, n° 32 (1978), p. 130.

[32] Contre Gotthold MÜLLER, «Gebet. VIII. Dogmatische Probleme gegenwärtiger Gebetstheologie», p. 89.

[33] Ludger OEING-HANHOFF, «Die Krise des Gottesbegriffs. Wolfhart Pannenberg zum 50. Geburtstag», *Theologische Quartalschrift*, n° 159 (1979), p. 286.

[34] Voir Robert M. COOPER, «God as Poet and Man as Praying», *The Personalist*, n° 49 (1968), p. 474-488; William Norman PITTENGER, *God's Way with Men: A study of the Relationship between God and Man in Providence, "Miracle", and Prayer*, London, Catholic Book Club, 1969, p. 145-166, surtout p. 154-155; Lewis FORD, «Our Prayers as God's Passions», dans Harry James CARGAS et Bernard LEE (éd.), *Religious Experience and Process Theology*, New York, Paulist Press, 1976, p. 429; là-dessus encore John F. X. KNASAS, «Aquinas: Prayer to an Immutable God», *The New Scholasticism*, n° 57 (1983), p. 196-221 (l'auteur discute à ce propos l'objection de Lewis Ford).

[35] Je ne peux aborder ici le problème plus général de la possibilité de changement et de l'historicité de Dieu, une question qui se trouve d'ailleurs posée non seulement du côté protestant (Karl Barth, Paul Althaus, Wolfhart Pannenberg, Jürgen Moltmann, Eberhard Jüngel), mais aussi de la part des catholiques (Karl Rahner, Magnus Löhrer, Hans Küng, Walter Kasper, Edward Schillebeeckxx, Heribert Mühlen). Dans son article «Die Frage nach der Veränderlichkeit und Geschichtlichkeit Gottes», *Münchener Theologische Zeitschrift*, n° 31 (1980),

p. 1-23, Hans PFEIL, donne la bibliographie pertinente aux pages 5-10. Voir aussi Wilhelm MAAS, *Unveränderlichkeit Gotte. Zum Verhältnis von griechisch-philosophischer und christlicher Gotteslehre*, München, 1974, surtout p. 16-19 et 187-189. À propos de Piet Schoonenberg, voir Alfred KAISER, *Möglichkeiten und Grenzen einer Christologie, von unten'. Der christologische Neuansatz, von unten' bei Piet Schoonenberg und dessen Weiterführung mit Blick auf Nikolaux von Kues*, Münster, 1992, p. 260-268 («Schoonenbergs Präzisierung seiner Vorstellung von einen, göttlichen Werden'»).

[36] Hans-Martin BARTH, *Wohin — woher mein Ruf?*, p. 87.

[37] Vincent BRÜMMER, *Was tun wir, wenn wir beten?*, p. 35.

[38] *Ibidem.*

[39] *Ibid.*, p. 40.

[40] *Ibid.* — Sur cette question, les considérations de Brümmer ressemblent beaucoup à celles d'Alfred North Whitehead. Mais assez curieusement, dans son écrit l'auteur ne fait aucune référence à Whitehead. Voir aussi Charles HARTSHORNE, «Das metaphysische System Whiteheads», *Zeitschrift für philosophische Forschung*, n° 3 (1948), p. 566-575, surtout p. 572-574.

[41] Gerhard LOHFINK, «Das Bittgebet und die Bibel», *Theologische Quartalschrift*, n° 157 (1977), p. 23-26. À la p. 24, l'auteur note bien justement que, pour une bonne part, le «Notre Père» est lui-même une prière de demande.

[42] Les principales références sur le sens de la prière chez Maître Eckhart sont rassemblées dans l'ouvrage: MEISTER ECKHART, *Das System seiner religiösen Lehre und Lebensweisheit. Textbuch aus den gedruckten und ungedruckten Quellen mit Einführung von Otto Karrer*, München, 1926, p. 179-189.

[43] Walter BERNET, *Gebet*, Stuttgart, 1970; à ce sujet voir Hans SCHALLER, *Das Bittgebet*, p. 103-122; Josef SUDBRACK, *Beten ist menschlich. Aus der Erfahrung unseres Lebens mit Gott sprechen*, Freiburg (Breisgau), 1973, p. 117-120.

[44] «Wan daz got ist got, daz hât er von sîner unbewegelîchen abegescheidenheit, und von der abegescheidenheit hât er sîne lûterkeit und sîne einvalticheit und sîne unwandelbaerkeit.» (*Die deutschen Werke* [DW], édité et traduit en allemand courant par J. Quint, vol. 5, Stuttgart, 1963 [nouvelle édition en 1987], p. 412, 4-6; trad., *ibid.*, p. 541-542.)

[45] «Allez daz gebet und guotiu werk, diu der mensche in der zît mac gewürken, daz gotes abegescheidenheit alsô wênic dâ von beweget wirt, als ob niendert gebet noch guotez werk in der zît beschaehe, und enwirt got niemer deste milter noch deste geneigeter gegen dem menschen, dan ob er daz gebet oder diu guoten werk niemer gewürhte.» (DW, vol. 5, p. 414, 2-5; trad., *ibid.*, p. 542.)

[46] «Nû möhtest dû sprechen: sô hoere ich wol, allez gebet und alliu guotiu werk sint verlorn, wan sich got ir niht anenimet, daz in ieman dâ mite bewegen müge, und sprichet man doch: got wil umbe alliu dinc gebeten werden.» (DW, vol. 5, p. 414, 9-415, 1; trad., *ibid.*, p. 542.)

[47] «Hie solt dû mich wol merken und rehte verstân, ob dû maht, daz got *in sînem êrsten êwigen anblicke* — ob wir einen êrsten anblik dâ nemen solten —, alliu dinc anesach, als sie beschehen solten, und sach in dem selben anblicke... daz

minste gebet und guote werk, daz ieman solte tuon, und sach ane welhez gebet und andâht er erhoeren wolte oder solte; er sach, daz dû in morgen wilt mit ernste aneruofen und biten, und daz aneruofen und gebet enwil got niht morgen erhoeren, wan er hât ez erhoeret in sîner êwicheit, ê dû ie mensche würde. Enist aber dîn gebet niht endelich und âne ernst, sô enwil dir got niht nû versagen, wan er hât dir in sîner êwicheit versaget. Und alsô hât got in sînem êrsten êwigen anblicke alliu dinc anegesehen, und got würket nihtes niht von ni-uwem, wan ez ist allez ein vorgewürket dinc. Und alsô stât got alle zît in sîner unbewegelîchen abegeschei-denheit, und enist doch dar umbe der liute gebet und guotiu werk niht verlorn.» (DW, vol. 5, p. 415, 1-416, 6; trad., *ibid.*, p. 542.) C'est moi qui souligne.

[48] Voir Hans SCHALLER, *Das Bittgebet*, p. 165.

[49] Voir Fridolin UTZ, *Bittet, und ihr werdet empfangen*, Freiburg (Breisgau), 1940, p. 33.

[50] Voir Hans PFEIL, «Die Frage nach der Veränderlichkeit und Geschichtlichkeit Gottes», p. 13.

[51] Hans SCHALLER, *Das Bittgebet*, p. 64.

[52] THOMAS D'AQUIN, *Summa theologica*, I, 9, 1; en parallèle avec II/II, 83.

[53] Hans SCHALLER, *Das Bittgebet*, p. 58.

[54] Voir déjà Origène; à ce sujet Wilhelm GESSEL, *Die Theologie des Gebetes nach «De Oratione» von Origenes*, Paderborn, 1975, surtout p. 160-171. Sur saint Thomas, voir Leo J. ELDERS, *Die Metaphysik des Thomas von Aquin in historischer Perspektive*, II, Salzburg, 1987, 264-265.

[55] Voir cette analogie proposée par Thomas d'Aquin: «Dire qu'il ne faut pas prier pour obtenir quelque chose de Dieu parce que l'ordre de sa providence est im-muable, c'est comme si nous disions qu'il ne faut pas marcher pour parvenir à un lieu, ni manger pour se nourrir — ce qui est manifestement absurde.» (*Summa contra Gentiles*, III, 96)

[56] Voir là-dessus Werner SCHÜSSLER, *Leibniz' Auffassung des menschlichen Verstandes (intellectus)*, Berlin, 1992, p. 126-129. Je ne saurais dire si, chez Lei-bniz, le problème doit se résoudre aussi dans le sens de prévoir (*prævidere*). Cela devrait faire l'objet d'une recherche ultérieure.

[57] Wilhelm MAAS, *Unveränderlichkeit Gottes*, p. 75-76.

[58] Je ne puis partager l'avis de O. LANGER (*Mystische Erfahrung und spirituelle Theologie. Zu Meister Eckharts Auseinandersetzung mit der Frauenfrömmigkeit seiner Zeit*, München/Zürich, 1987, p. 207), quand il affirme que Maître Eckhart fonde sur ces présupposés ontologiques son refus de la prière de demande.

[59] Emil BRUNNER, *Dogmatik,* III, Zürich, 1960, p. 368; voir Alfred DE QUERVAIN, *Das Gebet*, p. 55; Hans SCHALLER, *Das Bittgebet*, p. 11: «Prüfstein des Theologisierens».

[60] Emil BRUNNER, *Dogmatik,* III, p. 368. Voir Gerhard EBELING, *Wort und Glaube,* III, Tübingen, 1975, p. 421.

[61] Voir là-dessus Paul HENRY, «Das Problem der Persönlichkeit Gottes in der Philosophie Plotins», *Jahres-und Tagungsbericht der Görres-Gesellschaft*, 1955, Köln, 1956, p. 50.

⁶² Voir Friedrich HEILER, *Das Gebet*, p. 189-197.

⁶³ Karl JASPERS, *Philosophie III: Metaphysik*, Berlin, 1973 (4ᵉ édition), p. 126.

⁶⁴ *Ibid.*, p. 127.

⁶⁵ *Ibidem.*

⁶⁶ *Ibid.*, p. 166 et 200.

⁶⁷ *Ibid.*, p. 166. Malheureusement, Jaspers ne fait pas référence au Dieu trinitaire dans ses réflexions sur ce sujet. Dans les quelques endroits où il s'exprime sur la Trinité, il ne fait entendre que son rejet (voir, par exemple, *Der philosophische Glaube angesichts der Offenbarung*, Darmstadt, 1984 [3ᵉ édition], p. 254-256).

⁶⁸ Karl JASPERS, *Philosophie II: Existenzerhellung*, Berlin, 1973 (4ᵉ édition), p. 315.

⁶⁹ *Ibid.*, p. 316; voir aussi Karl JASPERS, *Der philosophische Glaube angesichts der Offenbarung*, Darmstadt, 1984, p. 220.

⁷⁰ Voir Claus Uwe HOMMEL, *Chiffer und Dogma. Vom Verhältnis der Philosophie zur Religion bei Karl Jaspers*, Zürich, 1968, p. 117-118.

⁷¹ Karl JASPERS, *Schelling. Größe und Verhängnis*, München, 1955, p. 184.

⁷² Karl JASPERS, *Nachlaß zur Philosophischen Logik*, édité par Hans Saner et Marc Hänggi, München, 1991, p. 19.

⁷³ Karl JASPERS, «Der philosophische Glaube angesichts der christlichen Offenbarung», dans Gerhard HUBER (éd.), *Philosophie und christliche Existenz. Festschrift für Heinrich Barth zum 70. Geburtstag*, Basel, 1960, p. 75.

⁷⁴ Gerhard LOHFINK, «Das Bittgebet und die Bibel», p. 25.

⁷⁵ Voir à ce sujet Werner SCHÜSSLER, «Der absolut transzendente Gott. Negative Theologie bei Karl Jaspers?», *Jahrbuch der Österreichischen Karl-Jaspers-Gesellschaft*, n° 5 (1992), p. 24-47.

⁷⁶ Johann Baptist METZ, «Voraussetzungen des Betens», p. 129.

⁷⁷ Henri BREMOND, *Das wesentliche Gebet*, Regensburg, 1959, p. 28.

⁷⁸ Voir Werner SCHÜSSLER, *Jenseits von Religion und Nicht-Religion. Der Religionsbegriff im Werk Paul Tillichs*, Frankfurt/Main, 1988, p. 155-175.

⁷⁹ Paul TILLICH, *Théologie systématique*, II (Paris-Genève-Québec, Cerf-Labor et Fides-PUL, 2004), p. 122. C'est moi qui souligne. — Vincent BRÜMMER (*Was tun wir, wenn wir beten? Eine philosophische Untersuchung*, p. 76) semble au contraire vouloir établir le caractère personnel de Dieu précisément sur le plan de la personnalité humaine.

⁸⁰ Paul TILLICH, *Systematic Theology*, II (The University of Chicago Press, 1957), p. 12. Voir aussi Paul TILLICH, *Gesammelte Werke*, vol. 5, p. 182: «Le Dieu qui est une personne est transcendé par le Dieu qui est l'être-personne (*Person-Sein*) même, fondement et abîme de tout être personnel.» Voir à ce sujet Norbert ERNST, *Die Tiefe des Seins. Eine Untersuchung zum Ort der analogia entis im Denken Paul Tillichs*, St. Ottilien, 1988, p. 157-160.

⁸¹ Paul TILLICH, *Gesammelte Werke*, éd. Renate Albrecht, vol. 8, Stuttgart, 1970, p. 141.

111

[82] Ainsi par exemple, THOMAS D'AQUIN, *Summa contra Gentiles*, I, 29.

[83] Cela s'éclaire encore par les dernières phrases du *Consolatio philosophiæ* de Boèce, quand il écrit: «Puisqu'il en est ainsi, les mortels conservent un libre arbitre intact; non, elles ne sont pas injustes les lois qui proposent récompenses et châtiments, parce que la volonté ne se dissout pas dans une nécessité universelle. Spectateur céleste de toutes choses et les connaissant toutes par avance, Dieu, et l'éternité toujours présente de son regard se joint à la qualité future de nos actes pour dispenser aux bons les récompenses, aux méchants la punition. *Non, elles ne sont pas vaines, les espérances placées en Dieu, les prières qui lui sont adressées: étant droites elles ne peuvent être inefficaces*» (*La consolation de philosophie*, Introduction, traduction et notes par Jean-Yves Guillaumin, Paris, Les Belles Lettres, 2000, p. 145). C'est moi qui souligne.

[84] Contre le prétendu Dieu statique s'élève avec raison la critique bien connue de A. N. Whitehead (voir David Ray GRIFFIN et Donald W. SHERBURNE (éd.), *Process and Reality*, New York, The Free Press, 1978, p. 346).

[85] Hans SCHALLER, *Das Bittgebet: eine theologische Skizze*, p. 58.

[86] ARISTOTE, *Metaphysica*, XII, 7, 1072 b 26-30.

[87] Hans PFEIL, «Die Frage nach der Veränderlichkeit und Geschichtlichkeit Gottes», p. 12. Voir aussi Michael-Thomas LISKE, «Kann Gott reale Beziehungen zu den Geschöpfen haben? Logisch-theologische Betrachtungen im Anschluß an Thomas von Aquin», *Theologie und Philosophie*, n° 68 (1993), p. 222, note 29: «On s'en tient ainsi à une absence de vie et à un engourdissement sans mouvement, au lieu de voir en ce mouvement le commencement de l'activité la plus haute et la plus parfaite.»

[88] Voir Paul TILLICH, *Théologie systématique*, II, p. 118.

[89] Blaise PASCAL, «Mémorial», *Œuvres complètes*, éd. J. Chevalier, Paris, 1954, p. 554.

[90] Max SCHELER, *Gesammelte Werke*, vol. 5, éd. Maria Scheler, Bern, 1954, p. 130.

[91] Paul TILLICH, *Gesammelte Werke*, vol. 5, p. 184.

[92] *Ibid.*, p. 183. Pour la philosophie moderne du sujet cet énoncé fait difficulté, parce qu'elle ne peut plus voir que *être* et *personne* sont des concepts compatibles. Voir à ce sujet Johannes HIRSCHBERGER, «Seinsmetaphysik und Person», dans Josef SPECK (éd.), *Das Personverständnis in der Pädagogik und ihren Nachbarwissenschaften*, I, Münster, 1966, p. 20-32.

[93] Voir Paul TILLICH, *Théologie systématique*, II, p. 76: «Le conflit entre le concret et l'ultime de la préoccupation religieuse surgit chaque fois qu'on fait l'expérience de Dieu et qu'on l'exprime, depuis la prière primitive jusqu'au système théologique le plus élaboré.»

[94] Voir Paul TILLICH, *Gesammelte Werke*, vol. 5, p. 219: «Si l'on n'a que l'élément d'inconditionalité, aucune relation à Dieu n'est possible. S'il n'y a plus que la relation Je-Tu […], on perd l'élément du divin, de l'inconditionné.» Voir aussi Josef SUDBRACK, «Gebet», dans *Sacramentum Mundi*, vol. 2, Freiburg (Breisgau), 1968, p. 167-168.

5

PRIER POUR SURVIVRE.
LA PRIÈRE DES VICTIMES
ET DES SURVIVANTES
D'ABUS SEXUELS[1]

Carole Golding[2]
Jean-Guy Nadeau[3]

Les voies de la prière sont nombreuses et variées. De même que ses voix. Nous voudrions donner ici la parole aux croyantes victimes d'abus sexuels durant l'enfance et entendre une partie de leur expérience et de leur parcours de prière, un parcours difficile parce que, comme celui de bien d'autres croyants mais en d'autres circonstances, confronté au silence et à l'absence de Dieu.

Tout humain porte une ou plusieurs représentations de Dieu, ne serait-ce que celle du Dieu dont il nie l'existence:

Psychologiquement parlant, même parmi les personnes qui croient en un même Dieu, il existera toujours une variété considérable d'images de Dieu; nous portons tous en nous une image unique de Dieu. Ceci est aussi valable pour vous, athées ou croyants non théistes, car vous aussi portez une image de Dieu, fusse celle du Dieu en lequel vous ne croyez pas[4].

Construite à même son éducation religieuse et son expérience personnelle, cette image amène l'individu à vivre ou à rejeter une relation avec Dieu. Cette relation varie d'une personne à l'autre, tout comme les représentations de Dieu qui sont marquées par une plus riche diversité que ne le laissent croire les orthodoxies religieuses. Or, tout rapport suppose communication et la communication avec Dieu a nom de prière, que le Robert définit comme un «mouvement de l'âme tendant à une communication spirituelle avec Dieu». Pour plusieurs croyants, ce mouvement de l'âme peut sembler aller de soi et même opérer comme un automatisme. Cette facilité n'est pourtant pas universelle, bien au contraire, et cette action de l'âme est problématique, parfois impossible pour plusieurs ou même pour la plupart des personnes à différentes étapes de la vie.

Les victimes d'abus sexuels durant l'enfance font partie de ces croyants pour lesquels la prière fait problème. Il s'agit là d'un groupe de personnes important et dont on parle de plus en plus souvent, mais qui semble encore marginal. Or, de 25 à 53% des femmes sont victimes d'abus sexuels durant leur existence, et avant l'âge de 18 ans dans 80% des cas. Pour les hommes, les statistiques vont de 12 à 31%[5]. L'écart entre ces chiffres tient aux définitions plus ou moins larges de l'abus sexuel et aux types d'enquêtes réalisées. Mais même si on préfère le chiffre le plus bas, qui apparaît comme un minimum absolu, il n'en reste pas moins qu'une femme sur quatre a été victime d'abus sexuel au sens fort du terme. Et selon les enquêtes réalisées, cela peut aller jusqu'à une femme sur deux. C'est à leur prière que nous nous intéressons ici, celle des hommes n'étant pas encore documentée dans la recherche. La première partie de notre propos fera place aux témoignages des survivantes, comme on nomme aujourd'hui les victimes devenues adultes. La seconde partie proposera diverses réflexions sur la prière comme pratique d'*empowerment* ou reprise en main de soi-même et de sa relation à Dieu, sur les bienfaits de la prière collective, la question du silence, la résolution de l'abus et enfin la question de la présence de Dieu.

L'impact spirituel des abus sexuels

Si nous nous intéressons à la prière des victimes d'abus sexuels durant l'enfance, c'est à cause de l'impact de ces abus sur leur psyché ou sur leur âme. La littérature dresse une liste impressionnante de conséquences psychosociales et spirituelles des abus sexuels. Les conséquences sur la personne abusée concernent surtout son identité, son image d'elle-même, son rapport au monde et à la communauté, voire à la transcendance, et elles entraînent souvent une mise en cause de sa capacité de vivre. Signalons-en quelques-unes: sentiment d'impuissance; désespoir et sentiment d'absurdité de la vie; difficulté à accepter une force spirituelle ou même rejet de celle-ci; difficulté de se lier à une force transcendante; sous-développement d'une image de Dieu souvent figée à l'âge des abus; ambivalence envers la communauté de croyants; absolutisation et polarisation des concepts du bien et du mal[6].

Dans la majorité des cas, la victime d'abus sexuels vit avec ces conséquences jusqu'à l'âge adulte et plusieurs affirment que ce mal ravage aussi leur âme. Elles diront alors que leur abuseur a tenté de détruire ou leur a volé leur âme; quelque chose d'elles-mêmes, un espace, un ressort de vie est mort[7]. Suite à une recherche doctorale auprès d'adultes victimes d'abus sexuels dans l'enfance qui affirment que leur expérience d'abus a eu et a toujours un impact important sur leur spiritualité, Heather Jamieson constate chez elles un sentiment de dissociation d'elles-mêmes, de leur corps, de Dieu et des autres[8]: «L'abus sexuel est une violation de relation qui affecte la capacité de relation de ces femmes, y inclus celle avec Dieu[9].»

Tout autant que de l'intrusion et du viol de leur corps, ces personnes ont été victimes d'abus de pouvoir et de confiance, souvent de la part d'un parent qui devait prendre soin d'elles et les protéger. Or, la recherche et la clinique montrent que leur capacité de faire confiance s'en trouve souvent meurtrie. Selon plusieurs intervenants en santé mentale, le fait de subir un ou des abus sexuels durant l'enfance entre les mains d'un parent en qui l'enfant avait naturellement placé toute sa confiance est de loin le traumatisme qui représente le plus grand obstacle au bien-être émotif et spirituel de l'enfant[10]. Comment l'enfant devenu incapable de faire confiance à une personne qu'elle peut voir, ferait-elle confiance à un être qu'elle ne peut pas voir? Si le parent dit à l'enfant tout son amour et l'abuse par la suite, comment s'imaginer que l'amour de Dieu promis par l'éducation chrétienne reçue pourrait être différent et que ce Dieu ne les abandonnera pas à leur péril? En fait, aux yeux de plusieurs enfants abusées, Dieu a malheureusement paru indifférent à leurs pleurs, tout comme leur abuseur.

Nos propres entrevues de recherche, qui ne sont malheureusement qu'à leur début, nous ont toutefois permis de rencontrer des victimes qui trouvaient en Dieu un confident, le seul qui soit toujours là et qui les écoute. C'est dire qu'on ne saurait décrire la réalité tout en noir ou en blanc. Mais il semble à première vue que si la relation de certaines victimes avec Dieu a pu être positive, c'est parce qu'elles ne lui ont pas adressé de demandes d'intervention, mais l'avaient plutôt pris à témoin ou comme confident. Quoi qu'il en soit, c'est sur le fond d'une lancinante blessure de l'âme que s'inscrit la prière des victimes d'abus sexuels dont nous voudrions examiner quelques aspects.

La prière des victimes

Une revue de littérature sur l'expérience religieuse des victimes d'abus sexuels nous a permis d'identifier divers scénarios relatifs à leur prière. Nous explorerons ici ceux qui concernent: l'enfant qui prie durant la période de l'abus; l'adulte incapable de prier suite à l'abus; l'adulte qui crie à Dieu sa colère; l'adulte qui découvre un nouveau visage de Dieu.

L'enfant croit ce que les adultes signifiants lui disent. Lors de son éducation chrétienne, la petite fille accepte les images traditionnelles de Dieu qui lui sont présentées: un Père qui nous aime, un Dieu Seigneur tout-puissant qui voit tout et sait tout, un bon berger qui prend soin de nous et qui exauce celui ou celle qui le prie avec confiance ou avec un cœur pur. L'enfant reçoit une description de Dieu tout à fait ambivalente, dont les traits ne sont sans doute pas faciles à concilier. Ce Dieu décrit comme un père qui aime tous ses enfants est aussi un père autoritaire, exigeant, punitif et même violent[11]. Mais, c'est aussi celui qui peut être personnel, impliqué, empathique. Celui qui est censé apporter le plus grand amour est aussi capable de grande violence. Vu sa toute-puissance, tout est censé être sous son contrôle. C'est sur cette trame de fond religieuse que se construit la prière de l'enfant qui en retient souvent — ce que facilitent les caractéristiques de l'enfance[12] — que Dieu, dans sa grande puissance et sa bonté, peut tout faire. Et donc mettre fin au cauchemar qu'elle vit.

On ne s'étonne pas alors que les prières de demande soient fréquentes chez les enfants victimes d'abus sexuels, qui, le plus souvent, prient pour être délivrées de l'abus. Leur prière est porteuse de la pensée magique d'un enfant qui rêve d'un monde meilleur. Valérie s'en souvient ainsi: «J'ai prié pour que quelque chose ou quelqu'un arrête l'abus et j'espérais que Dieu apporterait une solution magique afin de transformer en réalité la famille idyllique que j'imaginais[13]...»

La demande de Fiona était plus spécifique:

> J'ai supplié Dieu de me délivrer, d'éloigner de moi l'abuseur ou de me retirer de cet endroit terrible; n'importe où sauf ici. Le Magnifique doit être vieux comme mon grand-père; de sorte qu'il ne pouvait pas bien entendre ni voir. Alors, j'ai pensé que je devrais l'aider... Alors j'ai crié vers le Magnifique aussi fort que je le pouvais: «Ne voyez-vous donc pas ce qu'ils me font? Alors comment se fait-il que vous ne m'aidiez pas?» Et je hurlais à m'en déchirer les poumons[14]...

De son côté, Ruth, a plutôt adressé ses demandes à Jésus qui pouvait comprendre sa peine d'enfant: «J'ai prié l'enfant Jésus en assumant que, puisqu'il était un enfant lui aussi, il pourrait peut-être plus facilement voir la douleur d'un autre enfant et je priais l'enfant Jésus afin que l'abus cesse[15].»

Ce type de prière n'est certes pas le propre des victimes d'abus sexuels. Et nous en avons probablement tous fait de semblables un jour ou l'autre, en espérant en vain une réponse. Il y a cependant des différences majeures dans les cas des victimes d'abus sexuels. L'une tient à la nature des actes perpétrés contre elles: c'est leur corps même, leur identité, leur pouvoir le plus radical qui est violé — le *mal* ne reste pas extérieur à elles, mais il est partout sur elles, il pénètre même souvent à l'intérieur d'elles par la force de celui-là même qui est responsable du *bien* dans leur vie[16]. L'autre différence majeure tient à la répétition des actes posés, à la répétition de leur prière... et en conséquence à la répétition de l'expérience du silence et de l'inaction de Dieu. En effet, les abus sexuels en milieu familial se poursuivent sur une durée moyenne de cinq ans et peuvent donc durer beaucoup plus longtemps[17]. Par conséquent, on comprend l'affirmation de nombre d'entre elles à l'effet que Dieu n'a rien fait en leur faveur. Plusieurs ont fait de façon répétée l'expérience du silence de Dieu, amplifiant ainsi leur drame, leur sentiment d'abandon et d'indignité. Elles l'ont prié pour être soulagées, délivrées d'une situation horrible. Mais rien n'est arrivé. La main de l'ange n'a pas retenu le bras du père ou de l'adulte qui s'abattait à répétition sur elles.

On comprend que le sentiment d'être abandonnées par Dieu les envahisse souvent. Certaines en ont éprouvé une douleur supplémentaire, une souffrance spirituelle sur laquelle nous reviendrons, d'autres des sentiments de désespoir, d'autres du rejet ou de la colère:

> Je croyais vraiment que Dieu m'avait abandonnée. Je me souviens même que je me demandais si Dieu existait vraiment. Dans la semaine suivant le retour de mon père, j'ai eu mon premier rapport sexuel avec lui et tout a changé. Dieu est devenu méchant

118

et je me demandais où il était parti. Pourquoi était-il soudaine-
ment parti? [...] Dieu semblait s'être volatilisé. Pouf! Il était
parti[18].

L'abandon de Dieu est difficile à supporter pour celles qui
se sentent déjà négligées ou abandonnées par l'un ou l'autre de
leurs parents qui n'interviennent pas pour mettre fin à leur drame.
L'abandon et la trahison des adultes ont laissé leurs marques
dans lesquelles vient s'inscrire la relation à Dieu la creusant
davantage. Elles en concluent souvent que personne, vraiment
personne, même pas Dieu, ne peut les comprendre, ou ne veut
les aider. Ce poème de Valérie, décrit le sentiment d'abandon et
la perte de relation avec Dieu éprouvés par l'enfant abusée
sexuellement.

> Où est mon Dieu?
> Dans les années sombres je cherchais.
> Désirant la lumière et la joie.
> Des prières sans réponse.
> Où est ma mère?
> Partie, comme Dieu.
> Son rire, son amour, sa force et sa tendresse.
> Le monde est différent maintenant.
> Où est mon centre?
> Creux — un trou douloureux.
> Perdu, comme Dieu, comme ma mère.
> S'accrochant par un fil de vie.
> Où sont mes mains?
> Je les regarde bouger — comme des étrangères
> Pas de moi.
> Parties à un moment donné, comme Dieu, comme ma mère,
> Comme mon centre[19].

Ave Clark, elle-même une survivante d'abus sexuels durant
l'enfance, rappelle ainsi les questions que portaient aussi ses
prières:

> Je me souviens quand j'étais une petite fille d'avoir supplié Dieu
> de ne pas laisser les abus se répéter encore. Mais en vain. Je me
> demandais, est-ce que Dieu m'entend? Il m'arrivait de me deman-
> der, si Dieu est partout, pourquoi ce rapport aussi horrible avec

un adulte continue-t-il de m'arriver? Est-ce que Dieu a fermé ses oreilles? Était-il dégoûté, fâché ou était-il aussi effrayé que je l'étais? Je lui parlais à travers mes sanglots et je lui disais: «Pourquoi, Dieu? Pourquoi moi? Où était Dieu[20]?»

Certaines victimes, dont Denise et Valérie, ont prié pour une solution beaucoup plus radicale: la mort. «J'ai souvent prié pour demander la mort», dit Valérie. Alors que Denise précise que «la mort était définitivement mieux que ce que je vivais[21].»

L'enfant victime a l'impression d'être différente des autres, comme si elle portait une tache ineffaçable. La culture religieuse contribue de façon significative à cette impression, la virginité étant, surtout chez les filles, une des vertus chrétiennes les plus valorisées. La jeune victime se sent maculée et elle peut croire qu'elle ne mérite plus l'amour de Dieu ou sa protection. Cette impression peut perdurer jusqu'à l'âge adulte de sorte que des victimes prient Dieu de les guérir de leur impureté. «Je priais pour être rendue digne de l'amour de Dieu», témoigne Hyacinthe, tandis que la prière de Sofia avait un autre but: «... trouver une manière de nettoyer le gâchis de ma vie, de me rendre spirituellement et moralement propre[22]».

L'enfant abusée, dans son innocence juvénile, a aussi pu tenter de marchander avec Dieu comme l'exprime le témoignage suivant:

> Quand j'étais une enfant abusée, je priais et lisais ma Bible matin et soir, je donnais la moitié de mon argent de poche en offrande à l'église chaque semaine et je promettais à Dieu de devenir une missionnaire [ce que certaines ont précisément fait] et de faire tout ce qu'il me demanderait s'il arrêtait mon père de venir dans ma chambre le soir. Quand Dieu n'a pas répondu à mes prières, j'ai décidé soit qu'il n'y avait pas de Dieu, soit qu'il était méchant et pas intéressé par ce qui arrive aux petites filles. J'ai décidé que je n'aimais pas Dieu et que je n'avais pas besoin d'un Dieu comme lui[23].

D'autres, comme Francine que nous avons interviewée, prient pour être capables de «passer à travers», capables de survivre. Celles-là ont un rapport à Dieu différent, mais non documenté par notre revue de littérature, ou tout au plus, certaines affirment avoir survécu grâce à Dieu ou à leur foi, mais elles en disent rarement plus.

La prière de la victime devenue adulte

L'adulte qui a été victime d'abus sexuels durant l'enfance porte en elle une multitude d'émotions face à Dieu, dont plusieurs ont perduré depuis l'enfance: peine, colère, culpabilité et sentiment d'être punie par Dieu, incompréhension, sentiment d'abandon ou de rejet de la part de Dieu, sentiment de souillure et d'indignité, ambivalence et difficulté de faire confiance à Dieu, sans parler du transfert sur Dieu aussi bien des rapports avec l'agresseur et l'entourage plus ou moins complice que des affects envers eux. L'étude de Nancy L. Kauffman constate que les images de Dieu les plus fréquentes chez ces victimes sont celles de Dieu le Père, exigeant et sévère, comme un juge, Dieu punitif, dominateur, vindicatif. Un Dieu menaçant que l'on doit craindre. Un Dieu qui pourrait intervenir, mais ne le fait pas et reste distant, un Dieu qui a même sacrifié son propre fils. Les victimes croient souvent que Dieu a des exigences à leur égard. Elles ont appris qu'elles doivent «aimer leur prochain», souvent à leur propre détriment. Elles doivent se sacrifier, pardonner et oublier. Plusieurs sont persuadées qu'elles sont mauvaises et qu'elles méritent d'être punies par Dieu. Elles se croient responsables aux yeux de Dieu de leur situation d'abus puisqu'elles ont été incapables d'y mettre fin. Elles se sentent coupables... et condamnées[24]. Nul doute que ces sentiments marquent leur rapport à Dieu et leur prière! C'est peut-être pourquoi les témoignages décrivent en général l'incapacité de prier de ces femmes à l'âge adulte.

Certaines se demandent comment prier Dieu leur père céleste alors que leur père terrestre les a abusées. En fait, l'image de Dieu le père est souvent problématique et elle empêche ou entrave toute tentative de prière: «Quand j'étais jeune j'ai été abusée par mon beau-père, cela a court-circuité toutes mes tentatives de relation avec Dieu[25].»

Certaines expriment même de la colère, voire de la rage envers Dieu, à moins qu'elles ne le rejettent. Le *Psalm of Anger to a Patriarchal god*[26], de Sheila Redmond, illustre bien une telle colère. Elle l'a rédigé quand un groupe de femmes chrétiennes lui a demandé de composer un psaume de colère pour la liturgie finale d'une session œcuménique sur la violence domestique. Ce texte met bien en scène le désarroi de l'enfant, voire une colère qu'elle ne pouvait exprimer à l'époque des abus, mais dans des termes et avec une culture qui sont davantage ceux d'une adulte.

Psaume de colère à un dieu patriarcal

Dieu,
Tu m'as abandonnée!
Tu as fait des promesses que tu ne pouvais pas tenir!
Tu étais supposé être tout-puissant, tout savoir —
    et plus que ça!
Tu étais supposé m'aimer et prendre soin de moi
Comme tu prends soin
    des petits oiseaux et des lys des champs.

Tu m'as laissé tomber, tu m'as menti, et j'étais bonne,
Et je t'aimais et j'étais sauvée
Et tu étais supposé faire en sorte que tout aille mieux!
La peine, la douleur, la culpabilité devaient s'en aller.
Mais elles ne l'ont pas fait.

Et j'ai essayé, et j'ai crié, et je t'ai cherché,
    et qu'est-ce que j'ai trouvé?

Tu as exigé qu'un homme tue son propre fils
    pour te prouver sa fidélité.
Tu as détruit un homme pour un pari
    et tu n'as même pas eu la décence
      de lui dire pourquoi.

Tu l'as seulement terrifié dans la soumission.
Tu as même tué ton propre fils!

Ne me dis pas que tu ne pouvais faire autrement.
Tu sembles te complaire à mettre tes enfants en enfer —
L'enfer est pour les enfants!
Ce que tu peux faire de mieux,
    c'est me dire que j'ai besoin d'être pardonnée.
POUR QUOI!

Je n'ai pas demandé à naître dans le péché originel.
Je n'ai pas demandé à être violée et battue et détruite:
Je te faisais confiance et je croyais en toi.
Quand c'est devenu dur, tu m'as abandonnée!
Je ne t'ai pas laissé, tu m'as laissée.

J'aimerais mieux passer l'éternité en enfer
    que de le passer avec toi,
Toi le dieu d'Abraham, Isaac, Jacob, Moïse,
    Jésus, Pierre et Paul.
Je n'ai pas besoin de pardon, tu en as besoin!
Et tu ne te repentiras jamais, jamais.
Tu me dois ma vie et tu ne peux même pas admettre
    que tu as eu tort.

Tu es un dieu trop exigeant.
Je te reprends mon âme.
    Je ne pourrai plus jamais te faire confiance.
Ce serait comme une femme battue
    qui retourne à son mari
Ou un enfant battu
    qui a besoin de l'amour et de l'approbation
    du parent qui a commis ces crimes.

Tu veux qu'on vienne à toi comme des enfants.
Pas étonnant!
Seul un enfant serait assez naïf
    pour croire en tes mensonges
    et en tes stupides promesses.

Je peux te pardonner,
    toi le dieu pitoyable de mon enfance
Mais je n'oublierai jamais
    comment tu m'as abandonnée.
Et je ne me laisserai plus jamais détruire
    par toi ou tes créatures.
Plus jamais!

Où étais-Tu quand j'avais besoin de Toi?

Redmond a osé exprimer non seulement sa peine, mais aussi sa colère contre le Dieu de son enfance. Colère envers un Dieu qui n'a pas été là pour elle et qui lui a en quelque sorte menti. Colère de l'avoir prié si souvent mais sans résultats. Colère d'avoir tenté de lui plaire sans succès durant toutes ces années. Colère envers celui qui l'a laissée vivre toute cette souffrance. Ce Dieu doit être confronté et tenu responsable de ce que la victime identifie comme une trahison. On peut comprendre que le psaume ait été mal reçu par ses commanditaires troublées et choquées par sa violence. Mais on ne saurait nier son caractère de prière, d'adresse à Dieu, le Dieu de son enfance qui l'a abandonnée à son sort... et auquel elle continue de s'adresser. Adulte, elle est cependant consciente du statut particulier, de l'image de ce dieu et de son écart avec Dieu dont témoigne la minuscule du vocable *god* et le qualificatif *patriarcal* qu'elle lui accole. C'est comme si elle savait que sa prière ne s'adresse *pas au vrai* Dieu, mais il est clair que ce dieu *est vraiment* son Dieu, le Dieu auquel elle a été éduquée, le Dieu qu'elle priait, le Dieu en qui elle avait mis sa confiance, en qui elle avait cru, mais qui n'a pas été fidèle, qui n'a pas respecté ses promesses ou les promesses faites en son nom.

Plusieurs sentiments sont véhiculés par cette prière:

— déception envers celui qui était censé veiller sur elle, la protéger;
— sentiment d'abandon;
— peine et colère devant les promesses non tenues — ne dit-on pas souvent que la colère masque la peine?

— sentiment d'injustice du fait qu'elle a fait ce qu'elle devait faire alors que lui n'a pas tenu sa part du marché ou de l'alliance;

— dégoût devant ce qu'elle perçoit comme le mal qu'il fait vivre à ses enfants: «Tu sembles te complaire à mettre tes enfants en enfer»;

— répulsion de ce Dieu;

— rejet de ce «dieu pitoyable de mon enfance» dont la qualification indique la distance que l'adulte a prise face à sa perception enfantine de Dieu;

— et peut-être encore espoir alors qu'elle continue de lui demander, vingt-cinq ans plus tard: «Où étais-tu quand j'avais besoin de toi?»

Se conjuguent ici la peine, l'incompréhension et la colère devant l'abandon divin, le manque de sens et la question finale qui vient en quelque sorte relancer une relation rejetée par les versets précédents: «Où étais-tu quand j'avais besoin de toi?» Question finale qui nous rappelle les cris qu'une jeune femme abusée durant l'enfance adressait à sa mère lors d'une session de psychothérapie de groupe, avant de fondre en larmes: «Où étais-tu? Où étais-tu pendant qu'ils me faisaient ça? Pourquoi t'étais pas là? Pourquoi t'étais pas là? Pourquoi?»

Il est facile de constater que le Dieu de l'enfance, au même titre que le parent qui n'est pas intervenu, n'a pas été à la hauteur des attentes de l'enfant. Ce Dieu issu de l'éducation chrétienne est encore présent chez la victime devenue adulte. Elle a grandi, mais son image de Dieu est demeurée figée à l'époque de ses expériences traumatisantes qui correspondent aux années de formation des images de Dieu. Un passage important reste à faire, un passage auquel la prière, même celle de colère, n'est pas étrangère. Ce qui nous amène à notre second point.

La prière dans la résolution de l'abus

La littérature décrit l'impasse face à la prière que vivent les femmes abusées sexuellement durant leur enfance. Sheila Redmond a su exprimer sa colère envers le dieu patriarcal de son enfance. Mais les victimes d'abus sexuels ne sont pas nécessairement en mesure de le faire. Elles sont emprisonnées par leur douleur, leur colère et leur culpabilité. Pourront-elles, un jour être libérées de cette emprise? Les pages suivantes s'intéressent au passage de la position de victime, encore habitée par le traumatisme de l'abus que Judith Herman[27] considère comme un syndrome de stress post-traumatique, à celle de survivante, passage qu'ont vécu et auquel sont conviées les adultes abusées durant leur enfance. Nous explorerons le rôle de la prière dans ce passage, pour conclure par une prière sur le deuil du Dieu de l'enfance auquel sont souvent conviées les victimes.

De la position de victime à celle de survivante

Nous avons jusqu'ici parlé de victimes d'abus sexuels durant l'enfance. Or, la littérature actuelle distingue entre victimes et survivantes d'abus sexuels. Jusque dans les années 1990, les personnes subissant actuellement des abus étaient identifiées comme des «victimes» et celles ayant subi ces abus dans le passé, comme des «survivantes». De nos jours, le terme de *victime* désigne toujours les personnes qui sont actuellement victimes d'abus, mais il désigne aussi une personne qui continue d'éprouver de grandes difficultés dans sa vie actuelle à cause des abus sexuels subis dans le passé. Le terme de *survivante* désigne les personnes qui ont aussi été abusées sexuellement mais qui ont pu, à travers différentes luttes ou parcours, faire face à leur traumatisme et poursuivre une existence normale malgré les cicatrices encore présentes. Le terme veut alors identifier la résolution des abus et signaler un certain dépassement du mal infligé par l'abuseur. Nous croyons que la prière n'a pas été étrangère au parcours de certaines de ces survivantes qui ont ainsi pu faire le chemin en présence de Dieu, une présence à laquelle la prière n'est pas étrangère, ce sur quoi nous reviendrons plus loin.

Le passage de la position de victime à celle de survivante ne va pas de soi. Il n'est ni simple ni facile, mais bien plutôt dramatique. Il demande du temps et des efforts, et il représente le plus souvent un véritable combat, comme le montrent certains témoignages cités plus haut, dont le *Psaume de colère* de Sheila Redmond. Une survivante réfère au mystère pascal pour désigner ce passage, une véritable pâque: «Le vendredi saint est essentiel mais il n'est pas une fin en soi. L'important est d'entrer dans l'expérience de Pâques et de vivre à partir de là. C'est à travers le vendredi saint et le dimanche de Pâques que j'ai appris qui est Dieu et qui je suis[28].»

Ministre de la United Church of Christ et fondatrice d'un des premiers centres d'aide aux victimes, Marie Fortune décrit ainsi cette transition et le rôle de Dieu dans celle-ci:

Afin de devenir des survivantes et de transformer leur souffrance, les personnes doivent utiliser leur force et toutes les ressources à l'intérieur d'elles-mêmes ainsi que celles des autres afin de s'éloigner d'une situation où la violence continue sans répit. Dieu est présent dans ces moyens de transformation. Une jeune femme, violée à l'âge de dix-huit ans, réfléchissait sur son expérience de viol à la lumière de sa foi. Alors qu'elle cheminait vers la guérison, elle a observé que sa vie de prière avait dramatiquement changé après l'agression. Elle se rappelait qu'avant le viol, ses prières avaient le plus souvent la forme de «Mon Dieu, je t'en prie, prends soin de moi.» Comme elle récupérait du viol, elle réalisait que ses prières débutaient avec «Mon Dieu, aide-moi à me souvenir de ce que j'ai appris.» Elle a cheminé d'une position de victime passive, impuissante où elle s'attendait à la protection de Dieu à une position plus mature et confiante de survivante dans laquelle elle reconnaissait sa propre force et sa responsabilité pour prendre soin d'elle-même avec l'aide de Dieu[29].

Les abus sexuels sont une forme d'abus de pouvoir et comportent une injonction massive au silence. Une des blessures spirituelles majeures de la victime réside du côté de la perte de pouvoir et du déni de parole que subit l'enfant, particulièrement dans le cas d'abus répétés. On peut définir le pouvoir comme la capacité d'influer sur le cours des événements, particulièrement en ce qui nous concerne. Or, la victime d'abus sexuels durant l'enfance a le plus souvent éprouvé de façon répétée une privation de pouvoir radicale sur son propre corps envahi et avili par l'agresseur, et une excision de sa parole dont l'agresseur et souvent même l'entourage ont nié la valeur [30]. Pourtant, certaines victimes nous disent que Dieu, au moins, les écoutait. Nous y reviendrons un peu plus loin.

La colère, qu'exprimait massivement le *Psaume de colère*, peut devenir une des premières étapes où la victime reprend son pouvoir, retrouve sa voix auparavant étouffée et commence enfin à exprimer les sentiments d'injustice et d'abandon qui grondent en elle. Cette expression de colère envers Dieu est une nouveauté pour plusieurs de ces femmes qui n'osaient pas lui crier leur colère: comment une enfant salie, rabaissée et humiliée par l'abus pourrait-elle crier contre LE TOUT-PUISSANT? Les enfants n'apprennent-ils pas que leur sort éternel est entre ses mains? Qu'ils doivent toujours lui obéir et le louer? Que ses voies sont insondables mais sages? Témoigne bien de cette dynamique la réponse qu'une femme âgée faisait à une étudiante qui lui demandait si elle avait parfois ressenti ou exprimé de la colère contre Dieu: «Je ne prends pas de chance. Quand je répondais à mon père, je recevais une taloche! Imaginez ce que je peux recevoir de Dieu.»

La prière occupe une place centrale dans l'ouvrage de Sandra Flaherty sur le processus de guérison cité plus haut [31]. Même si Flaherty ne le thématise pas en ces termes, on y voit bien la richesse de la prière comme adresse, comme parole et comme récit. Dans cet ouvrage, on a l'impression que la prière permet au sujet blessé de se ressaisir en elle-même et face à l'autre. On peut y voir un exercice du pouvoir et de la parole blessés et niés par l'abuseur, mais la personne est en quelque sorte accompagnée par Celui à qui elle s'adresse. Bien sûr, cette démarche se fait le plus souvent alors que les abus sont terminés depuis longtemps, et souvent après un accompagnement psychologique ou spirituel ou conjointement avec lui, qui permet à la prière de prendre d'autres couleurs que celle de la demande. Lieu de parole, parfois unique, la prière peut apparaître comme un outil d'*empowerment*, canalisant en quelque sorte la puissance de la relation à Dieu. Les personnes abusées peuvent y tester et y expérimenter les étapes du deuil qui marquent la démarche de résolution de la blessure spirituelle proposée par Flaherty: reconnaissance de la blessure, souvenir, colère, tristesse, dépression, crainte, acceptation et pardon.

En voici un exemple:

Cher Dieu,
Je sais que tu peux entendre mes cris silencieux. Je gémis mille fois, pourquoi? Je ne comprends pas pourquoi mon père a pu me violer, moi — sa petite fille. Je ne veux pas croire que la vie est cruelle, que mon père était ce barbare. Mon âme souffre en affirmant la vérité. Je suis à terre dans un désert de perte et de souvenirs horribles. Il m'a déshabillée de l'espoir de ma jeunesse et m'a laissée pour morte. Et me voici, un vaisseau mort, vide de sens et de vision.
Ô Dieu, entends-moi! Descends de ton trône puissant et comble le vide de mon âme. C'est Sandy. Je sais que tu te souviens de mon nom; tu m'entends quand je t'appelle. Viens à ma rencontre dans le désert de mes larmes, enveloppe-moi dans tes bras puissants, et berce-moi pour que je m'endorme. Sois mon père, ma mère, mon sauveur, murmure-moi des échos de ma guérison, des mots de réconfort dans mon désespoir. Touche-moi, appelle-moi par mon nom, dis que tu connais ma douleur[32].

Dans la prière suivante, Charlene Epp cherche à ratifier, à inscrire sa victoire sur l'abus sexuel et à célébrer la présence de Dieu dans celle-ci. On y remarquera aussi la double adresse, aux victimes qui luttent encore dans les ténèbres aussi bien qu'à

Dieu, double adresse à la fois andragogique et religieuse qui marque souvent ce type de prières:

> Je surmonte la noirceur de mon expérience d'inceste.
> Je peux clamer victoire.
> Dieu a été là tel le rythme stable d'un tambour.
> Même quand j'étais dans les abîmes
>   de la nuit noire de mon âme.
> Dans l'abus profond,
> Dieu était présent avec moi.
> Même si la noirceur m'entourait,
> Semblait m'envelopper,
> Malgré tout, Dieu était là.
> Je n'étais pas consciente de la présence de Dieu,
> Je ne pouvais pas la nommer,
> Mais c'était comme si j'étais connectée à Dieu
>   par un cordon ombilical durant cette période
> Recevant la substance de survie
>   nécessaire pour endurer les ténèbres.
>
> Même si je ne peux pas identifier ta forme Dieu,
> Tu étais là m'apportant la force
> Et tu m'as graduellement révélé ta Présence
>   sous la forme de la lumière.
> Lumière qui dissipe peu à peu
>   la crainte des ténèbres;
> Lumière qui donne et qui renouvelle
>   l'Énergie de Vie et de Vitalité,
> Puisque je vois maintenant
>   que même si le cordon ombilical a été coupé,
> Ma ligne de vie avec toi n'a pas été rompue.
> Tu es présent sous plusieurs formes.
> Je suis la seule qui peut limiter mon accès à toi.
>
> Même si je marche encore
>   dans les ombres et les ténèbres
> Ta Présence saura m'y rejoindre [...]
> Ma victoire, c'est que je te reconnaisse
>   ainsi que ta Présence dans ma Vie[33].

On le voit, et cela est majeur, il importait à cette croyante de pouvoir rétablir sa relation avec Dieu dont elle voulait découvrir la présence et l'amour dans sa vie, quoi qu'il en soit des apparences. Si certaines ont dû faire le deuil de Dieu dans leur vie, d'autres se sont plutôt obstinées à l'y reconnaître et à l'y retrouver.

Prier avec d'autres

On le sait, la parole partagée, la parole commune a une force différente. Particulièrement pour les victimes de l'histoire. C'est sur ce registre que nous voulons inscrire la prière communautaire. Aucune démarche ou tentative de résolution du drame spirituel et psychologique des abus sexuels ne portera fruit dans l'isolement dont justement les victimes doivent sortir. La prière collective en constitue un moyen pour celles qui ont pu trouver une communauté de semblables ou trouver place dans une communauté sensible à leur drame, même si celui-ci pouvait rester anonyme. Au mieux, la communauté de prière devient une communauté de soutien et d'action, comme en témoigne une survivante: «Je veux de la chair sur mon Dieu. Je veux dire par là que je ne pense pas pouvoir perdurer seule. J'ai besoin de l'exemple visible, du témoignage et du support des autres[34].» Dans ce cas, la communauté a participé au processus de résolution de l'abus sexuel dans l'enfance en l'identifiant comme l'horreur qu'il est et en incluant dans ses prières collectives celle pour la guérison des victimes, ce qui a touché la survivante et lui a donné une place: «Quand ils prient ainsi, je me sens entourée d'amour[35].» Dans la majorité des cas, par contre, la communauté chrétienne ignore ce type de blessures, comme elle en ignore malheureusement bien d'autres.

Plusieurs groupes de survivantes, dans lesquels la prière occupe parfois une place importante, se sont formés aux cours des années, offrant aux victimes et aux survivantes une présence, un soutien, un lieu de croissance. Ces groupes leur disent qu'elles ne sont pas seules; que d'autres ont vécu des drames similaires à leur cauchemar; qu'on peut s'en sortir. Ils deviennent des lieux de partage et d'entraide, des lieux pour se dire, briser le mur du silence et de la honte qui entoure l'abus sexuel. Les victimes y retrouvent un endroit sécuritaire, un sanctuaire où elles peuvent enfin dire leur expérience en étant crues et en n'étant pas jugées. Ce partage qui permet de transformer le traumatisme en histoire constitue un pas important dans la résolution du traumatisme spirituel des victimes. Elles y vivent un lien d'appartenance important; elles ne sont plus mises de côté. Elles font à nouveau partie d'une communauté et, dans certains cas, d'une communauté de foi, ce qui est essentiel pour plusieurs. Difficile en effet, surtout dans ces contextes de traumatisme, de croire seule en l'amour de Dieu. Un de ces groupes est composé de femmes qui affirment avoir survécu à l'abus sexuel grâce à la présence de Dieu dans leur vie[36]. Le groupe s'est donné une charte en douze étapes (similaires aux douze étapes des A. A.) qui, avec l'aide de l'Esprit, constituent pour elles un chemin certain vers la guérison. Des sites Internet servent parfois de relais ou de porte d'entrée pour ces groupes de survivantes et certaines y partagent leur expérience par le biais des prières qui y sont publiées[37].

Du silence de Dieu au Dieu du silence

Les victimes d'abus sexuels dans l'enfance ont vécu l'isolement, l'abandon et le jugement, aussi bien durant l'enfance qu'à l'âge adulte. Un grand mur de silence les a entourées pendant des années, dont la littérature a souvent parlé comme d'une problématique majeure du drame des abus sexuels[38]. Forcée au silence par son agresseur, puis par son entourage, la victime a alors vécu «l'étouffement de sa propre voix[39]». Pour plusieurs victimes qui ont prié sans réponse manifeste, ce que la théologie appelle le silence de Dieu a accru leur drame. Inversant de façon étonnante le signe négatif que les victimes — tout comme la théologie — accordent habituellement au silence de Dieu, certaines ont plus tard reconnu dans ce silence la présence d'un Dieu qui ne les juge ni ne les blâme, mais qui écoute la voix de leur prière, les accueille et les accompagne respectueusement.

Ave Clarke en témoigne ainsi dans un très beau passage qui nous rappelle le magnifique *Traité des larmes* de Catherine Chalier:

Avec les années, j'ai réalisé que le Dieu du Silence était juste là, à côté de nous, sans nous blâmer, sans nous culpabiliser davantage. Il ressent chacune de nos souffrances et les endure avec nous. Le Dieu du Silence a attendu des survivantes pendant des années pour les aider à réaliser que l'abuseur avait fait des mauvais choix qui ne faisaient pas partie du plan d'amour de Dieu, mais qui relevaient de l'exploitation égoïste de l'homme. Je crois aussi que Dieu pleurait avec nous. Le Dieu du Silence est aussi un Dieu qui nous a menées vers un endroit sécuritaire et sacré, vers un guérisseur en qui nous pouvons nous confier et à qui nous pouvons décharger nos cœurs souffrants et nos esprits blessés. Le Dieu du Silence qui a marché avec nous quand nous avions peur, quand nous étions déprimées, quand nous étions accrochées ou désespérées, nous permet de dire doucement et en toute sécurité la vérité qui nous libérera. Dieu marchera aussi avec nous alors que nous retrouverons et réclamerons une voix qui pourra finalement être entendue[40].

Le Dieu du silence, c'est celui qui a entendu leur prière et leurs cris. Celui qui n'a pas fui. Qui ne les a pas fait taire. C'est ainsi que des survivantes découvrent ou retrouvent un Dieu avec lequel elles peuvent vivre, voire un Dieu constamment présent dans leurs vies. Ce Dieu est celui qui est capable de tout entendre, leurs joies comme leurs colères. Il est le Dieu qui ne les a pas quittées et qui ne les quittera pas. Il est celui qui propose sa présence tout en laissant à celle qui lui fait de la place un espace pour vivre, pour grandir. Comme certaines des prières citées ci-dessus, celle des survivantes reconnaît alors la présence de Dieu dans leur vie, malgré le mal qui leur était fait. Mais le traumatisme subi, l'abandon de leur entourage et leur image de Dieu les empêchaient de percevoir sa présence.

Le deuil d'une représentation de Dieu

Ce parcours, disions-nous, ne va pas sans mal. Avant de découvrir et d'intégrer cette nouvelle image de Dieu, plusieurs ont dû se séparer, faire le deuil du Dieu de leur enfance. Or, cela, qui n'est facile pour personne, revêt une difficulté particulière pour les victimes d'abus sexuels. En effet, l'abus sexuel a pour conséquence de nuire au développement psychologique et spirituel de la personne ou de l'arrêter. Et pourtant, il est nécessaire pour ces victimes de vivre la mort de ce Dieu de leur enfance, ce Dieu tout-puissant qui aurait pu intervenir, mais qui les a abandonnées à leur sort. Elles connaîtront alors les mêmes étapes de deuil qui marquent la mort d'un parent, dont la colère (et la culpabilité) face à l'abandon. À la colère succéderont la peine et la souffrance de la perte, perte de la croyance en Dieu, perte de confiance en une communauté, perte d'un lieu sécuritaire qui soit le sien. La douleur de ces pertes doit être saisie et exprimée, à soi-même d'abord.

À travers le processus de deuil, les victimes peuvent évoluer vers une image adulte de Dieu, moins naïve, moins magique, souvent plus ambivalente comme en témoigne la prière suivante de Sheila Redmond, l'auteure du *Psaume de colère à un dieu patriarcal*. Dix ans après le *Psaume*, Redmond adressait l'éloge funèbre suivant au dieu de son enfance qu'elle qualifiera d'impuissant et de mort, tout en affirmant qu'il était présent à son drame et qu'il l'a sauvée. La confusion ou l'ambivalence de ce texte illustrent bien l'expérience de l'enfant victime et de l'adulte survivante. En le relisant avec le *Psaume*, on peut y saisir le passage opéré par cette survivante et y soupçonner le rôle de la prière, fût-elle de colère, dans le travail de résolution de l'abus, un abus qui en ce cas apparaît aussi comme un abus spirituel.

Éloge funèbre pour un dieu patriarcal

Tu es mort
Et tu me manquais.

Tu avais promis de prendre soin de moi
Et tu ne l'as pas fait
Et tu me manquais tout de même.

J'ai pleuré et j'ai été bonne
    et tu n'as pas pris soin de moi.
Et malgré tout, j'ai pleuré quand tu es mort.

J'ai pleuré et je t'ai détesté et j'étais furieuse
    et j'ai juré de ne plus jamais rien avoir à faire
    avec toi

Mais tu étais mort et tu me manquais
Parce que tu m'avais sauvée.
Tu étais là quand j'avais besoin de toi
Quand il n'y avait personne d'autre,
    tu m'as donné du sens.
Tu m'as portée à travers l'enfer
Quand il n'y avait personne d'autre.
Sans toi, j'aurais été si seule,
    si désespérée, je serais morte.

Et puis, tu es mort
    parce que tu ne pouvais pas me sauver.
Mon cœur était brisé
Et le monde a continué sans toi.
Je suis reconnaissante
    pour ces années où tu étais là pour moi,
Mais je préférerais que c'eût été autrement.

Je préférerais ne pas avoir été abusée;
Je préférerais que quelqu'un d'autre
    eût été là pour m'aider,
Je préférerais ne pas avoir eu à passer des années
    à découvrir la vérité.
Je préférerais que tu ne m'aies pas manqué.
J'ai porté le deuil et j'ai eu de la peine.
J'ai finalement versé des larmes
    parce que tu es mort
    et que tu me manquais[41].

Étant donné la puissance évocatrice de la prière précédente, nous lui avions d'abord laissé le dernier mot. Le lecteur ou la lectrice pourrait très bien s'arrêter ici.

Les prières et les témoignages précédents illustrent une partie de la diversité des voies et des voix de la prière ainsi que de ses difficultés et bienfaits. Bien qu'elles occupent une place majeure dans la prière, les difficultés de prier s'expriment le plus souvent, et paradoxalement, par la voie de la prière elle-même.

On y trouve d'abord la confiance de l'enfant qui s'adresse à Dieu comme à son Père, un Père bon et tout-puissant, et qui s'attend de recevoir une réponse. Enfant, la victime s'attend à ce que son père prenne sa défense. Sa demande, on ne s'en étonne pas, concerne la fin des abus qu'elle subit. Ou, dans d'autres cas, la force de passer à travers, voire la force de pardonner. On fait alors face à des expériences spirituelles bien différentes.

Dans le premier cas, l'enfant est le plus souvent déçu: les abus ne cessent pas. L'enfant s'en trouve confronté au silence de Dieu, forcé à répéter sa prière et finalement à la modifier... ou à modifier sa croyance. Or, l'enfant n'a habituellement pas les ressources de l'adulte ou du théologien pour circonvenir au silence de Dieu. Il aura alors recours à ses croyances pour comprendre pourquoi Dieu n'a pas exaucé ses prières. Peut-être son cœur n'est-il pas assez pur? Peut-être est-il victime du châtiment divin? Peut-être Dieu l'a-t-il abandonné, trahi tout comme l'adulte en qui il avait confiance?

Dans le second cas, l'enfant aura vu sa prière exaucée puisqu'il aura effectivement survécu à l'enfer des abus. Peut-être même aura-t-il conscience que Dieu l'a porté au travers de l'enfer plutôt que de l'y avoir abandonné — c'est toute la différence entre le *Psaume de colère* et l'*Éloge funèbre* de Redmond.

Par contre, quelques-uns des enfants victimes qui ont prié pour obtenir de l'aide ont pu en trouver autour d'eux, et y voir un signe de la présence, voire de l'intervention de Dieu. Malheureusement, les témoignages des victimes et la littérature disponible nous laissent croire que ces cas sont loin d'être fréquents.

Le combat spirituel des enfants victimes dont témoignent leur prière ou leur difficulté de prier à l'âge adulte renvoie à ce que Jean-Pierre Jossua écrivait des rapports entre Dieu et le mal:

> [C]ontrairement à ce que beaucoup pensent — avec admiration ou avec ironie —, la foi en Dieu ne résout pas à tout coup ce problème. Pour certains croyants, au contraire, elle le porte à son plus haut degré d'incandescence: à leurs yeux la tension qui naît entre la confiance entière accordée à un Dieu aimant et une expérience aiguë du mal est presque insoutenable[42].

En effet, écrit encore Jossua: «Celui qui cherche Dieu dans l'histoire se heurte à quelque chose de plus difficile à surmonter que l'invisibilité de Dieu dans les phénomènes: soit la possibilité que Dieu ne soit pas amour[43].» Que Dieu ne soit pas amour, n'est-ce pas la tragique possibilité, voire l'expérience dont témoigne le *Psaume de colère à un dieu patriarcal*? Ce que les enfants victimes remettent en cause paraît en effet relever davantage de l'amour que de l'existence de Dieu. Un Dieu qui abandonne l'enfant à son sort peut bien exister. Et puis après?

Jürgen Moltmann reprend autrement la question, une question qu'il faudrait lire avec le cœur d'un enfant éduqué dans la foi chrétienne et victime d'agressions sexuelles répétées:

> En face de la souffrance en ce monde, il est impossible de croire en l'existence d'un Dieu tout-puissant et tout bon qui «gouverne tout si merveilleusement». Une foi en Dieu qui justifie la souffrance et l'injustice dans le monde, sans protester contre elles, est inhumaine et fait une impression satanique[44].

On ne s'étonne pas alors que les survivantes devenues adultes éprouvent de la difficulté à prier. Plusieurs ont pris leurs distances avec ce Dieu (ou ce dieu?) qui avait déjà pris les siennes et dont trop de discours adultes justifiaient l'inaction ou même laissaient croire à la complicité dans les crimes commis contre l'enfant. Comme l'écrivait encore Jossua: il y a des justifications de la misère humaine plus scandaleuses encore que la difficulté qu'elles prétendent surmonter[45]. Or, ce sont d'abord les enfants qui en sont victimes! Des enfants qui ont pu vivre une véritable détresse spirituelle devant l'absence de réponse à leurs prières ou le silence de Dieu. Si on retrouve ici quelque chose de la nuit de l'âme et de la nuit des sens que vivent les mystiques, on ne peut qu'être frappés par l'écart entre leurs moyens pour y faire face et ceux dont disposent les enfants qui n'ont ni leur expérience positive de Dieu, ni leurs capacités cognitives, ni leur langage.

D'une part, leurs récits témoignent de l'abandon ou du silence de Dieu alors qu'elles étaient victimisées durant leur enfance; d'autre part, les prières de celles qui ont gardé une relation à Dieu témoignent de l'évolution de cette relation et de l'évolution de leur théologie. Pour certaines, la prière donne place à la colère, à la déception et à la tristesse. C'est ce qu'illustre vivement le *Psaume de colère à un dieu patriarcal* dont le titre même exprime bien le chemin parcouru depuis l'enfance: un psaume de *colère*; le mot *dieu* écrit avec une minuscule, et le qualificatif de *patriarcal*. Le titre, donc, laisse bien voir que ce «pitoyable dieu de mon enfance», comme le dit la psalmiste, est un dieu construit par l'homme. Le psaume lui-même est plus nuancé, et c'est bien souvent l'enfant blessée qui s'y adresse à son dieu, un dieu qu'elle a reçu, un dieu qu'on lui a appris, mais qui n'a pas été à la hauteur de l'enseignement reçu, un dieu enfin qui lui manque, et dont elle attend peut-être encore une réponse. Les psychologues considèrent que le développent psychoaffectif de plusieurs victimes d'abus sexuels s'est figé à l'âge des abus. On peut croire qu'il en va ainsi de leur développement religieux. La différence ici, c'est que l'adulte, en ce cas l'adulte qui a même fait des études en sciences religieuses, a pu se distancier suffisamment de son éducation religieuse pour exprimer sa colère (envers Dieu? envers son éducation religieuse?). Mais la peine et la quête continuent de marquer l'âme de cette survivante: «Où étais-tu quand j'avais besoin de toi?» Et surtout la relation paraît rester possible puisqu'il y a adresse et non indifférence, prière et non silence.

On peut croire que cette prière de colère a été pour cette survivante une étape importante dans la résolution de son drame religieux ou du deuil qu'elle devait faire de la divinité de son enfance. L'auteure de l'*Éloge funèbre pour un dieu patriarcal* est en train de vivre son deuil de dieu. L'ambivalence qui marque cet éloge ne permet pas de croire que la relation de son auteure avec Dieu soit totalement soignée ou rétablie, mais il est clair que l'éloge marque un pas en avant par rapport au *Psaume* qu'il rappelle d'ailleurs explicitement. Certes la priante y affirme que ce dieu patriarcal n'a rien fait pour elle et qu'il est mort, mais elle affirme aussi qu'il a été présent pour elle, même s'il lui a manqué, et qu'il l'a sauvée... même s'il ne l'a pas sauvée. Ambivalence évidente que la priante n'a ni cachée ni masquée, mais qu'elle a laissée béante. La relation à Dieu de la survivante est donc ambiguë. Peut-être doit-on y voir un dialogue entre l'adulte, qui peut reconnaître que dieu l'a «portée à travers l'enfer», et l'enfant qui se rappelle qu'elle n'a pas été sauvée. Or il me semble que cette ambivalence est souvent le fait de la prière. En témoigne par exemple un passage d'Élie Wiesel:

> Voici donc une histoire, celle d'un homme pieux et dévot qui trébuche dans ses prières. Jour après jour, en arrivant au passage «car Tu nous a aimés d'un grand amour», il s'arrête. Il étouffe. Rien ne sort de sa bouche. [...] [Q]uoi qu'il dise ou fasse sera mensonge, trahison ou, au moins, illusion. [...] Mais, à la fin, il le dira quand même. Il le dira en serrant les dents, mais il le dira. [...] Certes, il hésite. Mais sans son temps d'arrêt, sa prière ne serait qu'une habitude, une complaisance. En hésitant, il en fait un rappel. Et un conte[46].

Les psaumes bibliques en témoignent, mais le plus souvent dans une dynamique de *happy end* avéré ou appelé. Nos prières en témoignent aussi alors que nous nous arrêtons parfois après une demande d'intervention divine et que nous la transformons en demande d'insufflation dont témoignent nombre de nos prières universelles à l'Eucharistie. On n'évacue pas aisément de la prière la toute-puissance de Dieu intégrée avec l'éducation religieuse reçue durant l'enfance.

Or, dans le cas de Sheila Redmond, parmi d'autres, la prière s'est avérée un lieu d'*empowerment*, un lieu de reprise en main. Crier sa colère, la diriger contre un autre, c'est enfin la dévier de soi-même. C'est sortir de la culpabilité pour des actes dont l'enfant n'était pas responsable. C'est permettre une nouvelle adresse à Dieu. C'est, disions-nous plus haut, retrouver la parole, retrouver le pouvoir de la parole.

Dans une réflexion sur la pragmatique de la prière[47], Jean Ladrière, tout comme Paul Ricœur dans sa réflexion sur les genres bibliques[48], fait allusion à la valeur performative de l'adresse à l'autre. S'adresser à Dieu, c'est lui donner réalité, le rendre présent. Ladrière parle de la valeur de présentification de la prière. C'est bien ce qui se passe ici pour les survivantes, même si elles ont désormais changé leur prière et attendent de Dieu, non plus une intervention extérieure, mais bien une aide intérieure, que plusieurs ont déjà eu la chance de demander durant l'enfance, disions-nous plus haut.

Si la prière personnelle revêt une telle valeur, on peut croire que la prière collective ou communautaire en revêt davantage encore grâce à l'appui des autres. Dans la communauté, dans la prière communautaire, je ne suis pas seul à croire et à m'adresser à Dieu, pas seul à le rendre présent malgré tout. D'autres le font avec moi, accroissant d'autant la valeur et la crédibilité de cette adresse. De même, dans la prière communautaire, surtout celle d'une communauté de survivantes qui ont, à divers niveaux, vécu le drame de la relation à Dieu et de la prière, la personne se sent reconnue, supportée, en sécurité. Elle n'est plus seule pour s'adresser à Dieu, plus seule à en prendre le risque, plus seule à en subir ou à en vivre les conséquences. Car s'il est vrai que la religion et ses rites, dont la prière, peuvent apprendre comment souffrir ou aider à vivre[49], la prière des victimes et des survivantes d'abus sexuels nous rappelle que cela ne va pas de soi. Et que la prière ne se situe pas à côté ou en retrait de l'existence, mais au cœur même de celle-ci dont elle porte les drames et les deuils, la joie et l'espoir.

Notes

[1] Cette recherche a bénéficié d'une subvention du Conseil de recherches en sciences humaines du Canada.

[2] Carole Golding est agente de pastorale et étudiante à la Maîtrise en théologie pratique à la Faculté de théologie et de sciences des religions de l'Université de Montréal. Elle travaille sur la question de la formation de l'image de Dieu et s'intéresse, de ce point de vue, à l'expérience et à la spiritualité des victimes d'abus sexuels.

[3] Jean-Guy Nadeau est professeur titulaire à la Faculté de théologie et de sciences des religions de l'Université de Montréal, et président de la Société canadienne de théologie. Spécialiste en théologie pratique, il a publié de nombreux articles sur la souffrance, la prostitution, les abus sexuels, la pastorale, la spiritualité.

[4] Christopher MACKENNA, «The Birth, Death, Rebirth and Transformation of God» [en ligne], format PDF, disponible sur Web: http://www.rcpsych.ac.uk/college/sig/spirit/publications/mackenna.pdf, p. 2, consulté le 29 août 2005. La traduction des citations tirées d'ouvrages en anglais est celle des auteurs de l'article.

[5] Les chiffres les plus élevés sont ceux du rapport Badgley, corroborés depuis par plusieurs études américaines et françaises: COMITÉ SUR LES INFRACTIONS SEXUELLES À L'ÉGARD DES ENFANTS, *Infractions sexuelles à l'égard des enfants*, Approvisionnements et Services Canada, 1984.

[6] Marilyn A. GANJE-FLING et Patricia MCCARTHY, «Impact of Childhood Sexual Abuse on Client Spiritual Development: Counseling Implications», *Journal of Counseling and Development*, vol. 74, n° 3 (1996), p. 255.

[7] Margaret F. ARMS, «Thinking Theologically in a Clinical Mode: Claiming Resistance in the Face of Evil», *Journal of Pastoral Theology*, vol. 7, n° 1 (2001), p. 9.

[8] Heather JAMIESON, *Childhood Sexual Abuse and the Development of Women's Spirituality*, Ph. D. Thesis in Counselling Psychology, University of Alberta, 1995, p. 40.

[9] *Ibid.*, p. 57.

[10] Carolyn H. HEGGEN, *Childhood Sexual Abuse In Christian Homes and Churches*, Scottsdale/Waterloo, Herald Press, 1993, p. 27.

[11] Nancy L. KAUFFMAN, *Becoming Thrivers: Christian Faith as a Resource for Restoring Adult Survivors of Childhood Sexual Abuse*, Thèse de doctorat, School of Theology at Claremont, 1996, p. 59.

[12] André GODIN, «Des "chrétiens de naissance": aliénations psychologiques ou libération selon l'Esprit», *Concilium*, n° 194 (1984), p. 11-22.

[13] Heather JAMIESON, *Childhood Sexual Abuse*, p. 59.

[14] *Ibidem.*

[15] *Ibid.*, p. 60.

[16] Voir Jean-Guy NADEAU, «Les abus sexuels, un drame spirituel», *Sciences pastorales*, vol. 20, n° 2 (2001), p. 207-229, p. 214.

[17] Bill B. HEARY et Richard S. SOLOMON, *Child Maltreatment and Paternal Deprivation*, Lexington/Mass, Lexington Books, 1986.

[18] Heather JAMIESON, *Childhood Sexual Abuse*, p. 61.

[19] *Ibid.*, p. 60.

[20] Ave CLARK, *Lights in the darkness*, Minneola, New York, Resurrection Press, 1993, p. 82.

[21] Heather JAMIESON, *Childhood Sexual Abuse*, p. 59.

[22] *Ibid.*, p. 59.

[23] Carolyn H. HEGGEN, *Childhood Sexual Abuse In Christian Homes and Churches*, p. 44.

[24] Nancy L. KAUFFMAN, *Becoming Thrivers*, p. 59.

[25] Maxime HANCOCK et Karen BURTON MAINS, *Child Sexual Abuse: Hope for Healing*, Wheaton, Illinois, Harold Shaw Publishers, 1997, p. 51.

[26] Sheila REDMOND, «Confrontation Between the Christian God and an Abused Child: Twenty-Five Years Later», dans CHURCH COUNCIL ON JUSTICE AND CORRECTIONS (éd.), *Family Violence in a Patriarchal Society*, Ottawa, Canadian Council on Social Development, Health and Welfare, Canada, 1989. Repris dans *Théologiques*, vol. 8, n° 2 (1999), p. 33-34.

[27] Judith LEWIS HERMAN, *Trauma and Recovery: the Aftermath of Violence from Domestic Abuse to Political Terror*, New York, Basic Books, 1992.

[28] Sandra M. FLAHERTY, *Woman, Why Do You Weep? Spirituality for Survivors of Childhood Sexual Abuse*, New York-Mahwah, Paulist Press, 1992, p. 92.

[29] Marie FORTUNE, «The Transformation of Suffering: A Biblical and Theological Perspective», dans Joanne C. BROWN et Carole R. BOHN (éd.), *Christianity, Patriarchy and Abuse: A Feminist Critique*, New York, Pilgrim Press, 1989, p. 145-146.

[30] Jean-Guy NADEAU, «Les abus sexuels, un drame spirituel», *Sciences pastorales*, vol. 20, n° 2 (2001), p. 207-229, p. 215-216.

[31] Sandra M. FLAHERTY, *Woman, Why Do You Weep?*

[32] Sandra M. FLAHERTY, *Woman, Why Do You Weep?*, p. 51.

[33] Maxime HANCOCK et Karen BURTON MAINS, *Child Sexual Abuse,* p. 62.

[34] Heather JAMIESON, *Childhood Sexual Abuse*, p. 114.

[35] *Ibidem.*

[36] Consulter le site Internet: http://www.siawso.org/steps.html.

[37] Consulter les sites Internet suivants: www.susansmiles.com, www.net-burst.net/hope/healing, et www.fallingangel.bravehost.com.

[38] En témoignent des titres d'ouvrages comme *By Silence Betrayed*; *The Common Secret; Conspiracy of Silence; The Best Kept Secret; I Never Told Anyone; Speaking*

Out, Fighting Back; *Hidden Victims*; *The Secret Trauma*; *Incest: The Last Taboo*; *Sexual Abuse: Let's Talk About It*; *Surviving the Secret*; *Sexual Violence: The Unmentionable Sin*, etc. Même le comité de la Conférence des évêques catholiques du Canada sur les cas d'agression sexuelle par les membres du clergé reconnaissait que l'Église avait participé à ce contexte de conspiration et recommandait de briser ce mur du silence qui a largement contribué à la poursuite de situations intolérables (CONFÉRENCE DES ÉVÊQUES CATHOLIQUES DU CANADA, *Comme une brisure: les agressions sexuelles contre les enfants dans l'Église et dans la société*, Document d'animation de groupe, Ottawa, Service des éditions de la CECC, 1992, p. 23-24). Voir plus récemment Carole GOLDING et Jean-Guy NADEAU, «Silence et colère enfouis: la dramatique des abus sexuels durant l'enfance chez les personnes âgées», *Sciences Pastorales/Pastoral Sciences*, vol. 24, n° 2 (2005), p. 63-86.

[39] Jean-Guy NADEAU, «Les abus sexuels, un drame spirituel», p. 214.

[40] Ave CLARK, *Lights in the Darkness*, p. 84-85.

[41] Sheila REDMOND, «*God Isn't Really Like That!* — Or is he? The Child, the Bible and the Patriarchal God», Ottawa, American Academy of Religion, avril 2002.

[42] Jean-Pierre JOSSUA, *Discours chrétiens et scandale du mal*, Paris, Chalet, 1979, p. 1.

[43] Jean-Pierre JOSSUA, *Un homme cherche Dieu*, Paris, Cerf, 1979.

[44] Jürgen MOLTMANN, «Le Dieu crucifié», *Concilium*, n° 76 (1972), p. 28.

[45] Jean-Pierre JOSSUA, *Discours chrétiens et scandale du mal*, p. 2.

[46] Élie WIESEL, *Paroles d'étranger*, Paris, Seuil, 1984, cité dans *Prier*, n° 125 (octobre 1990), p. 23-24.

[47] Jean LADRIÈRE, «La performativité du langage liturgique», *L'articulation du sens*, II, Paris, Cerf, 1984, p. 55-65.

[48] Paul RICŒUR, «Herméneutique de l'idée de révélation», dans Paul RICŒUR, *et al.*, *La révélation*, Bruxelles, Facultés universitaires Saint-Louis, 1977, p. 15-54.

[49] Clifford GEERTZ, *The interpretation of cultures*, New York, Basic Books, [1973], p. 104-105.

6

LA CONSTRUCTION IDENTITAIRE PAR LA PRIÈRE D'ACTION DE GRÂCE

Jean Duhaime[1]

Dans son livre *Israel's Praise: Doxology Against Idolatry and Ideology*[2], Walter Brueggemann a montré que la prière publique est un lieu de construction identitaire. Les textes proposés à une communauté pour la prière véhiculent la vision de Dieu, de la personne et du monde que ses membres sont invités à adopter[3]. Selon lui, les psaumes de louange contribuent à modeler l'imaginaire des croyants par la proposition d'une vision de Dieu et du monde qui les met en garde à la fois contre l'idolâtrie et l'idéologie. Dans la communauté de Qumrân, le recueil de la grotte 1, connu sous le nom de *Rouleau des Hymnes* (1QH^a), pourrait avoir joué un rôle semblable, contribuant à structurer l'identité des membres du groupe dans une perspective sectaire et exclusiviste. Par ailleurs, les prières d'action de grâce qu'on retrouve dans un recueil de prières modernes comme celui publié par Jean-Pierre Dubois-Dumée[4] sous le titre *Écoute, Seigneur, ma prière*, sont nettement plus inclusivistes.

Cet essai explore la manière dont fonctionne la construction identitaire dans la prière d'action de grâce en comparant trois textes représentatifs de chacun de ces trois ensembles: le psaume 116, un hymne de Qumrân (1QH^a XI [III] 19-36) et la prière moderne *Mais il y a tant de misère autour de nous*. On observe la trame narrative de chaque prière, qui témoigne d'une transformation identitaire à l'occasion d'une crise. On cherche aussi comment le «je» y est défini et par rapport à quel groupe d'appartenance; on examine la relation que lui-même ou son groupe entretient avec Dieu. On s'attarde enfin à la fonction paradigmatique de ces textes dans la communauté qui les utilise[5].

Le psaume 116[6]

Section I

(1) J'aime le SEIGNEUR,
     car il a entendu[7] ma voix suppliante,
(2) il a tendu vers moi l'oreille,
     et toute ma vie je l'appellerai.
(3) Les liens de la mort m'ont enserré,
     les entraves des enfers m'ont saisi;
     j'étais saisi par la détresse et la douleur,
(4) et j'appelais le SEIGNEUR par son nom:
     «De grâce! SEIGNEUR, libère-moi!»
(5) Le SEIGNEUR est bienveillant et juste;
     notre Dieu fait miséricorde.
(6) Le SEIGNEUR garde les gens simples:
     j'étais faible, et il m'a sauvé.

Section II

(7) Retrouve le repos, mon âme,
     car le SEIGNEUR t'a fait du bien.
(8) Tu m'as délivré de la mort,
     tu as préservé mes yeux des larmes
     et mes pieds de la chute:
(9) je peux marcher[8] devant le SEIGNEUR,
     au pays des vivants.
(10) J'ai gardé confiance même quand je disais:
     «Je suis très malheureux!»

(11) Désemparé, je disais:
«Tous les hommes sont des menteurs.»
(12) Comment rendrai-je au SEIGNEUR
tout le bien qu'il m'a fait?

Section III

(13) Je lèverai la coupe de la victoire
et j'appellerai le SEIGNEUR par son nom;
(14) j'accomplirai mes vœux envers le SEIGNEUR
et en présence de tout son peuple.
(15) Il en coûte au SEIGNEUR
de voir mourir ses fidèles.
(16) «De grâce! SEIGNEUR,
puisque je suis ton serviteur,
ton serviteur, le fils de ta servante!»
Tu as dénoué mes liens.
(17) Je t'offrirai un sacrifice de louange
et j'appellerai le SEIGNEUR par son nom;
(18) j'accomplirai mes vœux envers le SEIGNEUR,
et en présence de tout son peuple,
(19) dans les parvis de la maison du SEIGNEUR,
au milieu de toi, Jérusalem! Alléluia!

Le psaume 116 évoque la délivrance d'un péril mortel (v. 3 et
8). La louange s'exprime par la volonté de «rendre au SEI-
GNEUR tout le bien qu'il m'a fait» (v. 12) et d'accomplir «mes
vœux» (v. 14 et 18), dans le cadre d'un sacrifice de louange (v. 17).

Il comporte trois sections assez clairement délimitées. La
section I (v. 1-6) proclame que Dieu a entendu la voix du suppliant (v. 1-2). Après une description sommaire de la situation
de détresse (v. 3), la prière d'appel au secours est rapportée (v.
4). La bienveillance de Dieu envers les gens simples s'est manifestée dans ce salut (v. 5-6). La section II (v. 7-12) est
amorcée par une invitation que le psalmiste fait à son «âme»
(*néphesh*) de «retourner» (*shouvi*) à son repos (v. 7) après avoir
reçu du «bien» de Dieu. Elle se termine par une question que le

psalmiste s'adresse à lui-même: comment «retourner» (*âshîv*) à Dieu tout le «bien» qu'il lui a fait (v. 12). Au centre, deux sous-sections évoquent de nouveau le péril mortel auquel le psalmiste a échappé (v. 8-9) et sa réaction en face du malheur qui l'accablait (v. 10-11). Le psalmiste commence et clôt la section III (v. 13-19) en affirmant sa volonté d'appeler «le SEIGNEUR par son nom» et d'accomplir ses vœux envers lui «en présence de tout son peuple» (v. 13-14 et 17-19). Le verset 15 énonce un principe général sur la réticence de Dieu à «voir mourir ses fidèles» et explique par là qu'il ait entendu la prière de son serviteur, probablement citée au verset 16. Les trois sections ont en commun de rappeler la détresse du psalmiste et sa délivrance. Sa prière est rapportée au début (v. 1-2 et 4) et à la fin (v. 16), mais l'appel au SEIGNEUR «par son nom» nous fait passer de la supplication (v. 4) à la louange (v. 13 et 17), l'accent étant nettement à l'action de grâce dans la section finale. Le nom propre de Dieu (transcrit «SEIGNEUR» dans la TOB), est répété 15 fois dans les 19 lignes du psaume, avec une intensité particulière au début (5 fois dans la section I) et à la fin (7 fois dans la section III).

De la détresse au salut

Les principaux moments du drame sont évoqués. La situation antérieure à l'expérience de salut est décrite à quelques reprises, en termes tragiques: le «je» a vu la mort de près (v. 3, 4 et 15); il était pris dans des liens (v. 3 et 16), ceux de la mort et du *shéol* (v. 3), en proie à la douleur et à la détresse (v. 3-4), «faible» (v. 6). La description, fortement émotive, demeure vague; elle pourrait faire référence à «une maladie conduisant à l'ostracisation et à la persécution[9]» (v. 11). Les réactions du «je» à sa détresse sont multiples. Il exprime son humiliation (v. 10), mais aussi sa déception envers les hommes «menteurs» (v. 11). Le texte ne précise pas la nature des «mensonges»: certains voudraient y voir de fausses accusations, mais il pourrait s'agir simplement de personnes qui se sont détournées d'un voisin malade et répandent la rumeur qu'il est frappé par Dieu. Par ailleurs, il garde confiance, même au milieu de son malheur (v. 10): simple confiance en l'avenir, ou confiance en Dieu? On ne spécifie pas. Il se tourne vers Dieu en l'appelant «par son nom» (v. 4), d'une voix suppliante (v. 1). La prière que le «je» adresse à Dieu n'est pas rapportée en détail non plus. Le psalmiste demande simplement à Dieu de le «libérer», littéralement de «délivrer sa *néphesh*» (v. 4). Si le verset 16 est un rappel de la prière, le suppliant justifierait sa requête en se présentant comme un «serviteur» (répété deux fois) de Dieu, fils de sa «domestique», appartenant à sa maisonnée.

L'expérience de salut est évoquée à plusieurs reprises: Dieu a «sauvé» le psalmiste (v. 3), il lui a fait du bien (v. 7 et 12), il a «dénoué ses liens» (v. 16). Le verset 8 est le plus explicite, faisant directement référence à la délivrance «de la mort». La conséquence la plus importante de cette libération est que le psalmiste est maintenant en marche «devant le SEIGNEUR au pays des vivants» (v. 9), savourant son bien-être (v. 8 et 12). La gratitude du psalmiste s'exprime aussi dans une liturgie d'action de grâce, accomplie conformément aux vœux (v. 14 et 18) qu'il aurait faits peut-être dans ses moments de détresse. Elle consiste en un sacrifice de louange (ou mieux de «remerciement»), au cœur de la maison de Dieu et en présence «de tout son peuple».

Une identité ébranlée et réaffirmée

Du point de vue de son identité sociale, le «je» s'assimile aux «gens simples» (v. 6), à un des «fidèles» (*hasidîm*) de Dieu (v. 15); pourtant, au cœur de son épreuve, il semble à l'écart de «tous les hommes» (littéralement de «tout l'homme», v. 11). Après sa délivrance, il se retrouve en présence de Dieu et «de tout son peuple» (v. 14 et 18). On pourrait reconnaître ici les signes d'une dynamique de l'exclusion et de l'inclusion dans la communauté. La transformation identitaire s'opère dans la continuité. C'est le même serviteur de Dieu qu'on retrouve avant et après l'épreuve, et l'expérience de salut. Mais son identité, mise en doute par la communauté au moment de l'épreuve, a été confirmée par Dieu qui l'a délivré; elle est validée publiquement par son retour au Temple, au milieu du peuple de Dieu.

La description des autres actants s'attarde particulièrement sur Dieu, présenté comme bienveillant, juste, miséricordieux (v. 5). La vie de ses fidèles a du prix pour lui (v. 15) et c'est pourquoi il a sauvé le psalmiste à qui il a fait du bien. Le psalmiste tire de son expérience la preuve de ce qu'on peut affirmer en général sur Dieu: ses qualités (v. 5), son attachement aux gens simples et aux fidèles (v. 6 et 15).

Le registre privilégié pour évoquer l'expérience du «je» est celui de la mort et de la vie (v. 8-9), mais aussi l'image des liens, des entraves (v. 3), de la détresse et de la douleur. La description s'en tient à des éléments assez généraux et manque de détails qui permettraient de cerner de près une situation concrète. L'aspect émotionnel et dramatique est valorisé au détriment de l'information.

Garder confiance dans l'épreuve

Le psalmiste rapporte seulement qu'il a été en situation de détresse, sans tenter aucune explication sur les causes (épreuve, punition, etc.). Sa vie présente est placée sous le signe de la reconnaissance et de la louange. Il sait qu'il pourra encore appeler Dieu (à l'aide?) «toute sa vie» (v. 2). L'effet de l'expérience a donc été de consolider le psalmiste dans sa confiance en Dieu et dans sa conviction que ce dernier «entend la voix suppliante» de ses fidèles (v. 1). Le psalmiste semble avoir renforcé son intimité avec un Dieu qu'il peut «appeler par son nom» (v. 4, 13 et 17).

Le fait que les vœux soient accomplis «en présence de tout son peuple» peut être compris comme un geste de réinsertion dans la communauté et de reconnaissance: le psalmiste fait vraiment partie des «fidèles», même s'il a traversé une épreuve qu'on aurait pu interpréter comme un rejet par Dieu et qui a conduit à une forme d'exclusion (v. 11). Les utilisateurs qui s'approprient les paroles de cette prière sont invités à s'associer à l'expérience de salut du «je» et à identifier, dans leur propre vie ou autour d'eux, des situations où ce «scénario» se produit. Le psaume leur fournit aussi un motif de garder confiance au milieu d'épreuves dont le sens leur échapperait.

Un hymne de Qumrân (1QH^a xi [iii] 19-36)[10]

Section I

(19) Je Te rend grâces, mon Seigneur,
       Car Tu as libéré mon âme de la fosse,
       du Sheôl de perdition
(20a) Tu m'as fait monter à une hauteur éternelle,
       et je me suis promené dans une plaine sans limite.
(20b) J'ai su qu'il y a de l'espérance
       pour celui que
(21a) Tu as modelé de la poussière
       en vue du comité éternel.
(21b) Tu as purifié l'esprit perverti de nombreuse(s)
       faute(s), afin qu'il s'installe à demeure avec
(22a) l'armée des saints et qu'il entre en communauté
       avec la congrégation des fils des cieux.
(22b) Tu as attribué à l'homme un sort éternel
       avec les esprits de
(23a) connaissance, afin qu'il loue Ton nom
       dans une communauté de ju[bila]tion
       et qu'il raconte Tes merveilles
       en présence de toutes Tes œuvres.

Section II

(23b) Moi, le modelage

(24a) d' argile, que (suis-je)?
       moi, la pétrissure d'eau, pour qui suis-je pris?
       et qu'est-ce qu'(il y a) de force en moi?
(24b) Car je me suis installé dans le territoire
       de l'impiété,
(25)   avec des brigands dans le lot:
       l'âme du pauvre a séjourné
       parmi beaucoup de tribulations
       et des malheurs terribles (ont accompagné)
       ma marche;
(26)   quand se sont ouverts tous les pièges de la fosse,
       que se sont étendus tous les lacets de l'impiété
       et le filet des brigands sur la face des eaux;
(27a) quand se sont envolées
       toutes les flèches de la fosse, sans riposte,
       et qu'elles ont été lancées, sans espoir;
(27b) quand est tombé le cordeau sur le droit,
       le sort de colère
(28a) sur les abandonnés
       et la coulée de fureur sur les proscrits.

Section III

(28b) (Ce fut) l'époque de l'embrasement
       pour tout Bélial;
       les liens de la mort ont encerclé, sans échappatoire,
(29a) et les torrents de Bélial
       ont dépassé toutes les rives élevées.
(29b) Le feu dévore toutes leurs irrigations,
       consumant tout arbre, vert
(30a) ou sec, près de leurs bras
       et enveloppant de tourbillons de flammes
       tous (les arbres) qui s'y abreuvent,
       jusqu'à (leur) disparition.
(30b) Il dévore les soubassements d'argile
(31)   et la couche de (terre) sèche,
       les fondements des montagnes (deviennent)

un incendie, et les assises du granit (deviennent)
des torrents de poix.

Il dévore jusqu'au vaste

(32a) abîme,
les torrents de Bélial font irruption au (lieu de)
perdition,
et les ingénieuses (créatures) de l'abîme mugissent
du mugissement des (flots) éjectant la vase.

Section IV

(32b) La terre
(33) hurlera sur la calamité survenant au monde,
toutes ses ingénieuses (créatures) crieront,
tout ce qui est sur elle s'affolera
(34a) et s'agitera à cause de la gr[an]de calamité.
(34b) Car Dieu tonnera dans l'ampleur de Sa force,
la résidence de Sa sainteté mugira
dans la stabilité de
(35a) Sa gloire,
et l'armée des cieux donnera de la voix.
(35b) Les soubassements éternels s'agiteront et frémiront,
la guerre des héros des
(36) cieux enveloppera le monde.
Et elle ne cessera pas jusqu'à la disparition fatale,
définitive et incomparable.

Le principal recueil d'hymnes de Qumrân a été découvert au printemps 1947 dans la grotte 1 (1QH^a)[11]. Il date du tournant de notre ère, mais sa composition est plus ancienne. On l'attribue, du moins en partie, au maître spirituel de la communauté, le «Maître juste» ou «Maître de justice», dont certains hymnes reflèteraient l'expérience personnelle. Il comportait originellement environ 28 colonnes de texte, soit une trentaine de textes différents. Les principaux thèmes évoqués sont en rapport avec la faiblesse des hommes, dont certains, placés dans une communauté d'élus, bénéficient du salut accordé gracieusement par un

Dieu grand et miséricordieux qui les soustrait aux assauts du mal.

L'hymne contenu dans les lignes 19 à 36 de la colonne xi (numérotée iii dans l'édition de Sukenik) est un bon témoin du contenu et de la tonalité générale de ces textes. Le poème commence par l'affirmation d'un «je» qui «rend grâce» à Dieu pour avoir été délivré «de la fosse» (ligne 19). Il se dit destiné à louer le nom de Dieu et à proclamer ses merveilles (ligne 23a), non pas dans une liturgie d'action de grâce au Temple, mais en communion avec les «fils des cieux» (lignes 22-23).

Si l'on accepte la lecture de Carmignac, le poème se divise en 4 sections assez nettement délimitées. La section I (lignes 19-23a) est encadrée par l'idée de louange (lignes 19 et 23a). Le geste de salut rappelé d'abord en termes de libération (lignes 19b-20a), puis en évoquant l'espérance donnée à «la poussière» (lignes 20b-21a), la «purification» de «l'esprit perverti» (lignes 21b-22a) et le «sort éternel» réservé à «l'homme» (lignes 22b-23a). La section II (lignes 23b-28a) s'ouvre par une triple question sur la faiblesse de l'être humain (lignes 23a-24a), installé au milieu des impies et secoué par les tribulations et les malheurs (lignes 24b-25); la deuxième moitié de la section dépeint ces malheurs sous forme imagée et poétique en trois propositions circonstancielles assez élaborées («quand[...], quand[...], quand[...]», lignes 26, 27a, 27b). La section III (lignes 28b-32a) dévoile la provenance des calamités: ce sont les torrents de Bélial (le chef des anges du mal) qui se déchaînaient (lignes 28b-29a) comme un feu qui dévore (lignes 29b-30a) aussi bien les fondements de la terre (lignes 30b-31a) que le «vaste abîme» (lignes 31b-32a). La dernière section (lignes 32b-36), dans la lecture de Carmignac, nous fait passer du drame auquel le fidèle a échappé à la perspective de la calamité finale. Carmignac note que «[l]es dix verbes de cette strophe sont à l'inaccompli [...]. L'auteur a tout à fait oublié les persécutions de ses adversaires et il est maintenant absorbé par la lutte gigantesque menée par Dieu et les anges[12]». Il anticipe en effet «la grande calamité survenant au monde (lignes 33-34a), par laquelle Dieu interviendra avec son armée (lignes 34b-35a) «jusqu'à la disparition fatale, définitive et incomparable», probablement celle de Bélial et de l'impiété. L'auteur parle en «je» dans la première moitié du poème (sections I et II); la deuxième moitié nous fait passer à un discours indirect, qui situe l'action davantage dans l'ordre du surnaturel en évoquant l'action passée de Bélial (section III) et l'intervention future de Dieu (section IV). Les sections I et IV opposent le sort bienheureux des fidèles (section I) et la disparition du reste de l'univers (section IV).

Une expérience de libération

Avant de connaître le salut, le «je» était un «pauvre» (ligne 25), qui s'est trouvé «au milieu de l'impiété» (ligne 24b), des «brigands» (ligne 25) (II); la section III donne une dimension cosmique au drame. La réaction du «je» n'est pas mentionnée. Selon Carmignac, il se pourrait que les expressions «les abandonnés» et «les proscrits» (ligne 28a) fassent référence à un phénomène de marginalisation[13]. La prière du «je» au cœur de la détresse est absente également.

L'expérience de salut consiste essentiellement à avoir été «libéré de la fosse» (ligne 19) et placé sur une «hauteur éternelle», «une plaine sans limite» (ligne 20a). Ces affirmations peuvent s'interpréter de deux façons. Le «je» pourrait avoir été placé dans une communauté de salut terrestre (comme le pense Carmignac). Il pourrait aussi avoir expérimenté mystiquement une forme de participation à la vie céleste; on y lirait alors l'évocation de la vie éternelle. Ce second sens est moins probable, cependant. La suite de la section I pourrait laisser entendre qu'on est associé à la communauté céleste, mais à travers une communauté terrestre de salut. «L'esprit perverti» (ligne 21b) par son contact avec le mal est purifié dans cette communauté pour devenir digne de se joindre aux «fils des cieux» (ligne 22a). Cela semble plus proche de la mystique qu'on observe en général dans la littérature de Qumrân. Ainsi, le «je» a appris, à travers cette expérience, que l'être humain fragile est destiné, si

Dieu en a décidé ainsi pour lui, à être associé à la communauté céleste. L'action de grâce n'a pas pour cadre une liturgie au Temple: cette médiation terrestre est court-circuitée. Il s'agit plutôt de la louange en communion avec le ciel, dès maintenant et sans doute dans l'avenir eschatologique.

Un pauvre parmi les élus

Du point de vue de son identité sociale, le «je» se décrit, avant le salut, comme un «esprit perverti» par «de nombreuses fautes» (ligne 21b), un «pauvre» (ligne 25), éventuellement abandonné et marginalisé par les siens (ligne 28a). Après son expérience transformante, il s'identifie comme un associé «des fils des cieux» (ligne 22a). Il est confronté à l'impiété et ultimement à sa cause, Bélial. Le «je» a peut-être été victime d'exclusion et associé aux «abandonnés» et aux «proscrits» (ligne 28a). Mais son sort est maintenant plus enviable, puisqu'il fait partie d'une communauté d'élus qui partagent la compagnie des anges.

Dieu est présenté comme celui qui sauve et libère, en purifiant (section I). La généralisation de l'expérience est faite ici par extrapolation. En partant de la situation actuelle où le monde est dominé par Bélial (section III), on anticipe l'intervention eschatologique de Dieu qui éliminera à jamais l'impiété (section IV). Dans son expérience, l'auteur a été délivré de l'impiété, mais cette dernière existe toujours. Il envisage une inversion des pouvoirs de Bélial et de Dieu et la disparition définitive du mal.

Orienter sa vie en fonction du sort ultime

Pour le membre de Qumrân qui a composé cet hymne, soit pour décrire son propre itinéraire, soit pour évoquer le parcours typique d'un élu, ce poème met de l'ordre dans une expérience de confrontation au mal et d'adhésion à une communauté de salut. Sa vie présente est orientée en fonction du sort ultime qu'il anticipe pour lui-même et pour les autres. Cette expérience lui a fait prendre conscience de la générosité de Dieu envers les «pauvres» (ligne 25), mais aussi de sa capacité de lutter efficacement contre l'impiété; elle fonde son espérance eschatologique. À la suite de l'auteur, tous les membres de la communauté dont il fait partie peuvent s'identifier à cette expérience et y reconnaître leur propre cheminement. Le poème contribue ainsi à soutenir la catégorisation du groupe et son interprétation de l'histoire. Il peut renforcer la volonté de continuer à se «purifier» (ligne 21b) pour être digne de participer à la louange avec les «fils des cieux» (ligne 22a).

Mais il y a tant de misère autour de nous

Section I

(1) Comment puis-je remercier Dieu
(2) quand mon voisin souffre de la faim et de la soif?
(3) Comment puis-je dire:
     «Merci, Seigneur, pour ce repas?»
(4) Quand mon voisin est nu et qu'il dort dans la rue,
(5) faut-il vraiment que je dise:
     «Ta bonté, ô Dieu, soit bénie?»
(6) Ai-je le devoir de louer Dieu,
     quand il me donne, à moi seul, liberté et santé?
(7) Quand mon voisin est opprimé et malade,
(8) suis-je obligé de dire: «Ta miséricorde soit louée?»
(9) Quand des millions d'hommes
     continuent à vivre dans les ténèbres,
(10) devrais-je dire: «Merci à toi, ô Dieu,
     de me compter au nombre des élus?»

Section II

(11) Mon enfant, je ne te donne pas à boire et à manger
(12) pour que tu sois seul rassasié
et que tu vives dans la joie.
(13) Je te fais ce cadeau pour que tu partages
ton repas avec ton voisin qui crie famine.
(14) Quand tu l'auras rassasié,
il reconnaîtra ma sollicitude et il me dira merci.
(15) Mon enfant, je ne te donne pas vêtement et logis
(16) pour que tu connaisses le confort
et que l'orgueil te monte à la tête.
(17) C'est pour que ton manteau
réchauffe ton voisin qui grelotte
(18) et pour que ta maison abrite les malheureux.
(19) Quand ils connaîtront, à travers toi, ma bonté,
ils me béniront.
(20) Mon enfant, je ne te donne pas santé et liberté
pour que tu jouisses sans épreuve de la vie.
(21) Tu es robuste, alors tu peux assister
les malades et les vieilles gens.
(22) Tu es libre, alors tu peux aider
les opprimés à devenir libres, eux aussi.
(23) Quand ils reconnaîtront, à travers toi,
ma miséricorde, ils me loueront.
(24) Mon enfant, je ne t'ai pas élu
pour que tu te sentes tranquille et assuré
(25) dans le temps présent et dans l'éternité.
(26) Je t'ai élu pour que tu œuvres avec moi.
(27) Si tu portes témoignage à mon amour
au milieu des hommes,
(28) ils sauront que je suis là,
leurs ténèbres seront changées en jour
(29) et, avec toi, ils me célébreront et me diront merci.

Cette prière d'action de grâce moderne, tirée du recueil
Écoute, Seigneur, ma prière[14], a été composée par Johnson

Gnanabaranam et publiée dans *La danse du semeur*[15]. Son auteur est un pasteur protestant d'origine indienne. Dans une sorte de dialogue imaginaire, le «je» de cette prière demande, à lui-même ou à un partenaire anonyme, comment il pourrait remercier Dieu de sa condition d'élu lorsqu'il côtoie d'autres personnes qui sont dans le besoin (section I). La réponse lui vient de Dieu, qui l'invite à partager son bonheur avec les autres. Il pourra alors s'associer à leur expression de reconnaissance envers le Dieu généreux qu'il leur aura révélé par ses gestes d'attention à leur égard (section II).

La forme du dialogue permet de délimiter deux grandes sections (lignes 1-10 et 11-29). La première formule les questions de la personne en prière, la seconde les réponses de Dieu. La première section comporte quatre unités, centrées chacune sur un aspect particulier des dons que la personne a reçus: la nourriture (lignes 1-3), le vêtement et le logis (lignes 4-5), la liberté et la santé (lignes 6-8) et l'«élection» (lignes 9-10). À chaque fois, la personne demande comment elle pourrait rendre grâce à Dieu de ce bienfait tandis que d'autres en sont privées. Chaque unité comporte trois éléments: une ou des questions («comment puis-je», «suis-je obligé», etc.) un constat sur la situation de l'autre («quand mon voisin»), la formule que la personne «devrait» prononcer pour exprimer sa reconnaissance envers Dieu («Merci, mon Dieu»). Dans la deuxième section, c'est Dieu lui-même qui répond à «son enfant» en quatre unités qui reprennent une à une celles de la première section: la nourriture (lignes 11-14), le vêtement et le logis (lignes 15-19), la liberté et la santé (lignes 20-23), l'élection (lignes 24-29). À chaque fois, Dieu lui explique que ce don ne lui a pas été fait pour qu'il en jouisse égoïstement, mais pour qu'il le partage avec ceux et celles qui sont dans le besoin. Ce sont ces personnes qui rendront alors grâce à Dieu. Les quatre unités sont structurées de la même façon, avec de légères variantes. Elles débutent par «Mon enfant, je ne te donne pas [...] pour que» (lignes 11, 15, 20) ou «Mon enfant, je ne t'ai pas élu pour que» (ligne 24). Vient alors une invitation à partager le don reçu (lignes 13, 17-18, 21-22, 26-28) et l'anticipation de l'action de grâce de la part de ceux qui en bénéficieront (lignes 14, 19, 23 et 29); la dernière ligne ajoute que cette action de grâce sera faite «avec toi» (ligne 29), ce qui constitue la réponse ultime aux interrogations soulevées dans la première partie.

Un bien-être inconfortable

La situation antérieure à l'expérience de salut pour la personne qui formule la prière n'est pas décrite en détail. Le seul verbe qui évoque une action au passé concerne l'élection de cette personne: «Je ne t'ai pas élu pour que» (ligne 24; voir ligne 10). Mais on ne sait rien de précis sur la condition de cette personne avant cette élection. On n'en sait évidemment pas plus sur la réaction que cette condition aurait provoquée ou sur la prière que cette personne aurait formulée. Cette prière évoque moins une expérience de salut ponctuelle qu'une prise de conscience du fait de «compter au nombre des élus» de Dieu et de bénéficier quotidiennement de sa générosité. La conséquence normale de cette prise de conscience serait l'action de grâce, la reconnaissance, qui s'exprimerait probablement dans une prière personnelle plutôt que dans le contexte d'une liturgie d'action de grâce. Mais la personne qui formule cette prière ne peut fermer les yeux sur la misère qui l'entoure: c'est son voisin qui a faim et soif, qui est nu et dort dans la rue, qui est opprimé et malade. Dans la quatrième unité de la section I, le regard s'élargit même aux dimensions du monde, aux «millions d'hommes» qui «continuent à vivre dans les ténèbres» (ligne 9).

La réponse de Dieu à cette prière nous oriente vers l'avenir immédiat: il appelle son «enfant» à partager dès maintenant, et sans doute gratuitement, les «cadeaux» qu'il a reçus. Il devient ainsi un collaborateur de Dieu (ligne 26) auprès des hommes qui connaîtront par lui la bonté et la générosité de Dieu auquel ils exprimeront leur reconnaissance. Les réponses de Dieu transforment la compréhension que le «je» a de son obligation: son devoir n'est pas de rendre grâce tout seul pour les dons qu'il a reçus, mais de les partager. C'est alors seulement qu'il pourra rendre grâce à Dieu «avec» ceux et celles qui auront bénéficié à travers lui des bienfaits dispensés par Dieu (ligne 29).

Enfant d'un Dieu généreux

Du point de vue de son identité sociale, le «je», de cette prière fait partie des «élus» (ligne 24) de Dieu, qui reconnaissent recevoir de lui tout ce dont ils ont besoin: un repas (lignes 3 et 11), le confort d'un manteau et d'une maison (lignes 15-18), une santé robuste (ligne 21), la liberté (ligne 22), la tranquille assurance de l'élu (ligne 24). Il a tout ce qu'il faudrait pour vivre «dans la joie» (ligne 12) et jouir «sans épreuve» de la vie (ligne 20) «dans le temps présent et dans l'éternité» (ligne 25). Mais il pourrait en tirer orgueil (ligne 16). La personne dans le besoin prend le visage du voisin qui souffre et manque de tout. Ce simple «voisin» (lignes 2, 4, 7, 13 et 17) devient «des millions d'hommes» vivant dans les ténèbres (ligne 9), «les malheureux» (ligne 18), «les malades et les vieilles gens» (ligne 21), «les opprimés» (ligne 22) et finalement «les hommes» en général (ligne 27). Le «je» de cette prière est invité à agir concrètement en partageant son repas, son manteau, sa maison, etc., en assistant les malades, en aidant les opprimés, et en portant témoignage de l'amour de Dieu «au milieu des hommes» (ligne 27). Plutôt que de se complaire égoïstement et orgueilleusement dans son confort (lignes 12, 16, 20, 24 et 25), il doit donc accueillir l'autre ou aller vers lui. Sa place véritable n'est pas au milieu des seuls élus, mais au milieu de tous les hommes, en particulier de ceux qui sont dans le besoin. Dieu est présenté comme un père (implicitement dans sa réponse à son «enfant») bon (lignes 5 et 19) et plein de sollicitude (ligne 14), miséricordieux (ligne 8) et plein d'amour pour les hommes (ligne 27). Mais sa générosité envers l'ensemble des humains est médiatisée par ses «élus» (ligne 24). C'est ainsi qu'il veut se rendre présent à l'ensemble de l'humanité (ligne 28).

La catégorie d'expérience évoquée ici est celle de la vie quotidienne et des besoins de base des individus. Il ne s'agit pas d'une intervention extraordinaire de Dieu dans la vie d'une personne, mais de sa générosité continue envers ses «élus» et de la responsabilité de ces derniers de témoigner de cette générosité en partageant les dons qui leur sont faits par le «père», auquel Dieu s'identifie implicitement dans la relation à son «enfant». Cette expérience, exprimée en «je», peut évidemment être celle de tous les «élus»: cette prière leur est probablement destinée. Ce sont sans doute ceux en présence desquels les questions de la première section sont formulées. Ils sont invités à s'ouvrir à ceux qui sont dans le besoin et à leur faire connaître le Dieu bon et généreux dont ils font eux-mêmes l'expérience. C'est avec toute la communauté humaine qu'ils pourront ainsi remercier Dieu des bienfaits reçus pour être partagés entre tous.

Élargir sa communauté aux dimensions du monde

L'individu qui utilise cette prière en référence à sa propre expérience est invité à prendre conscience des dons qu'il a reçus de Dieu, à s'ouvrir aux besoins des autres et à vivre dans une relation de partage avec eux, comprise comme sa participation personnelle à l'œuvre de Dieu (ligne 26). L'effet de la prière sur la relation à Dieu est de faire saisir non seulement sa bonté et sa générosité, mais aussi son appel à l'imiter par le partage avec tous les hommes. Les «témoins» de cette étrange «action de grâce», ceux et celles qui entendent aussi bien les questions du «je» que les réponses de Dieu, pourraient être les élus qui ne se posent pas actuellement ces questions et qui bénéficient tranquillement des dons de Dieu en s'estimant dans un groupe à part, celui des élus qui ignorent (ou méprisent) leurs «voisins». Ils sont invités à transformer la compréhension qu'ils ont de leur condition, qui n'est pas un privilège, mais une responsabilité.

Au plan chrétien, ce texte pourrait être compris comme une interprétation originale de la parabole du Jugement dernier (Mt

25, 31-46) avec laquelle le rapprochement se fait spontanément. Dans le texte de Matthieu, il est question de rencontrer Jésus dans celui qui a faim et soif, est étranger, nu, malade ou prisonnier. La liste proposée ici est semblable sans être tout à fait identique; il s'agit, en tout cas, de part et d'autre, de personnes dans le besoin. Cependant, en Matthieu 25, ce n'est pas du Père qu'il s'agit, mais de Jésus. Il n'occupe pas la position de celui qui donne, mais celle du nécessiteux envers qui l'on se montre généreux ou indifférent, selon le cas. Enfin, contrairement à Matthieu 25, le contexte de cette prière n'est pas ici celui du jugement dernier: la conséquence de la générosité n'est pas d'être «bénis de mon Père» et de recevoir le Royaume en partage (Mt 25, 34). Il s'agit plutôt d'élargir la communauté des élus aux dimensions du monde pour que de toute la terre s'élève la louange au Père «avec toi». Il y a donc une responsabilisation des «élus» en fonction de ce monde-ci d'abord plutôt qu'en fonction du monde à venir. Les deux textes se rejoignent cependant par un point: le chemin vers le «Père» passe par l'amour du prochain.

Conclusion

Les trois textes étudiés ici montrent assez bien comment la prière d'action de grâce peut contribuer à la construction identitaire d'une communauté de foi. Enraciné dans la tradition biblique, le psaume 116 propose une lecture croyante d'une expérience de délivrance d'un péril mortel. Le psaume suggère qu'un fidèle de Dieu peut être parfois aux prises avec de tels périls, qui lui vaudront éventuellement d'être exclu et rejeté par son entourage. Il ne doit toutefois pas désespérer, mais se tourner avec confiance vers son Dieu, qui peut le délivrer et le réhabiliter dans sa communauté, en faisant ainsi de lui un témoin de sa bonté «au milieu de tout son peuple». L'hymne de Qumrân évoque plutôt la conscience qu'on veut développer chez les membres d'une communauté de salut exclusiviste. Le récit de la délivrance des pièges de la «fosse» construit l'identité d'un «pauvre» qui a été tiré par Dieu du monde de l'impiété et participe déjà à la communauté des fils du ciel. Son expérience est l'anticipation de la grande calamité qui va frapper le monde quand Dieu va définitivement éliminer la cause du mal, Bélial et toute son œuvre. La prière *Mais il y a tant de misère autour de nous* propose à ceux qui s'identifient comme des élus de se définir non pas comme un petit cercle de personnes privilégiées, mais plutôt comme des mandataires de la générosité de Dieu envers les humains. Ils sont invités à partager les dons reçus et à rendre témoignage de la lumière au milieu des ténèbres. Ainsi, en s'insérant «au milieu des hommes», ils contribueront à rassembler toute la communauté humaine dans l'action de grâce envers son Dieu.

Cette recherche nous renvoie à nos propres pratiques communautaires. Dans les milieux catholiques que je fréquente, il n'y a pas beaucoup de place pour la prière d'action de grâce, en dehors des prières eucharistiques où l'on rend grâce à Dieu principalement pour le salut offert en Jésus Christ. Peut-être est-ce parce que nous avons de la difficulté à articuler notre compréhension de l'intervention de Dieu dans le monde et dans nos vies? Peut-être est-ce dû au fait que l'on éprouve, devant la générosité de Dieu, le même malaise que celui qui s'exprime dans *Mais il y a tant de misère autour de nous*? Ce pourrait encore être parce qu'on estime que la générosité de Dieu est imprévisible et inconstante. Peu importe la raison, ce silence ne peut qu'accentuer les problèmes qui en sont la cause. Au lieu de contribuer à structurer l'identité de nos communautés, cette attitude n'a-t-elle pas alors pour effet d'entretenir l'ambiguïté? D'autres communautés chrétiennes recourent plus volontiers à l'action de grâce et proposent à leurs membres une lecture plus immédiate de l'intervention de Dieu dans leur vie. Cela ne va pas sans difficulté non plus. En associant trop facilement tout ce qui nous arrive à l'action de Dieu, ne risque-t-on pas d'entretenir une forme de pensée magique, une vision d'un Dieu qui intervient constamment au profit exclusif des siens? N'en viendrait-on pas de cette façon à proposer implicitement une vision sectaire de la communauté et à encourager ses membres à fuir leurs responsabilités dans la prière? Puisque tout dépend de Dieu, à quoi bon tenter de changer le monde? Bref, cette réflexion sur le rôle de la prière d'action de grâce dans la construction de l'identité de nos communautés croyantes nous invite à être plus conscients de nos pratiques et de la manière dont elles nous façonnent. Elle nous appelle également à repenser en profondeur et à expliciter, pour nous-mêmes, pour nos communautés et pour les gens qui nous observent, notre compréhension de Dieu, de son agir dans notre monde et de ce qu'il attend de nous.

Notes

[1] Jean Duhaime est professeur titulaire et Doyen de la Faculté de théologie et de sciences des religions à l'Université de Montréal. Il enseigne l'interprétation de la Bible et la littérature juive ancienne, en particulier les Manuscrits de la mer Morte. Il s'intéresse également aux nouveaux courants religieux actuels et à la sociologie des religions.

[2] Walter BRUEGGEMANN, *Israel's Praise: Doxology Against Idolatry and Ideology*, Philadelphia, Fortress Press, 1988.

[3] Voir également sur le sujet Jean DUHAIME, «La souffrance dans les psaumes 3–41», *Science et Esprit*, vol. 41 (1989), p. 33-48; Notker FÜGLISTER, *Les Psaumes, prière poétique*, Paris, Casterman, 1967.

[4] Jean-Pierre DUBOIS-DUMÉE, *Écoute, Seigneur, ma prière: textes choisis et présentés par Jean-Pierre Dubois-Dumée*, Paris, Desclée de Brouwer, 1988.

[5] Sur l'identité psychosociale et le récit comme outil de construction identitaire, voir Peter L. BERGER et Thomas LUCKMANN, *La construction sociale de la réalité*, Paris, Armand Colin, 1996; André BILLETTE, *Récits et réalités d'une conversion*, Montréal, Presses de l'Université de Montréal, 1975; Robert CAMPEAU, Michèle SIROIS et Élisabeth RHEAULT avec la collaboration de Norman DUFORT, *Individu et société: initiation à la sociologie*, Montréal, Gaëtan Morin, 2004; Kay DEAUX, «Identity», dans Alan E. KAZDIN (éd.), *Encyclopedia of Psychology*, 4ᵉ édition, Washington, D. C.-American Psychological Association, Toronto-Oxford, Oxford University Press, 2000, p. 222-225; Jean-Paul LAFFITTE, *et al.*, *L'Écriture de soi*, Paris, Vuibert, 1996; Alex MUCCHIELLI, *L'identité*, Paris, Presses universitaires de France, 1999; Jean-Guy NADEAU, «Que faisons-nous quand nous racontons notre histoire avec Dieu?», *Prêtre et Pasteur*, vol. 92, n° 2 (1989), p. 66-71; John Charles TURNER, «Social Identity», dans Alan E. KAZDIN (éd.), *Encyclopedia of Psychology*.

[6] J'utilise le texte hébreu de la *Biblia Hebraica Stuttgartensia* (BHS), la *Traduction œcuménique de la Bible*, légèrement modifiée, et les commentaires de Leslie C. ALLEN, *Psalms 101-150*, Waco, Tex., Word Books, 1983; et de Marc GIRARD, *Les Psaumes redécouverts: de la structure au sens*, Saint-Laurent, Québec, Bellarmin, 1994-1996.

[7] En adoptant deux corrections proposées par la BHS qui déplace «le SEIGNEUR» avant «car» et lit le verbe «entendre» au parfait.

[8] Ou «je marcherai».

[9] Leslie C. ALLEN, *Psalms 101-150*, p. 114.

[10] J'utilise le texte hébreu de l'édition préparée par Elazar L. SUKENIK, *The Dead Sea Scrolls of the Hebrew University*, Jerusalem, Magnes Press-The Hebrew University, 1954 et celui de la «study edition» de Florentino GARCÍA MARTÍNEZ et Eibert J. C. TIGCHELAAR, *The Dead Sea Scrolls Study Edition*, Leiden, Brill, 2000. La traduction suit surtout celle de Jean CARMIGNAC, dans Jean CARMIGNAC et Pierre GUILBERT, *Les textes de Qumrân traduits et annotés*, I, Paris, Letouzey et Ané,

1961, p. 199-203. Traduction et analyse différente chez Mathias Delcor, *Les Hymnes de Qumrân (Hodayot)*, Paris, Letouzey et Ané, 1962; Svend Holm-Nielsen, *Hodayot:Psalms from Qumran*, Aarhus, Universitetsforlaget, 1960; Bonnie Pedrotti Kittel, *The Hymns of Qumran: Translation and Commentary*, Chico, California Scholars Press, 1981; et Émile Puech, *La croyance des Esséniens en la vie future: immortalité, résurrection, vie éternelle?*, Paris, Gabalda, 1993, p. 366-375.

[11] Émile Puech, «Hodayot», dans Lawrence H. Schiffman et James C. Vanderkam (éd.), *Encyclopedia of the Dead Sea Scrolls*, Toronto, Oxford University Press, 2000, p. 364-369.

[12] Jean Carmignac, *Les textes de Qumrân*, p. 203, n. 43.

[13] *Ibid.*, p. 201, n° 26.

[14] Jean-Pierre Dubois-Dumée, *Écoute, Seigneur, ma prière*, p. 243-244.

[15] Johnson Gnanabaranam, *La Danse du semeur, prières évangéliques d'un Indien*, Paris, Centurion, 1986.

7

L'ACTE DE PRIER: DÉPENDANCE OU DÉLIVRANCE?

Thérèse Nadeau-Lacour[1]

Introduction. *Orare humanum est*

Les pratiques orantes, à cause de leur universalité, présentent des sites privilégiés pour l'étude de l'être humain dans sa qualité même d'être humain. En effet, quelle que soit sa forme, prier est un acte qui engage l'orant dans toutes les dimensions de son être. Tout particulièrement, l'acte de prier manifeste l'être humain comme *être-en-relation*. La pratique orante met en place des relations d'altérité multiformes qui, en leur cœur même, engagent la liberté de l'orant.

Or, aujourd'hui, plusieurs formes traditionnelles de prière parmi les plus populaires et les plus répandues (prières de demande, d'actions de grâces, etc.) sont des pratiques parfois sévèrement analysées comme des signes d'immaturité, de dépendance, voire d'aliénation.

A contrario, certains de nos contemporains se tournent volontiers vers différentes activités de méditation, cherchant en elles un des moyens les plus sûrs pour se libérer des multiples aliénations que fait peser sur l'être humain une culture occidentale dé-spiritualisée, réductrice et dissolvante, vouée, selon eux, à l'inessentiel.

Ainsi, dans une culture qui privilégie l'*autonomie* comme élément premier de la dignité humaine, mais une autonomie souvent confondue avec la liberté elle-même, les pratiques orantes en tant que pratiques relationnelles sont évaluées sur leur capacité à engager, favoriser ou générer chez celui «qui prie» un degré supérieur de liberté.

Les pages qui suivent ont pour objectif principal de mettre en évidence les différents présupposés anthropologiques que l'acte de prier met en œuvre et les conséquences qui en découlent pour l'autonomie et/ou la liberté du sujet orant. Trois formes de l'activité orante seront successivement convoquées dans cette réflexion critique: la prière de supplication, la méditation et l'oraison mystique[2].

La prière de supplication, de demande ou d'intercession comme acte d'allégeance

La prière de demande, de supplication, qu'elle soit personnelle ou communautaire, est certainement la forme de prière la plus répandue, pas seulement dans la tradition chrétienne. Il suffit d'évoquer la rencontre d'Assise qui, en 1986, rassemblait pour la première fois les chefs des plus grandes religions du monde, non pour prier ensemble mais pour prier, chacun à sa manière, en *demandant* la paix. Depuis plusieurs années, tous les sondages montrent qu'un nombre élevé de personnes interrogées reconnaissent avoir eu recours à la prière de demande, de supplication, indépendamment d'une adhésion personnelle de type confessionnel. Le contexte de cette pratique est récurrent: situation de détresse, d'angoisse, impasse psychologique, danger de mort, peur de perdre un être cher, etc.

L'orant est ici un suppliant en situation de faiblesse, conscient de la limite des possibilités humaines. Il s'adresse alors, parfois comme ultime recours, à une puissance capable d'intervenir et de lever le caractère insupportable de la situation.

Dans notre réflexion, la tentation est grande de ne pas s'attarder sur une pratique dont on voit très vite qu'elle prête aisément le flanc à la critique issue d'une culture qui considère l'autonomie comme un des premiers critères de la dignité humaine. La prière de demande tombe sous le coup des critiques adressées aux diverses conduites magiques, conduites estimées puériles, infantiles, indignes de l'homme: «Gémir, prier, pleurer est également lâche», disait déjà le poète Vigny[3].

Pourtant, il ne faut sous-estimer ni ces pratiques dites de «piété populaire[4]», ni leurs critiques. En effet, d'une part, ces mêmes formes de prière habitent les évangiles[5] et des textes majeurs de la tradition chrétienne: «Priez sans cesse[6]!» Cet acte de langage, qui est lui-même une prière plus qu'un ordre, traverse les épîtres sous des formes diverses et particulièrement sous la forme de la prière de demande. Il y va donc d'éléments difficilement contournables pour la réflexion théologique. D'autre part, il serait regrettable de ne pas interroger les critiques et leurs propres présupposés; ils représentent en effet, à un second niveau de réflexion, un lieu privilégié pour observer l'évolution du sujet moderne aux prises avec ses aspirations dans le cadre de turbulences culturelles inédites.

Nous avons vu que ces conduites manifestent de la part de l'orant un aveu d'impuissance et, à la fois, une soumission à une Puissance bienfaisante: aveu, en dernière instance, d'une dépendance envers le *Maître* de la vie et de la mort. S'agit-il d'actes puérils, naïfs, insignifiants, purement symboliques? Quelles relations d'altérité y sont mises en œuvre et, par là, quelle conception de Dieu? Quel rôle y joue la liberté humaine? Abdique-t-elle totalement devant la toute-puissance divine? Quelle relation à l'autre est vécue dans cet acte de prière?

L'autre y est d'abord l'Autre, le Dieu d'une foi. La prière de demande est essentiellement la prière du pauvre, de ceux qui se reconnaissent pauvres et qui, conscients de leurs faiblesses, de leurs limites, s'en remettent à Dieu, «larguent leur existence en Dieu», selon l'expression de Dom R. Le Gall[7]. Une telle pratique met donc un être humain en relation avec un Dieu qu'il considère à la fois dans sa toute-puissance et dans sa bonté. On retrouve le prototype de cette relation dans la demande qu'Abraham adresse à Dieu pour sauver les habitants de Sodome et Gomorrhe[8]. Ou encore dans les demandes de guérison adressées à Jésus dans les évangiles. Le Dieu auquel s'adressent ces prières de demande est un Dieu qui intervient dans l'histoire, dans chaque histoire personnelle. Par cet acte, l'orant se reconnaît, à l'égard de Dieu, dans une relation de dépendance qui est estimée peu compatible avec la reconnaissance de l'autonomie comme expression de la dignité humaine.

Ainsi, la plus forte critique à l'égard de cette pratique touche d'une part la conception de Dieu et d'autre part l'abandon à ce même Dieu de la liberté humaine.

Si on s'interroge au sujet des présupposés sous-jacents à une telle critique on retrouve des éléments anthropologiques aisément repérables: en particulier une certaine anthropologie de l'autosuffisance humaine et une liberté identifiée à l'autonomie. De tels éléments caractérisent une forme de néo-stoïcisme, celui-là même qu'exprimaient les vers de Vigny. Un des fruits de ce stoïcisme, très présent dans les existentialismes du XX\e siècle, est l'exaltation de la grandeur humaine, mais aussi la désespérance qui surgit de l'impossibilité radicale à repousser indéfiniment les limites humaines, lorsque l'être humain prend conscience que l'être-pour-la-mort «gagne sans tricher, à tout coup! c'est la loi[9]». On retrouve des variantes de ces attitudes dans une certaine littérature *nouvelagiste* dont le plus beau fleuron est certainement *L'Alchimiste* de Paulo Coelho[10].

De tels présupposés conduisent nécessairement à la condamnation de la prière de demande, de supplication. La demande serait déshumanisante, considérée comme un aveu de faiblesse et, parce que cet aveu de faiblesse est lié à Dieu, comme un acte d'humiliation.

Rappelons qu'après avoir été un des éléments prégnants des critiques marxistes et des soupçons que les psychanalystes ont portés sur les comportements religieux, cet argument a été un des bras de levier des démonstrations philosophiques de l'inexistence de Dieu, chez Sartre, par exemple: pour sauver la liberté de l'homme, il convient de nier l'existence d'un Dieu créateur, tout-puissant, etc.[11].

La prière de demande serait alors le lot des faibles, des esclaves, des perdus et des perdants. Lorsqu'on ne peut plus rien, il ne reste qu'à mourir, en gardant sauve la dignité d'un homme dont l'honneur requiert de ne pas se plaindre et de ne devoir rien à personne:

Gémir, prier, pleurer est également lâche.
Fais énergiquement ta longue et lourde tâche
[...]
Puis, après, comme moi, souffre et meurs sans parler[12].

En même temps, toute une culture fortement présente dans nos sociétés occidentales, diffuse dans une nébuleuse néo-spirituelle que guette souvent le retour du superstitieux, est prête également à rejeter les conduites orantes au nom d'une certaine idée d'un salut de l'être humain par lui-même.

Certes, ces différentes critiques seraient prêtes à reconnaître, à la rigueur, que de tels moments de faiblesse sont compréhensibles, mais doivent être compris comme moments de l'histoire individuelle ou collective des êtres humains, comme des réactions de premier degré qui relèvent de la peur, du souci de soi, de conditionnements culturels, non de la grandeur de la volonté libre et souveraine. À perdurer dans cette attitude, on se condamnerait à régresser. Dans cette perspective, un être humain à genoux, les yeux levés vers le ciel est l'image même de l'aliénation! *Orare* devient *errare*. *Orare humanum est,* certes, mais *diabolicum est perseverare.*

Il est néanmoins possible de se demander si cette critique n'est pas elle-même dépendante d'une anthropologie réductrice, par exemple réductrice du concept de liberté. Nous retrouverons les prières de demande à la toute fin de cette réflexion.

Poursuivre donc dans cette voie serait déshumanisant et enfermerait l'homme dans une sorte d'aliénation malfaisante et même perverse. Le premier pas du salut de la dignité humaine consisterait alors dans l'abandon de telles pratiques. Et, s'il y a un retour du spirituel, le «spirituellement correct» se situe ailleurs. Si on admet qu'il y ait un certain retour du spirituel, quelque équivoque que soit aujourd'hui ce terme, la prière y a-t-elle une place? Si on prend en compte les critiques précédentes des activités orantes traditionnelles, la nouvelle prière devrait permettre d'intégrer les principes anthropologiques qui sous-tendaient ces critiques. Il semble que la pratique de la prière comme méditation s'inscrive dans ce renouveau du spirituel.

Ainsi, à la prière, toujours marquée par sa propension à être prière de demande, on préfère aujourd'hui la pratique de la méditation, forme «adulte» de l'activité spirituelle. Mais, comme aurait pu le dire Aristote, «méditation» s'entend en plusieurs sens. Ce terme subit aujourd'hui des variations pour le moins «énigmatiques», pour reprendre l'expression de E. E. Smith.

Variations méditatives

La pratique méditative est une constante dans les grandes traditions religieuses et particulièrement chez les maîtres spirituels chrétiens. Mais les formes qu'elle prend depuis quelques années ne permettent plus de parler au singulier d'une méditation, du moins en spiritualité chrétienne occidentale. Il est possible d'en repérer au moins trois formes[13] selon, justement, les critères que nous énoncions plus haut, et je m'attacherai à un de ces éléments. Dans tous les cas, la méditation est une activité volontaire, exigeante, décidée, presque objective.

Manducare

La genèse du mot «méditation» est significative: *manducare* signifie ruminer, remâcher. Que remâche le méditant? Un texte, généralement un texte des Écritures, reconnu comme Parole de Dieu. Cette activité fait passer le méditant de la simple audition à l'écoute, puis à l'appropriation de la Parole.

Une telle activité revient à reconnaître une initiative divine, le don de la Parole, et à entrer dans une dynamique dialogale. L'écoute est la première étape de la réponse du méditant. Quelquefois, la méditation est confondue avec la *lectio divina*. Cependant, sans s'y opposer, le retour des pratiques méditatives et même l'engouement pour la méditation depuis quelques années, ne sont pas d'abord apparus sous cette forme traditionnelle.

La méditation comme «art»

Le sens le plus répandu de la méditation aujourd'hui renvoie à une pratique méthodique, un effort personnel de présence à soi, parfois au monde, quelquefois à l'Autre. En ce sens, la méditation est fondamentalement un processus de «non-distraction» qui n'est pas seulement une activité intellectuelle ou spirituelle, mais qui intègre toutes les dimensions de l'être humain. Deux moines, l'un tibétain, l'autre chrétien, tous deux responsables de monastères célèbres, donnent d'abord de la méditation des définitions qui se recoupent: «Le sens profond de la méditation, c'est la non-distraction de l'esprit: être présent et conscient de l'être; revenir encore et encore à cette attention consciente, c'est cela méditer[14].» Ou encore: «Méditer, c'est se recueillir. C'est-à-dire se rassembler pour se mettre en présence[15].»

Thérèse d'Avila opposait méditation et dissipation. Il s'agit là d'un art au sens que les Grecs donnaient au terme *techné*. Cet art sollicite la totalité de l'être dans une activité volontaire, exigeante, qui ressemble fort à une ascèse.

En revenant aux deux éléments qui avaient permis d'engager la réflexion critique, c'est-à-dire la relation à l'autre et la liberté, on peut dire d'abord que cette méditation est véritablement vécue ou recherchée comme *technique* de libération. Il s'agit de s'affranchir de tous les obstacles qui empêchent le calme, la quiétude, la qualité de présence, se libérer de ce qui trouble, disperse, agite. C'est un acte qui fait appel à la liberté du sujet et qui vise une libération par les seules forces humaines[16]. Ainsi, en apparence, il s'agit d'un travail sur soi, par soi, pour soi. La liberté manifestée là serait donc de l'ordre de l'autonomie, par opposition à l'hétéronomie radicale induite par la prière de demande. Cette dernière remarque conduit à la question de la manière dont est vécue ici la dimension relationnelle du méditant.

Le point de la relation à l'autre dans la pratique méditative est extrêmement délicat et déterminant. C'est pour une large part, le problème de la relation à l'ascèse. Se demander comment y est vécue la relation à soi conduit à découvrir quelle relation à l'autre est rendue possible.

Dans toute ascèse, l'attention à soi est nécessaire, ce qui fait que l'être humain y est, d'abord, tout préoccupé de lui-même (préoccupé, par exemple, de contrôler sa respiration), au moment même où il veut se «dé-pré-occuper». Ce moment est à la fois paradoxal et normal. Mais tous les maîtres spirituels insisteront sur le fait que cette attention à soi est normale pour autant qu'elle ne devient pas un obstacle majeur et insurmontable à l'ouverture à l'autre. Faute de cela, une sorte de sur-dépendance fait échouer le processus en tant qu'élément d'une démarche spirituelle.

Il existe un deuxième niveau de l'attention à soi qu'on pourrait appeler «l'intention de soi». Le bien-être réel, le calme, la relaxation, le détachement auquel ces «exercices» conduisent, peuvent devenir une fin en soi. Certes, dépasser, neutraliser et assumer les tensions insupportables que la vie quotidienne fait subir (tensions physiques, intellectuelles, affectives), ce n'est pas rien! Mais à ce niveau, on peut dire que l'être humain demeure dans une relation de soi à soi. Peut-on dire de cette méditation qu'elle est spirituelle? La réponse des traditions spirituelles chrétiennes est *non*. Les maîtres spirituels chrétiens sont rejoints en ce sens par des spirituels d'autres traditions. Par exemple, le lama Gyétrul Jigmé Rinpoché qui pourtant affirmait que «ces exercices n'ont pas d'autre finalité que "l'émergence de notre potentiel de sagesse"», ajoute cependant que «[p]our progresser sur le chemin et parvenir à la libération, il faut la conjonction des efforts personnels du pratiquant, de sa mise en œuvre des instructions reçues, et de la bienveillance des Bouddhas et des *bodhisattvas*[17]».

Mais il existe un troisième niveau beaucoup plus subtil et non moins important. Dans la pratique méditative, telle que la plupart de nos contemporains l'entendent, la maîtrise du corps, en particulier celle de la respiration, est le bras de levier des «exercices méditatifs». Chez les chrétiens qui pratiquent cette méditation, on dit souvent, et l'origine du mot va dans ce sens, que le souffle symbolise l'Esprit, le Souffle saint. La tentation est grande de passer du symbole à la réalité ou, plutôt, de prendre le symbole physique pour la réalité spirituelle. Dans un ouvrage récent de spiritualité chrétienne, l'auteur écrit: «Le rythme de la respiration nous introduit dans le mouvement qui unit dans une communion interpersonnelle le Père, le Fils et l'Esprit[18].»

De telles affirmations reviennent à faire dépendre la rencontre avec le Dieu trine d'une technique respiratoire. La liberté de l'Autre est pratiquement niée puisqu'on présuppose que sa présence et son initiative peuvent être conditionnées par la méditation ou pire, par une technique de méditation. Dans la perspective spirituelle chrétienne, on peut remarquer que cette «aliénation» de l'Esprit peut s'effectuer d'autant plus aisément que notre représentation de l'Esprit, par sa nature même, résiste moins facilement à la dépersonnalisation que, par exemple, la réalité du Fils en tant que reconnue dans la personne de Jésus. Tout se passe comme si, à trop vouloir «incarner» la prière, en donnant aux exercices corporels une place primordiale, on finit par désincarner l'Autre de la relation orante[19].

En fait, cela aboutit au contraire même de la libération qui était visée. Le sujet méditant devient lui-même esclave de la technique de méditation. De manière plus générale, l'ascèse cesse de devenir un moyen. Elle prend toute la place et, par là, le méditant se considère comme le seul artisan de son progrès spirituel, ce qui a pour effet de le centrer sur lui-même et, par conséquent, de ne reconnaître aucune action de l'Autre, voire même de le considérer comme inutile. Peut-on contraindre l'Autre sans le nier comme Autre? Non seulement toute prétention de la part du méditant à la maîtrise du progrès spirituel par les seules performances d'une ascèse, rend impossible une relation vivante avec l'Autre, mais elle évacue l'imprévisible et, par là, risque de se condamner à la répétition et donc rendre impossible l'évolution intérieure.

Sur le plan spirituel, les conséquences sont extrêmement graves: l'une d'entre elles, par exemple, serait d'attribuer l'absence apparente de progrès à une erreur «technique», ce qui aurait pour effet «d'attacher» davantage encore le méditant à la méthode de méditation et à des procédés techniques d'ascèse, alors que de nombreux maîtres spirituels considèrent certaines périodes d'aridité comme des étapes majeures dans le processus de maturation spirituelle (on pense à Jean de la Croix).

On peut même se demander si la pratique méditative participe vraiment de l'activité orante. On répondra que cette question présuppose une certaine conception de cette activité. De fait, il serait plus juste de se demander si la méditation en est le dernier mot. On connaît la sévérité de certains mystiques à l'égard d'une méditation mal comprise, devenant elle-même obstacle au progrès de la vie spirituelle. On se souvient de l'inconfort d'une Marie de l'Incarnation à l'égard des manuels de méditation en vogue à son époque[20]. En fait, la sévérité des jugements de ces maîtres en spiritualité ne concerne pas tant la méditation que l'idée même d'une méditation qui serait soumise sans discernement au primat d'une méthode extrinsèque et coercitive qui ne respecterait ni le mystère des êtres ni la liberté de la grâce divine.

Il semblerait donc que la réponse à la question de la place légitime d'une méditation (et laquelle?) dans la vie spirituelle dépende en grande partie de la place que l'ascèse trouve dans la pratique méditante, en sachant que la méthode ou l'ascèse sont incontournables.

Le rapport à la méthode est une question ancienne dans la tradition spirituelle chrétienne. Sur le plan théologique, elle renvoie à la question difficile de la liberté et de la grâce qui est aussi la question de l'alliance avec un Dieu d'Amour.

Les maîtres spirituels mettent en garde contre deux écueils à éviter. Le premier serait de trop se fier à la méthode, car ce serait *se fier* à sa seule volonté (c'est l'écueil du néo-pélagia-nisme)[21]. Le second, trop se *méfier* de la méthode, peut manifes-ter une volonté inavouée de s'abandonner à son instinct ou à son caprice (c'est l'écueil d'un néo-quiétisme). Aussi les grands spirituels conseillent-ils la souplesse en maintenant à la fois la liberté de la grâce sans laquelle le désir de l'orant n'aurait même plus d'objet et la grâce de la liberté sans laquelle l'orant n'aurait même pas à vouloir prier. Sans cet équilibre dynamique, on tombe soit dans une spiritualité procédurale, soit dans une spiritualité capricieuse et épidermique, inconstante et inconsis-tante. Claude Martin, le fils de Marie de l'Incarnation, devenu moine bénédictin, écrivait:

> Il faut s'attacher à une méthode d'oraison pour fixer notre esprit; mais il ne faut pas en être esclave en sorte que, si quelque mou-vement de grâce nous porte ailleurs, il faille le rejeter comme une chose mauvaise et contraire à notre pratique. L'Esprit de Dieu est dans la liberté; il faut seulement prendre garde qu'on ne donne pas le nom de liberté à ce qui n'est qu'inconstance et légèreté d'esprit[22].

Le philosophe J. Paliard disait en d'autres termes: «Une intention de mystique est destructrice de la mystique; elle lui substitue une esthétique de la spiritualité[23].»

Les mystiques chrétiens répètent que le fond de la prière chrétienne personnelle n'est pas de l'ordre de la norme, c'est-à-dire de l'autorité, fût-elle celle d'un maître en la matière, mais de l'amour, c'est-à-dire de la rencontre de deux libertés dont l'une est celle, finie, d'une créature, et l'autre, infinie, celle d'un Dieu créateur et bon. Dans ce sens, la méditation ne peut être réduite ni même être considérée comme technique ou comme méthode, au sens étymologique du mot. Elle a toujours eu une place dans les divers chemins de perfection des traditions spiri-tuelles chrétiennes. Mais elle est toujours ordonnée à autre qu'elle, à l'union à Dieu dont le spirituel reconnaît que Dieu garde toujours l'initiative. S'il existe quelque détermination de la prière chrétienne, on peut dire avec les spirituels et les théo-logiens que la prière chrétienne, comme expérience spirituelle chrétienne, est déterminée par la foi chrétienne[24]. Parce que l'aventure spirituelle est aussi affaire de connaissance et parce que le Dieu que le méditant chrétien cherche à connaître et par lequel il se connaît est un Dieu d'amour, la vie spirituelle est d'abord, pour lui, une histoire d'amour qui fait parfois voler en éclats toutes les méthodes de séduction que l'âme a pu imaginer pour être ravie par Dieu. La porte d'entrée, dit Thérèse d'Avila, est l'oraison, mais l'oraison est avant tout un *conversar*.

L'oraison mystique.
«Orare humanum est. Divinum est perseverare»

Lorsque la «tension» avec l'Autre, qui est aussi «attente» de l'Autre, est maintenue au cœur même de l'attention à soi, alors peut advenir une autre forme de prière, quelle que soit la manière de l'appeler: silencieux amour, *conversar*, dialogue, regard échangé, etc. Dans la tradition spirituelle chrétienne, cet Autre n'est pas abstrait parce que cet Autre a épousé la condition humaine, l'histoire des hommes.

On est alors frappé par l'extrême variété des «méthodes», non au sens de techniques, mais au sens de voies, d'itinéraires. Cette souplesse est sous le double signe de la liberté des êtres engagés dans la relation, et du mystère jamais totalement connu et donc imprévisible de chacun. La méditation est alors comme le prélude à cette forme de prière; telle est souvent la méditation pratiquée dans les spiritualités des communautés nouvelles, avec la souplesse requise par toute relation entre deux libertés.

La véritable oraison est alors symbolisée par un *conversar*, un échange, un cœur à cœur, c'est-à-dire une dynamique de vie. Par la prière, la vie de Dieu circule dans le cœur de l'homme et le fait participer à son amour pour tout homme. La structure dialogale de la prière conduit en fait à une relation triadique.

Plus la relation à Dieu devient intime et plus les autres sont présents, sont «inclus», selon un principe qui est celui de la logique de l'amour: le principe «du tiers inclus».

Mais alors la prière de demande la plus parfaitement inté-grée à ce degré supérieur d'oraison, est peut-être celle que Ni-colas de Flüe formulait ainsi et que je traduis librement en la complétant: «Herr Jesus, nimen mich Mir, und gib mich Dir (Seigneur, prends-moi à moi et donne-moi à Toi[25]).» Donne-moi de me donner et de donner l'autre à lui-même[26].

Non seulement la méditation trouve sa juste place sur le chemin qui conduit à l'oraison contemplative et mystique, mais la prière de demande elle-même lui est intégrée; celle-ci ne se présente plus comme un rapport de forces, mais comme la ré-ponse à la demande aimante de Dieu. Ce qui est demandé par l'orant est la dilatation du cœur aux dimensions de la surabon-dance de l'amour de Dieu. Pour l'orant, se connaître, c'est naî-tre à cette surabondance qui manifeste sa dignité, celle d'être aimé de Dieu, et qui l'envoie vers les autres dans le mouvement même du débordement d'un amour qui excède les limites hu-maines. La première réponse à une telle demande est générale-ment la transformation du «cœur», au sens biblique de ce terme.

Les fruits d'une telle «prière» sont décrits dans l'épître aux Galates; mais les conséquences en sont aussi une transformation de la relation aux autres. En résumant une des pensées récurren-tes chez les mystiques chrétiens, on pourrait dire: Dieu, le Tout-Autre, se donne à l'orant qui est par là donné à lui-même. Augustin aimait déjà à rappeler que connaissance de Dieu et con-naissance de soi marchent du même pas. Mais, au moment où l'orant est donné à lui-même dans la vérité acceptée de ses limi-tes, il est envoyé vers les autres, par la dynamique de l'amour surabondant de Dieu[27].

Ainsi, l'oraison, à son degré le plus «achevé», est essentiel-lement ouverte sur l'action au point qu'il est possible de dire que l'action est le temps d'accomplissement naturel de la vie contemplative, que Marthe et Marie vont ensemble, et qu'alors l'existence toute entière devient prière. La prière n'est plus une activité distincte mais *l'état naturel du chrétien*, selon les mots d'Évagre le Pontique. Elle est acte d'union à l'Autre dans les autres et acte de communion aux autres par l'union à l'Autre[28].

La relation d'altérité, comme alliance vécue sous mode triadique, est telle que le concept d'autonomie n'y est plus opératoire pour décrire la liberté qui y est à l'œuvre. Il s'agit d'une liberté d'un autre *ordre*. Peut-être pourrait-on parler d'une liberté de *théonomie participée*. En effet, lorsque l'Autre est inclus dans le processus de libération et que cet Autre est un Dieu qui a toujours l'initiative de l'appel, la liberté de l'homme s'inscrit dans une dynamique d'alliance. Ainsi, la prière de demande n'est pas acte d'allégeance qui abdique une liberté qui serait première, mais réponse libre à un appel qui précède toute demande, appel à entrer dans l'amour libérateur de Dieu. «Demandez et vous recevrez.» À la limite, le plus haut degré de la prière de demande pourrait être l'instant où, à la fois, elle s'efface dans l'union réalisée des *volontés*, et où elle s'accomplit en charité dans le débordement de l'amour de Dieu vers les autres.

La méditation n'y est plus l'effort solitaire et drastique par lequel on soumet les déterminismes du corps et des affects à la recherche d'une quiétude psychologique, ni la seule plongée intérieure activée par le désir de la connaissance de soi qui serait encore souci de soi; la méditation est alors l'acte par lequel l'orant se rend disponible à la grâce d'une présence par l'accueil d'un Dieu déjà là dans la Parole, ou dans le seul fait d'être et de se reconnaître créature. L'objectif d'une telle méditation n'est pas alors la conquête en solitaire d'une santé ou d'un équilibre salutaire, ni même un travail d'excavation qui creuserait dans le méditant le vide du désir. L'objectif de la méditation du chrétien est de contribuer, à même les limites et les faiblesses humaines, à l'aventure de la sainteté. Méditer peut alors prendre la forme d'une mise en attente, d'une mise en disponibilité ou encore d'une «mobilisation intégrée» des facultés les plus exigeantes, sensibilité, imagination, mémoire, intellect, pour que l'orant devienne capable d'entendre le «bruit d'un pas venant dans la nuit», selon le mot du poète, ou de sentir «le souffle de Dieu dans la brise légère» dont le prophète Élie fut touché. En un mot, l'acte du *recueillement* n'est pas séparé de *l'accueil* qui en est la raison d'être. Pour participer de l'activité orante, pour être prière, cette «activité» méditative est bien plus qu'un exercice ascétique; elle entre dans une dynamique d'alliance où l'Autre est déjà à l'œuvre[29]. Ainsi, la quiétude n'y est pas conquise de haute lutte contre soi-même, mais reçue par un «cœur circoncis», comme un don qui ne dépend pas de l'orant[30].

S'il y a effort, s'il y a lutte, s'il y a conquête, ils ne sont jamais solitaires. L'effort, la lutte, la conquête supposent déjà la reconnaissance d'un bien à rechercher à la fois immanent et transcendant au méditant[31]. Dans une perspective strictement psychologique, on pourrait parler d'hétéronomie. Pourtant, si on considère l'être humain dans sa dimension relationnelle, est-il possible de concevoir le plus haut degré de la liberté sans relation à autre que soi, et sans une relation qui respecte l'autre en tant qu'autre? Dans la perspective de la prière chrétienne, l'autre est le Dieu de l'alliance, toujours déjà en alliance. Éclairée non par une logique de l'autonomie mais par une logique de l'alliance, la méditation apparaît alors comme activité orante dans la juste mesure où elle s'inscrit dans cette dynamique relationnelle[32]. L'être humain y est convoqué dans son intégralité pour un apprentissage. Cet apprentissage n'est pas d'abord celui d'une maîtrise de soi par soi, mais plutôt d'une *dé-prise* qui ne dépend pas du seul méditant. En définitive, cet apprentissage est celui de l'amour *de* Dieu, *avec* Dieu et *par* Dieu. Édith Stein résume bien le statut de la méditation:

> Chacun doit se connaître ou apprendre à se connaître pour savoir où et comment trouver le calme... (et si on ne peut pas,) il s'agit de s'enfermer en soi-même un instant, de se couper de tout et de se réfugier auprès du Seigneur. Il est là présent, capable en un seul instant de nous donner ce dont nous avons besoin[33].
>
> Après une longue pratique de la vie spirituelle, l'âme n'a plus à se livrer davantage à la méditation pour apprendre à l'aimer. Aussitôt qu'elle entre en prière, elle est auprès de Dieu et demeure, dans l'abandon amoureux, en sa présence[34].
>
> Le plus haut degré de la prière: s'abandonner à Dieu d'une manière aimante et sans limite et recevoir son amour en retour[35].

En guise de conclusion...

> Si tu veux trouver Dieu, abandonne le monde extérieur et rentre
> en toi-même. Mais ne demeure pas en toi-même. (Augustin)

Ces quelques réflexions ont parcouru rapidement différentes
pratiques orantes chrétiennes selon deux dimensions du sujet qui
ont permis de les mettre en perspective: la relation à l'autre et
la liberté. Il est clairement apparu que dans la perspective chrétienne, la prière, quelle que soit sa forme, se décrit en termes
d'alliance. Parce qu'elle est alliance entre une créature et son
créateur, cette relation pourrait être comprise comme un rapport
de dépendance, voire d'aliénation. Pour cela, il suffirait, par
exemple, d'identifier la liberté à l'autonomie, ce qui rejoint une
caractéristique majeure de la culture contemporaine. Une certaine méditation est alors valorisée, étant entendue davantage
comme un art que comme une étape dans l'apprentissage de la
relation à Dieu, à soi-même et aux autres. Une telle méditation
ne peut plus être reconnue comme prière. La dérive possible des
pratiques méditatives ainsi comprises est de fermer le méditant
sur le souci de lui-même et de le conduire ainsi à une sorte de
sur-dépendance plus subtile mais plus destructrice.

Lorsque, au contraire, le sujet orant entre dans la prière
comme dans l'aventure d'une alliance entre deux libertés qui
marquent toute prière du sceau de l'imprévisible, non seulement
est-il révélé à lui-même, mais il entre dans une relation aux
autres requise par la surabondance même de l'amour reçu de
Dieu, signature de son alliance. De la liberté qui émerge peu à
peu de cette alliance triadique, on ne peut pas dire qu'elle soit
le résultat d'une conquête humaine dont elle porterait la marque
des limites; elle est la rencontre d'une grâce et d'un «oui» qui
se déploie dans l'orant selon l'ordre de la foi.

Une liberté qui est celle «des enfants de Dieu» a peu à voir
avec l'illusion d'une liberté puérile. C'est bien plutôt la liberté
d'un Nicodème qui aurait consenti à l'esprit d'enfance et y
aurait découvert, émerveillé, la forme inédite et paradoxale de la
maturité spirituelle.

Notes

[1] Thérèse Nadeau-Lacour (Ph. D. Théologie et Ph. D. Philosophie) est professeur régulier de théologie spirituelle et théologie morale à l'Université du Québec à Trois-Rivières et professeur de théologie spirituelle à l'Université Laval. Spécialisée en théologie des mystiques, elle s'intéresse actuellement à la relation entre les dimensions spirituelle et éthique dans le *sujet croyant*.

[2] L'approche adoptée ici pourrait être qualifiée de *réflexion seconde*. Elle met en perspective les pratiques orantes avec certaines critiques contemporaines relatives à la prière. Ces attitudes ou ces postures critiques semblent, d'une part, refléter admirablement leur allégeance à une certaine modernité et à ses succédanés que sont, par exemple, le pragmatisme procédural et certaines néo-spiritualités de l'autosuffisance; d'autre part, ces mêmes attitudes semblent révéler des tentatives parfois heureuses de réaliser le vœu de dépassement inhérent à la condition humaine. Le souci que porte cette réflexion est donc de nature à la fois anthropologique et spirituelle. La démarche puisera largement dans le corpus littéraire des spirituels et des mystiques des traditions chrétiennes.

[3] Alfred DE VIGNY, «La Mort du loup», *Les Destinées*, cité dans Didier SEVREAU, *La poésie au XIXe et au XXe siècles*, Paris, Hatier, 2000, p. 34.

[4] L'essentiel des pratiques de piété dans les lieux de pèlerinage revient à des prières de demande ou de remerciement.

[5] «Demandez et vous recevrez.»

[6] Première épître aux Thessaloniciens 5, 17.

[7] Dom Robert LE GALL et Lama Jigmé Rinpoché GYÉTRUL, *Le Moine et le Lama*, Paris, Fayard, 2001.

[8] Genèse 18.

[9] Charles BAUDELAIRE, «L'Horloge», dans *Les Fleurs du mal*, Paris, Bookking International, 1993, p. 179.

[10] Voir par exemple Thérèse NADEAU-LACOUR, «Les secrets de l'Alchimiste: analyse d'un livre culte», dans Marc DUMAS et François NAULT (dir.), *Pluralisme religieux et quêtes spirituelles*, Montréal, Fides, 2004, p. 149-167.

[11] Voir particulièrement les deux œuvres sartriennes, l'une théâtrale, l'autre philosophique, qui illustrent et résument les positions de l'existentialisme athée: *Le Diable et le Bon Dieu* (1951) et *L'existentialisme est un humanisme* (1946).

[12] Alfred DE VIGNY, «La Mort du loup», dans Didier SEVREAU, *La poésie au XIXe et au XXe siècles*, p. 34.

[13] Notre réflexion négligera d'évoquer le sens philosophique du mot, rendu célèbre par Descartes et, plus récemment, par Husserl. Il s'agit d'une activité de l'intelligence qui déduit logiquement, un à un, les maillons d'une longue chaîne de raisons.

[14] Dom Robert LE GALL et Lama Jigmé Rinpoché GYÉTRUL, *Le Moine et le Lama*, p. 208.

[15] *Ibid.*, p. 220.

[16] D'une certaine manière, nous retrouverions là un des objectifs de la prière de demande: être libéré de ce qui enchaîne, trouble, préoccupe.

[17] Dom Robert LE GALL et Lama Jigmé Rinpoché GYÉTRUL, *Le Moine et le Lama*, p. 218.

[18] Bernard UGEUX, *Retrouver la source intérieure*, Paris, Éditions de l'Atelier, 2001, p. 92.

[19] Il est remarquable de constater combien l'intégration des pratiques méditatives orientales par des chrétiens a souvent pour résultat de déplacer leur vœu d'intimité avec Dieu, de la relation au Christ à la relation à l'Esprit, au point où Jésus Christ disparaît parfois d'une vie spirituelle qu'il est difficile alors de considérer encore comme «chrétienne».

[20] Marie de l'Incarnation entreprend la lecture et la mise en pratique de «quelques livres qui enseignaient à faire oraison mentale, commençant aux préparations, préludes, divisions des points et matières, la façon de méditer, etc.». Voici comment elle décrit sa pratique et les effets qui s'ensuivirent: «Je me faisais pour bien faire, ce me semblait, tant de violence, qu'il me prît un bandement de tête qui me la blessait notablement, dont je souffrais bien de la douleur. Le désir que j'avais de suivre ce livre point par point me faisait recommencer tous les jours mes violences, et mon mal renforçait: ce qui me jeta en une inaction que je prenais avec mon mal de tête par manière de souffrance.» (*Relation de 1654, Deuxième état d'oraison, VIII*) Un nouveau directeur spirituel régla enfin le problème lorsqu'il lui «défendit de ne plus méditer, mais de s'abandonner entièrement à la conduite de l'Esprit de Dieu» (*Ibidem*).

[21] Thérèse d'Avila propose des itinéraires, des voies, des chemins, et en même temps elle écrit: «Ne pensez pas en venir là par vos efforts et vos propres moyens [...] Dieu accorde ses dons quand il veut, comme il veut et à qui il veut.» (THÉRÈSE D'AVILA, «Château de l'âme», dans *Œuvres complètes*, Paris, Cerf, 1982, p. 826.)

[22] Claude MARTIN cité dans Pierre MIQUEL, *Mystique et discernement*, Paris, Beauchesne, 1997, p. 202.

[23] Jacques PALIARD, *Profondeur de l'âme*, Paris, Aubier, 1954, p. 152.

[24] Voir, par exemple, les œuvres de Jean Mouroux ou, plus récemment, de Charles-André Bernard.

[25] Nicolas de FLÜE, cité dans Réginald GARRIGOU-LAGRANGE, *Les trois âges de la vie intérieure*, Paris, Cerf, 1938, p. 185.

[26] C'est nous qui soulignons et complétons.

[27] Pour dire cette économie divine, Paul Ricœur parlait de «logique de la surabondance».

[28] Nous ne parlerons pas ici de la dimension ecclésiale de la prière. La prière est vitale pour l'Église comme peut l'être l'oxygène pour le corps; elle est sa respiration, son tempo, dans la liturgie, bien sûr, mais aussi dans chaque chrétien qu'elle unit à tous les membres par une commune union à la vie même de Dieu. Il serait intéressant de mettre en relation l'exhortation de Paul à *prier sans cesse* et le terme par lequel il décrit l'existence toute entière de l'homme nouveau: *un culte spirituel*. Mais cela outrepasse les limites et le thème de cette réflexion.

[29] Bernard UGEUX, *Retrouver la source intérieure*, p. 73: «La sainteté c'est l'accueil du quotidien, c'est l'accueil de nos fragilités sous le regard de Dieu et avec sa force.»

[30] Thérèse d'Avila écrit que «l'oraison de quiétude n'est pas notre fait; c'est surnaturel» (THÉRÈSE D'AVILA, *Chemin de perfection*, chapitre 31).

[31] Est-ce en ce sens qu'il faut comprendre cette pensée de Jean de la Croix: «Et si tout était moyens, on n'arriverait jamais. Où et quand jouirions-nous du terme?» (JEAN DE LA CROIX, *La Montée du Carmel*, II, 12).

[32] Dom Robert LE GALL la définit ainsi: «Méditer, c'est se recueillir, c'est-à-dire se rassembler pour se présenter à Dieu», dans Dom Robert LE GALL et Lama Jigmé Rinpoché GYÉTRUL, *Le Moine et le Lama*, p. 218.

[33] Édith STEIN, *La puissance de la Croix*, Paris, Nouvelle Cité, 1982, p. 74.

[34] *Ibid.*, p. 84.

[35] *Ibid.*, p. 91.

8

LA DYNAMIQUE PSYCHIQUE
SOUS-JACENTE À L'ACTE DE PRIER

Christina Sergi[1]

Ce texte vise à expliciter le dynamisme psychique qui est sous-jacent à l'acte de prier. Dans un premier temps nous exposerons la structure de la psyché selon le modèle du développement de la psychologie analytique de Jung[2]. Dans un deuxième temps, il s'agira, à partir de ce modèle, de reconnaître la dynamique psychique pouvant se révéler dans la manière de prier. Nous faisons l'hypothèse que la manière de prier et son contenu sont influencés par le dynamisme psychique de la personne.

Structure et développement de la psyché

Pour Jung, la psyché est comparable à une sphère composée du conscient et de l'inconscient[3]. Pour lui, le conscient est lié au monde des sens et perceptions, tandis que l'inconscient comprend divers matériaux non encore perçus par le conscient: refoulements, perceptions sensorielles subliminales, idées, émotions non conscientes. Il contient aussi les germes de l'avenir, c'est-à-dire des potentialités non encore perçues et développées par le conscient et qui seraient la source du développement complet de la personne[4].

Selon Jung, la sphère psychique est composée d'un centre dont la fonction est de maintenir la cohésion, l'unité entre le conscient et l'inconscient. Ce noyau est le *Soi*, qui correspond à l'identité profonde de la personne[5]. Il écrit:

> L'étude de la psychologie des profondeurs m'a confronté avec des faits qui exigent l'instauration de concepts nouveaux. L'un d'eux est celui du Soi. On entend par là un facteur qui ne prend pas la place de celui qui a toujours été désigné du nom de moi mais qui embrasse celui-ci en tant que concept supérieur[6].

Jung a identifié l'instance psychique du Soi par l'analyse du symbolisme universel et religieux et par ses études sur les rêves. Il emprunte l'expression «Soi» à la mystique orientale de l'Inde pour identifier l'essence véritable, présente en tout être, par opposition au moi superficiel, qui ne régit qu'un aspect de la psyché, à savoir le conscient. De tous temps, et dans différentes cultures, l'humain a toujours reconnu un tel centre. Chez les Grecs on le nommait le *daimon* intérieur, les Égyptiens l'appelaient *Ba*[7], les Romains l'identifiaient au *génie* inné[8], et les Hindous le désignent par le nom d'*Atman*.

En tant que concept supérieur au moi, le Soi transcende l'identité immédiate du sujet, liée à son moi de surface et qui est le produit de ses acquis éducatifs, d'identités extérieures (par exemple, être canadien, catholique, québécois), de rôles (fils, frère, père, mère, prêtre, etc.), ou de valeurs et d'évaluations (athlétique, intelligent, sensible, etc.)[9].

Le Soi inclut ces aspects, mais les transcende parce qu'il est la totalité psychique. Jung réfère à cette totalité psychique comme étant l'*imago Dei*. Il écrit: «On pourrait aussi bien dire du Soi qu'il est "Dieu en nous". C'est de lui que semble jaillir depuis ses premiers débuts toute notre vie psychique, et c'est vers lui que semblent tendre tous les buts suprêmes et derniers d'une vie[10].» Selon la psychologie analytique de Jung, bien que le Soi constitue la totalité psychique (c'est-à-dire le conscient et l'inconscient), il demeure plutôt refoulé au niveau inconscient.

Ce phénomène est lié à la formation du moi conscient durant l'enfance. Avant la création du conscient, l'être vit dans un état d'unité psychique où il n'y a pas de distinction entre le moi et le Soi, entre le monde extérieur et le sujet[11]. Mais la formation du moi, qui est nécessaire à la formation de la conscience au cours de la première partie de la vie, génère une graduelle distanciation avec le Soi originel[12]. L'adaptation à un milieu de vie et les expériences extérieures forment un écran entre l'instance du moi et celle du Soi, entre le conscient et l'inconscient. Plusieurs aspects du Soi demeurent alors refoulés, par conséquent non développés. Durant la seconde partie de la vie, le sujet ressent le besoin de développer ces aspects inconnus de lui-même et qui relèvent de ses valeurs fondamentales.

Dans la première partie de la vie, le contexte social et l'éducation sont surtout un terrain de formation pour le développement du moi. Dans la seconde partie de la vie, ce sera toute la dimension de l'intériorité qui favorisera particulièrement le processus du développement du Soi. La dimension de l'intériorité suppose à la fois un approfondissement de la connaissance de soi et une réappropriation de ses acquis en termes d'éducation et de croyance religieuse.

Le schéma ci-dessous illustre sommairement les principaux stades du développement de la psyché selon la psychologie analytique[13].

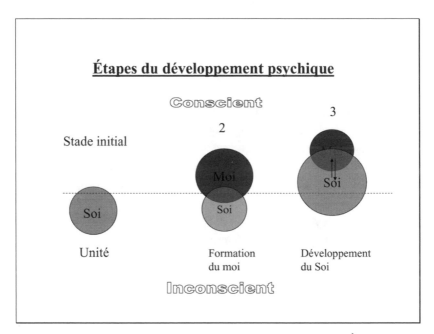

Au stade initial, la psyché est une et forme un tout. À l'étape 2, le moi conscient se développe et se distancie peu à peu du Soi originel. À l'étape 3, à l'âge adulte, il est possible que le Soi se développe au niveau conscient.

Pour Jung, la conscientisation du Soi à l'âge adulte est nécessaire à la pleine réalisation de l'être, qui vise ultimement l'unification des diverses composantes de la psyché en une seule sphère consciente[14]. Le développement complet de la personne implique donc la reconnaissance et l'émergence du Soi au niveau conscient afin de pouvoir manifester «[...] [son] unicité la plus intime, [son] unicité dernière et irrévocable [...][15]». On définit aussi ce processus comme «celui par lequel une personne découvre sa vérité et arrive à dépasser la simple existence de son ego[16]».

Soulignons que la prise en compte du Soi n'est pas un processus automatique lorsque vient l'âge adulte. Pour que le Soi se développe, affirme Jung, il doit y avoir intégration d'une vie symbolique, c'est-à-dire une vie signifiante en termes de valeurs supérieures, transcendantes. La pratique religieuse n'est pas une garantie pour que s'effectue un déplacement psychique du moi vers le Soi. En effet, malgré le fait qu'un encadrement religieux puisse nourrir le Soi, si la personne n'entame pas un cheminement d'approfondissement de la connaissance d'elle-même et de transformation de soi, le développement du Soi ou *processus d'individuation* demeure compromis.

De plus, nous dit Jung, si un travail conscient sur soi n'est pas effectué au cours de l'âge adulte, il y a risque d'inflation du moi. Selon lui, un symptôme de l'inflation du moi est la prétention à pouvoir contrôler entièrement son environnement[17]. Un autre symptôme d'inflation est la prétention du moi à décider par lui-même de son cheminement de vie alors que c'est plutôt au niveau du Soi que se trouvent le sens et le but ultime de l'existence. Précisons que, pour Jung, le terme «inflation» ne renvoie pas nécessairement à un état de présomption qui scrait vécu consciemment. L'inflation est plutôt une conséquence de la prédominance du moi sur la psyché et qui devient manifeste lorsque le sujet néglige les remarques de son entourage. Il écrit: «L'inflation augmente en effet la tache aveugle dans l'œil... Un clair symptôme en est l'apparition de la répugnance à remarquer les réactions de l'entourage et à en tenir compte[18].»

L'état d'inflation créera éventuellement son revers, c'est-à-dire une situation d'aliénation. Contrairement à la situation d'inflation dans laquelle le moi se sent tout-puissant, la situation d'aliénation en est une où le moi est abaissé par le fait qu'il n'a plus le contrôle de son environnement, et où il expérimente ses limites.

Tant que le moi reste identifié au Soi, c'est-à-dire qu'il se croit la totalité de la psyché, il demeure soumis à une dynamique psychique inflation/aliénation. La répétition de cette dynamique peut toutefois conduire le moi à une prise de conscience lorsqu'il est en situation d'aliénation. En ce cas, le moi s'ouvre davantage aux contenus inconscients, ce qui le rend plus disposé à vivre une expérience du Soi. Cette expérience est vécue comme une expérience numineuse et salvifique qui favorise la transformation du moi. Pour illustrer une expérience du Soi, Edinger donne l'exemple de la conversion de Paul sur le chemin de Damas. Sa rencontre avec le Soi (projetée sur une rencontre avec le Christ), aurait favorisé son renoncement à la volonté du moi (persécution des chrétiens), remplacée par celle du Soi (devenir l'apôtre du Christ)[19]. À la suite d'une expérience directe du Soi, le moi sait qu'il n'est pas le Tout, c'est-à-dire, la totalité et le centre de la psyché. Edinger écrit: «He comes to realize that there is an autonomous inner directiveness, separate from the ego and often antagonistic to it[20].» La dynamique psychique peut alors changer et se transformer en une dialectique du moi et du Soi[21]. Le terme «dialectique» implique la possibilité d'instaurer un dialogue entre le conscient et l'inconscient, le moi et le Soi. Cette dialectique est associée à la troisième étape du développement psychique mentionnée plus haut et qui est, selon Jung, nécessaire au processus d'individuation ou développement du Soi. La caractéristique principale de ce dynamisme psychique se situe au niveau de l'attitude d'ouverture et de réceptivité du moi à l'égard des contenus inconscients, en particulier des messages en provenance du Soi. L'effort que fait le moi pour demeurer en contact avec le centre psychique favorisera le développement du Soi[22].

Mais ce nouveau rapport au Soi demeure fragile, car à tout moment, il peut être rompu par un retour en force des mécanismes habituels du moi. C'est pourquoi une constante observation de soi et une désidentification à ses mécanismes s'avèrent utiles dans cette démarche de connaissance et de transformation de soi[23]. L'auto-observation favorisera un déplacement de l'attention, généralement centrée sur le moi de surface, vers les processus qui lui sont sous-jacents, afin d'amener à la conscience les contenus de l'inconscient[24]. Jung écrit: «Plus les contenus de l'inconscient assimilés au moi sont nombreux et remplis de

sens, plus le moi s'approche du Soi, bien que cette approxima-
tion ne puisse jamais être achevée[25].»

Ainsi, selon la psychologie analytique, à l'âge adulte, il y a
soit la constance dans l'expérience psychique inflation/aliéna-
tion, soit la possibilité d'une transformation psychique en provenance de la prise de conscience de la dynamique précédente et
déclenchée par une expérience du Soi. La transformation se
caractérise par un nouveau fonctionnement psychique, identifié
comme une dialectique du moi et du Soi et qui servira le développement complet de l'être[26].

Dynamisme psychique et relation au transcendant[27]

Edinger compare la relation entre les centres autonomes
(conscient/inconscient) à la relation que l'humain établit avec
son créateur. Il écrit: «The ego's relation to the Self... corres-
ponds very closely to man's relation to his Creator as depicted
in religious myth[28].» Cet énoncé laisse entrevoir la possible corrélation entre le dynamisme psychique et la manière dont l'être
humain entre en relation avec le Tout-Autre. À partir de là, se
pose la question de la relation au transcendant lorsqu'il n'y a
pas de prise en compte du Soi, autrement dit, lorsque le moi vit
une dynamique psychique inflation/aliénation.

Pour Edinger la relation au transcendant sera vécue davantage sous le mode d'une puissance extérieure et morale qui rappelle à l'ordre ou qui sanctionne les «écarts» du moi. La relation
à Dieu est vécue comme une projection de la dynamique psychique. En effet, le centre psychique du moi, qui a tendance à
vouloir tout contrôler, tend à craindre ou à ignorer Dieu. Il vit
donc sa relation à Dieu en fonction de cette peur de la sanction
divine. Lorsque le moi est en état d'inflation, il tend à oublier
Dieu et ne ressent pas le besoin de le prier[29]. En situation d'aliénation (position dans laquelle il est forcé de relativiser son sentiment de toute-puissance), il interprète sa situation comme une
punition en provenance d'une instance supérieure qui le dépasse,

et il se tourne alors vers Dieu par la prière pour obtenir son soutien.

Edinger dit que cette dynamique psychique est bien illustrée dans divers récits de l'Ancien Testament. Dans ces récits, Dieu est décrit comme une autorité suprême qui dicte la Loi et qui sanctionne les écarts de son peuple. Lorsque le peuple oublie Dieu en commettant des écarts à la Loi, il s'ensuit une situation de punition ou d'aliénation qui ne prend fin qu'avec l'adoption d'une attitude de repentance du peuple envers Dieu. Ce type de relation à Dieu semble correspondre à la dynamique psychique inflation/aliénation: le moi s'éloigne de Dieu (inflation) ou s'en rapproche (aliénation), ce qui s'exprime par un retour à la prière.

Si l'on admet qu'il est aussi possible pour le moi en état d'inflation de prier, de quelle nature sera sa prière? Nous avons retracé une prière pouvant illustrer le moi en état d'inflation, dans la parabole du pharisien et du publicain[30]. Dans ce passage, le pharisien consacre sa prière à remercier Dieu de ne pas être «mauvais» comme les autres hommes. Il prie ainsi: «Mon Dieu, je te rends grâces de ce que je ne suis pas comme le reste des hommes qui sont rapaces, injustes, adultères, ou bien encore comme ce publicain[31].» En effet le moi, qui a forcément une vision limitée des choses (il n'est qu'un aspect de la conscience totale), a tendance à ne pas voir les propres aspects pernicieux de sa conscience et surtout à les projeter sur autrui.

De son côté, la prière du publicain reflète davantage un abaissement volontaire du moi pour s'en remettre à une instance supérieure: «Ô Dieu, prends pitié du pécheur que je suis[32].» Sa prière permet de relativiser le pouvoir du moi. Le commentaire de Jésus, à la fin de la parabole, exprime éloquemment la dynamique psychique inflation/aliénation lorsqu'il dit: «Tout homme qui s'élève sera abaissé, mais celui qui s'abaisse sera élevé[33].» En termes psychologiques, la reconnaissance de l'état d'inflation du moi (manifeste ici dans la prière du publicain), favorisera éventuellement la cessation d'une dynamique inflation/aliénation en faveur d'une collaboration plus continue entre le moi et le Soi. Autrement dit, le moi qui laisse place à la voie (voix) du

Soi, encourage sa progression ou élévation au plan spirituel. Même si le moi prie, rend grâces à Dieu et pratique une certaine rectitude morale — comme c'est le cas du pharisien —, s'il n'a pas pris conscience qu'il n'est pas le Tout, c'est-à-dire qu'il n'est qu'un aspect de sa psyché totale, il demeure dans son état d'inflation.

Ainsi, comme il a été mentionné plus tôt, pour que s'effectue le passage d'une dynamique inflation/aliénation à celle d'une dialectique intérieure du moi et du Soi, la personne doit d'abord prendre en compte sa propre dimension transpersonnelle, le Soi, grâce à laquelle, elle peut progresser vers une plus grande plénitude d'être. Le moi devra apprendre à collaborer de manière continue avec le Soi en demeurant en état d'auto-observation et d'analyse de soi, ce qui favorisera par le fait même une transformation dans sa relation au transcendant.

Selon Edinger, le rapport dialectique du moi et du Soi est bien illustré dans plusieurs récits du Nouveau Testament. Dieu (Jésus) y nous est présenté comme un Dieu accessible, avec qui il est possible d'entrer en dialogue. Lorsque les personnages des évangiles ont une attitude d'ouverture et de confiance envers le Christ, ils se donnent l'opportunité d'être guéris des faiblesses et lacunes du moi. Étant donné que le Soi est une réalité qui ne peut être perçue comme telle, l'attitude du Christ dans les évangiles, permet de découvrir davantage la nature du Soi. Jung écrit: «[L]e Christ est pour nous l'analogie la plus proche du Soi et de sa signification[34].» Et, [d]'un point de vue psychologique, le Christ représente l'homme primordial — le «second Adam» —, c'est-à-dire la totalité de la personne qui transcende la conscience. C'est un symbole du Soi[35].

C'est en relevant cette dimension psychologique des Écritures qu'Edinger écrit: «The teaching of Jesus yields a host of insights that are remarkably similar to the discoveries of depth psychology[36].»

Mais quelle est la nature d'une prière qui tient compte du Soi ou qui relève davantage d'une dialectique du moi et du Soi? À Gethsémani, Jésus prie: «Mon Père, s'il est possible, que cette coupe passe loin de moi! Cependant, non pas comme je veux, mais comme tu veux[37].» Dans cette prière, il y a le désir et la volonté du moi de ne pas aller vers son destin («que cette coupe passe loin de moi»), mais le moi sait aussi qu'il n'est pas le Tout, et il s'en remet à une volonté plus grande que la sienne («non pas comme je veux, mais comme tu veux»). L'acte de prier est ici un espace où le moi confie son désarroi, ses peurs, etc., mais où il peut aussi laisser advenir une réponse qui ne correspond pas nécessairement à ses attentes, mais qui servira le développement du Soi. Marie-Louise von Franz écrit: «Le moi doit être capable d'écouter attentivement et, renonçant à ses fins, à ses projets propres, de se consacrer à cette impulsion intérieure de croissance[38].»

Ainsi, peu importe les attentes du moi de celui qui prie, s'il conserve une attitude d'ouverture et d'écoute, sa prière sera un espace propice pour laisser advenir la volonté du Soi, la volonté divine. Lorsqu'elles sont ressenties sincèrement, les paroles «que ta volonté soit faite» favorisent un lâcher prise des désirs du moi. Beaucoup de problèmes psychiques ou de maux physiques proviennent, selon Jung, de cette barrière entre le conscient et l'inconscient, entre la volonté du moi et celle du Soi. En ce sens donc, l'acte de prier est une opportunité pour le moi d'harmoniser sa volonté avec celle du centre psychique afin de vivre une relation à Dieu qui lui soit des plus bénéfique pour sa croissance spirituelle.

Conclusion

L'objet de notre communication était d'établir une corrélation entre l'acte de prier, la manière de le faire et le dynamisme psychique. Le modèle de Jung nous a montré qu'il devrait y avoir, à l'âge adulte, un déplacement du centre psychique du moi vers le Soi. Par ailleurs, étant donné que la prise en compte du Soi à l'âge adulte n'est pas automatique et qu'elle requiert en quelque sorte une *conversion*[39] au Soi, il y a fréquemment une stagnation au niveau du développement psycho-spirituel de la personne et qui se reflète dans sa manière de concevoir et d'établir sa relation à Dieu. Si l'instance psychique du moi domine trop la sphère du conscient, le rapport au transcendant risque d'être vécu ou ressenti comme la relation à une autorité toute-puissante, qui, tantôt punit, tantôt récompense ou sauve le moi. D'autre part, si le moi a pris conscience qu'il n'est pas la totalité de sa psyché et qu'il effectue un travail d'observation et d'analyse de soi afin de mieux connaître et transformer ses mécanismes inconscients, son rapport au transcendant évoluera davantage vers une relation de coopération. Cette transformation psychique va encourager le développement du Soi, et, par le fait même, produire le sentiment de vivre une plus grande plénitude intérieure. En ce sens donc, il nous a paru que les données de la psychologie analytique de Jung sont venues éclairer la corrélation qu'il peut y avoir entre le dynamisme psychique et la relation au transcendant, manifeste dans l'acte de prier.

Notes

¹ Christina Sergi rédige actuellement sa thèse doctorale en théologie pratique à l'Université de Montréal. Elle se spécialise dans le champ de la spiritualité et s'intéresse spécifiquement aux liens entre psychologie et spiritualité et à la spiritualité des adultes.

² Carl Gustav Jung (1875-1961), psychanalyste suisse. D'abord élève de Freud, il s'en distingua en développant la psychologie analytique. Son œuvre est traversée par la prise en compte de la dimension numineuse, spirituelle de la psyché.

³ Carl G. JUNG, *L'homme et ses symboles*, Paris, Laffont, 1964, p. 161. Jung définit l'inconscient comme suit: «Il englobe tous les contenus ou tous les processus psychiques qui ne sont pas conscients, c'est-à-dire dont le rapport avec le moi n'est pas perceptible.» (Carl G. JUNG, *Types psychologiques*, Genève, Librairie de l'Université Georg et Cie, 1950, p. 446.)

⁴ Pour plus détails sur la conception jungienne de l'inconscient, voir Carl G. JUNG, *Dialectique du moi et de l'inconscient*, Paris, Gallimard, 1964. Pour plus de détails sur les contenus de l'inconscient (par exemple, la notion de l'ombre, de l'*anima* et de l'*animus*, etc.), consulter les œuvres de Carl G. JUNG, telles que *L'homme à la découverte de son âme*, Paris, Albin Michel, 1987, ainsi que les ouvrages de référence cités en fin de chapitre de cet article.

⁵ Il semble y avoir une équivalence chez Jung entre la notion d'âme et le Soi. La distinction réside dans le fait que le Soi serait l'âme manifestée au plan de la personnalité. Dans *L'homme et ses symboles*, il écrit: «Mon âme et ma conscience, voilà ce qu'est mon Soi.» (p. 151)

⁶ Carl G. JUNG, *Aïon, études sur la phénoménologie du Soi*, Paris, Albin Michel, 1983, p. 15.

⁷ *Ba* est un oiseau qui représente la partie spirituelle de l'individu. Voir Carl G. JUNG, *L'homme et ses symboles*, p. 161.

⁸ Carl G. JUNG, *L'homme et ses symboles*, p. 161.

⁹ Sur le moi et le Soi, Jung écrit: «Mais le moi n'étant que le centre du champ conscientiel ne se confond pas avec la totalité de la psyché [...] Il y a donc lieu de distinguer entre le *moi* et le *soi,* le moi n'étant que le sujet de ma conscience, alors que le soi est le sujet de la totalité de la psyché, y compris l'inconscient.» (Carl G. JUNG, *Types psychologiques*, p. 456.)

¹⁰ Carl G. JUNG, *Dialectique du Moi et de l'inconscient*, p. 255.

¹¹ Eric NEUMANN, dans *The Origins and History of Consciousness*, Bollingen, Series XLII, Princeton University Press, 1954, utilise l'image symbolique de l'ouroboros (le serpent qui se mord la queue) pour imager cet état psychique premier.

¹² Joseph L. HENDERSON écrit: «L'enfant a le sentiment d'être un être complet, mais seulement jusqu'à ce qu'il prenne conscience de son moi. Chez un adulte, ce sentiment ne peut réapparaître que par l'union du conscient et des contenus

inconscients de l'esprit. C'est cette union qui fait naître ce que Jung appelle *la fonction transcendante* de la psyché; celle-ci permet à l'homme d'atteindre son but le plus élevé: la pleine réalisation des potentialités de son Soi», dans Carl G. JUNG, *L'homme et ses symboles*, p. 151.

¹³ Ce modèle s'inspire des propos de Edward F. EDINGER, exposés dans son ouvrage *Ego and Archetype*, Boston, Shambhala, 1992. Médecin, Edward F. Edinger (1922-1998) fut membre fondateur de la fondation de psychologie analytique de New York. Mentionnons que ce modèle peut être nuancé en ajoutant qu'à la troisième étape, la distanciation et le rapprochement du moi et du Soi peuvent varier selon les différents moments de la vie. Mais de manière générale, le schéma vise à mettre en relief l'importance du Soi à l'âge adulte selon la psychologie analytique.

¹⁴ Jung appelle ce développement le processus d'individuation ou réalisation de son Soi. Il écrit: «On pourrait donc traduire le mot d'individuation par "réalisation de soi-même", "réalisation de son Soi".» (Carl G. JUNG, *Dialectique du moi et de l'inconscient*, p. 115.)

¹⁵ *Ibidem*.

¹⁶ Le terme «ego» désigne ici le moi. Voir Marc-Alain DESCAMPS, Michel CAZENAVE et Anne-Marie FILLIOZAT, *Les psychothérapies transpersonnelles*, Lavaur, Trismégiste, 1990, p. 28.

¹⁷ On peut aussi associer l'inflation à la volonté de toute-puissance.

¹⁸ Carl G. JUNG, *Aïon, études sur la phénoménologie du Soi*, p. 38.

¹⁹ Edward F. EDINGER, *Ego and Archetype*, p. 76.

²⁰ *Ibid.*, p. 97.

²¹ On pourrait débattre ici la question de savoir si l'expérience du Soi est absolument nécessaire à la transformation psychique. Par ailleurs, Jung écrit: «Psychologiquement, on ne possède rien tant qu'on n'en a pas fait l'expérience.» (Carl G. JUNG, *Aïon, études sur la phénoménologie du Soi*, p. 47.)

²² Von Franz dit que le degré de développement du Soi «dépend de la bonne volonté que met le moi à écouter les messages du Soi», dans Carl G. JUNG, *L'homme et ses symboles*, p. 162.

²³ Selon Jung, une authentique transformation psychologique peut survenir par la confrontation avec les contenus de l'inconscient. Lorsque c'est le cas, de nouvelles qualités d'être peuvent apparaître, telles que «la prudence, la justice, la tempérance, la vertu, la sagesse et la discipline» (Carl G. JUNG, citant Origène dans *Aïon, études sur la phénoménologie du Soi*, p. 53).

²⁴ Aussi, pour découvrir les contenus inconscients, Jung suggère l'étude des rêves, des fantasmes ainsi que la méthode de l'imagination active. L'imagination active est une technique de confrontation consciente avec les contenus de l'inconscient. Barbara Hannah écrit: «[E]lle nous donne l'occasion d'ouvrir des négociations [...] de trouver un arrangement avec les forces ou figures de l'inconscient.» (B. HANNAH, *Rencontre avec l'âme, l'imagination active selon C. G. Jung*, Paris, Jacqueline Renard, 1990, p. 24.)

²⁵ Carl G. JUNG, *Aïon, études sur la phénoménologie du Soi*, p. 37.

[26] Jung a surtout parlé de «dialectique du moi et de l'inconscient». L'expression «dialectique du moi et du Soi» fut mise de l'avant par Edward F. EDINGER, dans *Ego and Archetype*.

[27] Par relation au transcendant, nous voulons signifier le lien que la personne entretient avec Dieu et qui est manifeste dans l'acte de prier.

[28] Edward F. EDINGER, *Ego and Archetype*, p. 4.

[29] Pour Edinger, les sept péchés capitaux sont également une description du moi en état d'inflation.

[30] Lc 18, 9-14.

[31] Lc 18, 11.

[32] Lc 18, 13.

[33] Lc 18, 14.

[34] Carl G. JUNG, *Aïon, études sur la phénoménologie du Soi*, p. 59.

[35] André NATAF, *Jung*, Paris, Ma Éditions, 1985, p. 114.

[36] Edward F. EDINGER, *Ego and Archetype*, p.136. Ces propos laissent entrevoir tout le potentiel qu'offre la psychologie des profondeurs pour l'herméneutique biblique.

[37] Mt 26, 39.

[38] Dans Carl G. JUNG, *L'homme et ses symboles*, p. 162.

[39] Au sens d'une *métanoïa*, signifiant changement ou retournement du regard.

9

LES REMONTÉES DE L'INCONSCIENT DANS LA PRIÈRE DE RECENTREMENT DE THOMAS KEATING

Yvan Marcil[1]

Depuis longtemps, les maîtres spirituels parlent de l'irruption d'idées, de souvenirs et d'images venant «contaminer» la prière. Aujourd'hui, on comprend mieux comment ce phénomène peut être tributaire des structures psychiques infantiles enfouies dans l'inconscient. Une anthropologie chrétienne ne peut plus ignorer le rôle complexe et subtil de l'inconscient dans la vie spirituelle.

En ce vaste domaine, je vais circonscrire ma recherche sur un aspect de l'enseignement d'une méthode de prière contemplative par Thomas Keating. Selon moi, ce maître spirituel contemporain explicite les manifestations de l'inconscient dans la prière contemplative et propose une attitude thérapeutique face à celles-ci. L'étude de ces manifestations de l'inconscient m'a conduit à percevoir un lien avec l'enseignement de Carl Gustav Jung. Le célèbre psychanalyste perçoit en effet l'inconscient comme un facteur capital et positif dans la vie spirituelle. La conception jungienne met ainsi en valeur une structure immanente et universelle chez l'être humain: un désir profond d'intégralité et de plénitude.

Pour le lecteur peu familier de Jung, je rappellerai brièvement quelques notions de sa psychologie, surtout celles les plus appropriées pour la suite de la réflexion. Les autres lecteurs pourront accéder directement à la partie du texte portant sur la prière de recentrement, la *centering prayer*, telle que pratiquée par les méditants de la société *Contemplative Outreach*. Cette méthode de prière préconise une attitude de détachement et d'intégration face aux manifestations de l'inconscient, analogue à l'approche jungienne. Je laisserai au lecteur le soin d'en juger.

Mon but n'est pas de faire une analyse approfondie de la méthode de Thomas Keating mais d'en souligner une dimension précise, ce qu'il appelle la «psychothérapie divine». Je ferai toutefois des commentaires personnels et donnerai quelques points de repère que je trouve pertinents pour l'utilisation de la méthode de la *centering prayer*. Commentaires qui se veulent modestes et partiels étant donné la nouveauté du sujet et le cadre restreint de ce texte. Cette dernière raison m'incite également à renoncer à approfondir des thèmes connexes, comme celui de l'illusion dans la vie spirituelle et certains aspects thérapeutiques de la prière.

L'approche jungienne de l'inconscient

À partir de 1918, Carl Gustav Jung (1875-1961) change son point de vue sur la religion et ne la considère plus comme une production névrotique. Son approche de la religion se caractérise plutôt par l'ouverture et la sympathie. Il entrevoit la religion comme un service symbolique d'une fonction psychique essentielle. Il s'éloigne par le fait même de la vision réductrice de Sigmund Freud sur le fonctionnement de l'inconscient. Jung s'est mis résolument à l'écoute des traditions spirituelles et mystiques à travers le monde. Peu de psychologues ou de psychanalystes se sont aventurés dans ce mystère avec autant de sérieux. Cependant, son intention a toujours été de n'aborder la religion que par le biais de la psychologie. Jung se défend des reproches de psychologisme ou d'agnosticisme de certains: «C'est du point de vue des sciences naturelles et non d'un point de vue philosophique que j'aborde les faits psychologiques[2].» Sans nier son affinité avec l'approche scientifique et empirique[3], Jung était sûrement plus métaphysicien et philosophe qu'il ne le prétendait[4]. À cause du cadre restreint de ce chapitre d'ouvrage, il serait trop long de parler des limites méthodologiques de la pensée jungienne et de ses divergences avec la foi chrétienne[5].

Jung a le mérite de reconnaître les limites de sa recherche sur l'inconscient:

> L'inconscient échappe à l'observation immédiate; les conceptions que nous nous en forgeons ne sont que les déductions logiques des effets qu'il exerce. Ces déductions n'ont, si on va au fond des choses, qu'une valeur d'hypothèse: quant à savoir si les représentations de la conscience sont en état de saisir et de formuler de façon adéquate la nature de l'inconscient, c'est là une question qui dépasse l'esprit humain[6].

Dans la vision jungienne, l'inconscient ne constitue pas une figure idéalisée, une simple force créatrice d'art et de mystique, il peut devenir destructeur. «L'homme a effectivement toutes les raisons de redouter ces forces impersonnelles qui siègent dans l'inconscient[7].» Le génie de Jung se situe dans une vision paradoxale et antinomique de l'inconscient. En résumé:

> [L]'inconscient est un ensemble de forces organisées. Il se compose d'abord de forces antinomiques comme celles de l'ego et de l'ombre, du masculin et du féminin, et d'une infinité de polarités archétypales. Ces forces sont responsables de tensions psychiques en constantes fluctuations. Néanmoins, tous ces éléments opposés cherchent à s'organiser en un tout cohérent, et ce, grâce à l'activité polarisante du Soi.
>
> La conception jungienne du développement de la personne souligne la nécessité d'établir un juste équilibre entre les éléments du psychisme[8].

Cet énoncé contient un mot-clé: «équilibre». Toute la santé psychique de l'individu en découle. Nous y reviendrons souvent. Mais attardons-nous encore à quelques notions jungiennes.

Au-delà de l'apparition du conscient de l'individu, il existe un inconscient personnel, et plus profondément encore, un inconscient collectif rempli d'archétypes. À propos de cet inconscient, inconnaissable en sa totalité, disons un mot sur la formation de la *persona* et de l'ombre. À travers l'acquisition de son moi conscient, l'individu se fabrique une *persona* pour répondre aux attentes de l'entourage et lui permettre de gérer ses relations avec l'environnement. On peut définir la *persona* comme «[l]e moi social résultant des efforts d'adaptation déployés pour se conformer aux normes sociales, morales et éducationnelles de son milieu[9]». On imagine facilement la possibilité d'illusion que recèle ce processus de construction de la *persona*, laquelle peut se confondre avec le véritable moi de l'individu.

À travers l'édification de cette *persona* au service du moi, la personne refoule nécessairement beaucoup d'aspects de sa personnalité. Ces portions de soi-même, rejetées aux oubliettes de l'inconscient, Jung les appelle l'«ombre», c'est la contrepartie de la *persona*. «L'ombre, c'est tout ce que nous avons refoulé dans l'inconscient par crainte d'être rejetés par les personnes qui ont joué un rôle déterminant dans notre éducation. Nous avons eu peur de perdre leur affection en les décevant ou en créant un malaise par certains de nos comportements ou certains aspects de notre personnalité[10].»

L'unité d'une personne vient de l'intégration de l'ombre et non pas d'un refus de celle-ci ou d'une identification complète avec elle[11]. Écartelé entre le moi social et le moi intime, crucifié entre la *persona* (ego-idéal) et l'ombre, le moi conscient doit rester dans cette position inconfortable et attendre que le moi profond (le Soi) se charge d'harmoniser ces opposés pour qu'ils deviennent complémentaires.

Toutefois, cette harmonisation demeure une expérience éprouvante pour la personne, sur le plan tant psychologique que spirituel. À défaut de parvenir à un équilibre avec son ombre, la personne débouche sur la névrose.

> Nous portons notre passé avec nous, à savoir l'homme primitif et inférieur, avec ses avidités et ses émotions, et c'est seulement par un effort considérable que nous pouvons nous libérer de ce fardeau. Lorsqu'un être arrive à la névrose, nous avons invariablement affaire à une ombre considérablement intensifiée. Et si l'on veut aboutir à la guérison d'un tel cas, il est indispensable de l'aider à trouver une voie selon laquelle sa personnalité consciente et son ombre pourront vivre ensemble[12].

Jean Monbourquette suggère la juste attitude à garder face aux irruptions de l'ombre:

> Durant sa croissance psychologique et spirituelle, toute personne se verra un jour ou l'autre aux prises avec des émotions et des sentiments inacceptables ainsi qu'avec de fortes pulsions instinctuelles et irrationnelles. Aussi, elle devra apprendre à ne pas leur donner libre cours et à ne pas les refouler. Elle aura tout simplement à reconnaître que ces mouvements font partie de son dynamisme interne et à les accepter, sans chercher à s'en défaire. Cette attitude d'accueil, qui évite tant le défoulement que le refoulement, rejoint l'enseignement de la philosophie zen sur le traitement de la colère: on s'abstient d'agir sous le coup de la colère mais on se garde de la refouler; on l'accueille en soi en vue de l'apprivoiser[13].

La prière peut venir à la rescousse de l'être humain dans l'apprivoisement de son ombre. Pour Jung, l'être humain dialogue par la prière «avec son propre inconscient, qui par le fait même peut déployer des énergies secourables et introduire un processus psychologique de transformation et de guérison[14]».

La confiance en cette possibilité d'une transformation intérieure de la personne constitue une des forces de l'école jungienne. Acculé à vivre les manifestations de l'inconscient, qui conduisent certaines antinomies intérieures à leur paroxysme, l'être humain doit s'abandonner à une force supérieure pour s'unifier, le Soi[15]. Cet abandon au Soi intégrateur se retrouve analogiquement proposé dans la méthode de prière contemplative de Thomas Keating.

Thomas Keating et les remontées de l'inconscient

La prière de recentrement, la *centering prayer*, apparut lors du renouveau de la vie chrétienne et religieuse dans le sillon du concile Vatican II[16]. Dans un contexte nouveau de dialogue interreligieux, le monastère cistercien *Saint Joseph's Abbey* à Spencer, au Massachusetts, entra en contact avec des maîtres de la spiritualité orientale. La fréquentation de ces traditions amena à se poser de nombreuses questions pour harmoniser la sagesse de l'Orient avec la tradition chrétienne en Occident. D'autant plus que la tradition contemplative s'était beaucoup perdue dans l'Église catholique en raison d'une perte du sens original de la *lectio divina* et de la pratique contemplative. Thomas Keating était alors abbé de ce monastère (il le fut de 1961 à 1981). Il mit sa communauté au défi de présenter une méthode de prière s'inspirant de la tradition spirituelle chrétienne, négligée et méconnue à l'époque, aux personnes assoiffées de spirituel qui lorgnaient vers l'Orient.

À partir de 1975, deux moines de la communauté de Thomas Keating, William Meninger et Basil Pennington, relèvent le défi et mettent au point une «oraison de silence intérieur» d'après l'œuvre classique du XIVe siècle, *Le Nuage d'inconnaissance*. On la propose à ceux qui viennent au monastère. On donne également des retraites avec succès à l'extérieur de la communauté. Lors d'une de ces retraites, des gens donnent à cette méthode de prière le nom de *centering prayer*, en s'inspirant des écrits de Thomas Merton.

Quand Thomas Keating quitte son monastère pour devenir responsable du *Saint Benedict's Monastery* nouvellement fondé à Snowmass au Colorado, les retraites selon la méthode de la prière de recentrement cessent à Spencer. Keating rencontre alors beaucoup de chercheurs spirituels. Parmi ceux-ci, plusieurs catholiques sont déçus du manque de spiritualité dans leur Église et fréquentent les religions orientales. À cause de l'ouverture et de l'amitié de Thomas Keating, ces chercheurs du spirituel lui demandent, en 1982, de donner une retraite selon la méthode de la *centering prayer*. Un vaste mouvement, s'inspirant de cette méthode, commence à s'étendre dans les paroisses et les diocèses des États-Unis.

En 1984, Thomas Keating et des partisans de la méthode inaugurent la société *Contemplative Outreach* pour coordonner les efforts des méditants, procurer du matériel de soutien et former des enseignants. Aujourd'hui, au moins 28 000 pratiquants adhèrent à ce mouvement présent dans plusieurs pays.

Je ne ferai pas une présentation exhaustive de la prière de recentrement. Les écrits de Thomas Keating le font très bien. Je m'attarderai surtout au phénomène de la «psychothérapie divine».

La méthode de la prière de recentrement s'enracine dans la tradition chrétienne de la *lectio divina* et favorise le développement de la prière contemplative, non pas dans le sens traditionnel d'une contemplation infuse, donnée gratuitement par l'Esprit, mais dans celui d'une disposition intérieure d'écoute et de réceptivité spirituelles. Cette prière de recentrement se définit avec simplicité comme une relation de foi avec Dieu et une discipline pour favoriser cette relation. «C'est une activité spirituelle en douceur, qui s'exprime soit en évoquant le mot sacré soit en étant simplement sensible à la présence de Dieu[17].» «L'objectif de cette prière est de nous faire prendre conscience de la présence active de Dieu au plus profond de nous-mêmes[18].»

Cette méthode de méditation désire dégager l'attention du courant habituel des pensées afin d'amener à une strate plus profonde de l'être. Il s'agit donc d'une pratique du lâcher prise par rapport à toutes les pensées afin d'entrer dans un silence intérieur qui demeure néanmoins relatif.

Le concept de pensée possède une signification très large pour Keating; il comprend nos souvenirs, nos images, nos sentiments, nos expériences intérieures ainsi que la conscience des choses extérieures. Ces pensées reposent sur le grand fleuve de la conscience spirituelle, entrevue comme une participation à l'être de Dieu. Dans cet exercice spirituel, il faut donc quitter, par l'attention et l'intention, la conscience ordinaire liée aux pensées pour accéder à une conscience spirituelle sans mots et sans images.

Dans cette méthode de prière, l'invocation du mot sacré exprime mon intention de m'ouvrir à Dieu et de m'abandonner à lui. Il est un symbole du consentement à la présence de Dieu.

> Le mot sacré, une fois bien établi, est un moyen de réduire le nombre habituel de pensées et de repousser celles qui, dans le champ de la conscience, se révèlent les plus intéressantes. Il ne procède pas en attaquant directement les pensées mais en réaffirmant votre intention de consentir à la présence et à l'action de Dieu en vous.

Ce renouvellement du consentement de la volonté, à mesure qu'il devient habituel, crée une atmosphère dans laquelle il vous est plus facile d'être indifférent au courant inévitable des pensées[19].

Difficile de juger de cette prière contemplative puisqu'elle est vécue au-delà des images et des pensées. Toutefois, son authenticité et sa fécondité se manifestent par un quotidien transfiguré et des fruits concrets de charité.

La psychothérapie divine

Par la répétition du mot sacré, le méditant accède à une présence de Dieu qui pacifie. Ce repos aide à la détente du corps et de l'esprit et permet aux mécanismes de défense de se relâcher. Alors, le matériel émotionnel non digéré de l'enfance émerge de l'inconscient sous la forme d'un bombardement de pensées et d'émotions. En somme, la pratique régulière de la prière contemplative libère l'énergie de l'inconscient et enclenche une purification des blocages infantiles enfouis dans ce même inconscient. Cette libération des énergies de l'inconscient engendre deux états psychologiques possibles:

> D'une part expérience d'un développement personnel (consolation spirituelle, dons charismatiques ou pouvoirs psychiques), d'autre part expérience de la faiblesse humaine (profonde humiliation dérivant de la connaissance de soi). La connaissance de soi est l'expression courante pour désigner la conscience lucide des zones sombres de la personnalité. La libération de ces deux types d'énergies inconscientes a besoin d'être protégée par des habitudes bien établies de consécration à Dieu et de souci d'autrui[20].

Ce sentiment de repos, procuré par la méditation, favorise également le transfert sur Dieu, à l'image du transfert psychanalytique où on attend du thérapeute humain l'amour et la confiance qu'on n'a pas reçus comme enfant[21]. Le «Divin Thérapeute» utilise le transfert pour la guérison de la personne, et cela non seulement pendant la méditation mais dans la vie quotidienne[22]. Le repos spirituel ne provient donc pas uniquement du détachement des pensées mais aussi du sentiment d'être aimé et accepté par le divin Mystère.

La purification des blocages infantiles s'appelle aussi «purification du "faux moi"». «Le faux moi est une illusion monumentale, le poids de schémas habituels de pensée et de courants émotionnels stockés dans le cerveau et le système nerveux[23].» «C'est notre propre façon de concevoir ce que nous sommes et ce qu'est le monde[24].» Nous avons développé cette fausse image afin de faire face aux traumatismes émotionnels de l'enfance. Ce «faux moi» s'accroche aux besoins naturels: survie-sécurité, affection-estime, pouvoir-domination[25]. Le dilemme de la vie humaine demeure dans le choix de s'accrocher ou non aux illusions du «faux moi».

Cette purification de l'inconscient se définit également comme la mort du pharisien intérieur. «Ce dynamisme est, en quelque sorte, une psychothérapie divine, organiquement conçue pour chacun de nous, en vue d'écarter tout ce qui, dans notre inconscient, fait obstacle au libre passage de la grâce dans notre esprit, dans nos émotions et dans notre corps[26].»

En accord avec d'autres psychologues et médecins, Thomas Keating est d'avis que la mémoire sensitive du corps se souvient des traumatismes et du vécu de l'enfance[27]. Ceux-ci se manifestent par des tensions, des angoisses et des émotions qui n'ont aucun rapport à la vie immédiate[28]. L'expérience démontre que la douleur accompagne parfois le déchargement de l'inconscient: agitation, perte de repères, souffrance physique, émotion intense, démangeaison, larmes ou fou rire. Toutefois, «[l]es émotions douloureuses, voire certaines douleurs physiques, ont tendance à se désintégrer lorsqu'elles sont totalement acceptées[29]».

Selon Keating, le psychisme possède ce qu'il faut pour éliminer le vieux fatras émotionnel:

> Grâce au silence intérieur et au profond repos qu'il apporte à l'organisme tout entier, ces blocages émotionnels commencent à se relâcher, et intervient alors le processus naturel, propre à l'être humain, d'éliminer les éléments qui lui sont néfastes. Tout comme le corps, la psyché a sa propre façon d'évacuer ce qui est mauvais pour sa santé. Durant l'oraison, les vieux problèmes

émotionnels de notre inconscient émergent sous la forme de pensées qui présentent une certaine urgence, une certaine énergie et qui ont une charge affective. L'origine de ces pensées nous échappe généralement. Il s'agit simplement d'un fatras d'idées et d'une impression vague et aiguë de malaise. La meilleure façon de les évacuer est de les tolérer sans s'y opposer[30].

Ce «tolérer sans s'y opposer» exprime une attitude pratique, recommandée aussi par une certaine pratique du zen, pour faire face aux remontées de l'inconscient. Toutefois, à la différence d'une psychothérapie, où la personne exprime son vécu en présence de l'aidant, ici, c'est l'Esprit divin qui fait surgir de l'inconscient ce qui a besoin d'être intégré pour un meilleur équilibre personnel. Les pensées venant dans la méditation «font partie intégrante du processus de guérison et de croissance dont l'impulsion première vient de Dieu[31]». Comme Carl Gustav Jung et une certaine pratique du zen, Thomas Keating parle le langage de l'intégration[32]:

> La pratique contemplative est une partie d'une réalité qui est plus grande qu'elle. Il s'agit de tout un processus d'intégration, qui exige l'ouverture à Dieu au niveau de l'inconscient. Cela libère une dynamique qui sera parfois paisible, parfois aussi lourdement chargée de pensées et d'émotion. L'une et l'autre expériences font partie de ce même processus d'intégration et de guérison. Chacune d'elles doit donc être acceptée avec la même paix, la même gratitude et la même confiance en Dieu. Toutes deux sont nécessaires pour que le processus de transformation arrive à son terme[33].

La pratique de la prière contemplative conduit à plus de réceptivité à la lumière divine et, par conséquent, à plus de révélation douloureuse sur soi-même. La personne découvre avec stupeur qu'elle est aussi égoïste qu'autrui. Dieu tarde parfois à nous révéler le côté sombre de notre nature, il attend que nous ayons assez le sens de l'humour pour le prendre[34]! Et surtout, la personne a besoin de faire le choix de la confiance pour accepter ce démantèlement du bagage émotionnel de la petite enfance. «Plus vous avez confiance en Dieu et plus vous pouvez affronter la vérité sur vous-mêmes. Vous ne pouvez affronter qui vous êtes véritablement qu'en présence de quelqu'un en qui vous avez confiance[35].»

Cette psychothérapie divine provient de la «grâce». Sans l'aide de l'Esprit, impossible de se débarrasser totalement du faux moi. La transformation profonde de notre être ne vient que de Dieu. À cet égard, le moine américain identifie le démantèlement du bagage émotionnel de l'enfance à la nuit des sens et de l'esprit de Jean de la Croix[36]. Cela met la guérison psychique de l'inconscient dans la perspective d'une théologie spirituelle qui fournit quelques balises sur le chemin de l'union à Dieu.

Psychanalyse et méthode de Thomas Keating

La conception qu'a Thomas Keating de l'inconscient semble se rapprocher de la vision jungienne. Tous deux, Jung et Keating, perçoivent l'inconscient comme intrinsèquement lié à la vie spirituelle. En proposant un chemin d'intégration, l'un et l'autre affirment la nécessité de la purification des forces instinctives de l'inconscient. Ils s'adressent à la même clientèle: des adultes confrontés à la tâche d'intégrer leur ombre afin de se réaliser humainement (Jung) et spirituellement (Keating).

Dans la prière de recentrement de Keating, le détachement des pensées constitue une façon pratique d'entrer dans un «processus d'individuation». Cette différentiation de la personne appelle à son tour une intégration dans une unité supérieure. Nul doute que le Soi jungien, comme facteur de transformation, possède une analogie avec la démarche spirituelle proposée par le moine américain. Toutefois, dans une perspective de foi, Thomas Keating fait remonter cette intégration, au-delà du Soi jungien, à l'action de l'Esprit au plus intime de l'être.

La méthode de Thomas Keating se caractérise davantage par le détachement des pensées que par l'attention au phénomène de leur remontée à la conscience. Je crois que ce dépouillement intérieur aide à prévenir des projections venant des pathologies de l'enfance et facilite la renonciation à l'illusion infantile de la toute-puissance. En accédant à un niveau de conscience spirituelle, le méditant se situe ailleurs par rapport à ses dynamiques infantiles. Celles-ci continuent d'agir dans la psyché, mais le méditant, grâce à son intentionnalité vers la dimension spirituelle de son être, prend un recul face à ces déterminismes infantiles et retrouve une certaine marge de liberté.

Un autre élément de sagesse et d'équilibre de l'enseignement de Thomas Keating se trouve dans son affirmation selon laquelle l'énergie de l'inconscient a besoin de garde-fous. En cela, il y a accord avec la pensée jungienne sur le danger des forces de l'inconscient. Keating parle de la consécration à Dieu et du service d'autrui, véritables gardiens des énergies de l'inconscient, comme nécessaires au développement authentique de la contemplation.

Les authentiques maîtres spirituels insistent sur la nécessité d'un détachement de notre égoïsme (faux moi) pour avancer vers la véritable identité spirituelle (vrai moi). Ce langage du faux et du vrai moi a le mérite d'utiliser un langage interreligieux et de faire place à la dimension psychologique des déterminismes sans entrer dans un fatalisme.

Bien qu'on insiste ici sur une certaine convergence de l'enseignement de Carl Gustav Jung et de Thomas Keating sur l'inconscient, un rappel s'impose: pour les spirituels des grandes religions, l'approche psychanalytique ne peut suffire. Pour eux, le mystère de l'être humain appelle également une pneumanalyse. «Pour qu'une "psychanalyse" soit totale et qu'elle ne nous trompe pas, il faudrait, selon le schéma de Paul, qu'elle soit complétée par ce que je nommerai une *pneumanalyse*, c'est-à-dire une science du *pneuma* sur la psyché[37].»

Selon une anthropologie biblique, il existe une autre strate de l'être, plus profonde que l'inconscient, impossible à décrire par la psychanalyse. Au-delà de l'inconscient, une faculté spirituelle permet le contact plus immédiat avec le divin[38]. Par analogie, on peut parler d'un «inconscient spirituel» soutenu par une «pulsion divine». À travers le mystère de la foi, c'est cet «inconscient spirituel» que Thomas Keating veut éveiller par sa méthode de prière.

Si la psychologie garde à jamais sa pertinence pour la compréhension de l'être humain, elle ne peut prétendre à une interprétation exclusive. Dans une tentative de rapprochement entre les approches psychologique et spirituelle, il demeure fondamental de maintenir leur distinction. La psychologie se heurtera toujours à la transcendance de la vie spirituelle. Par exemple, les caractéristiques de la régression infantile, parfois perceptibles dans l'expérience mystique, doivent être relativisées face à une analyse en profondeur des fruits spirituels obtenus par le méditant[39].

Pour accéder à un certain niveau de conscience spirituelle, il faut croire qu'il existe bel et bien en soi! La pratique introspective ne peut se suffire à elle-même: elle a besoin d'un minimum de foi et d'amour pour devenir ouverte au spirituel. «C'est à cette foi-là que le méditant s'accroche au cours de son périple dans les cavernes profondes de l'inconscient. S'il la perd, il perd tout[40].»

Conclusion

La psychanalyse jungienne rend un service inappréciable à la foi chrétienne, en proposant une compréhension équilibrée de la transformation spirituelle de la personne, en lien avec les corollaires de la confiance au Soi et de l'acceptation de l'ombre enfouie dans l'inconscient. Jung offre ainsi une clé d'interprétation psychologique à l'expérience des méditants de la *centering prayer* face aux manifestations de l'inconscient. De leur côté, les pratiquants de la *centering prayer* semblent confirmer par leur expérience une partie de l'enseignement jungien sur l'inconscient paradoxal et antinomique.

Jung et Keating se rejoignent sur des questions fondamentales tant au niveau humain qu'au niveau spirituel: la personne se confiera-t-elle à une puissance supérieure pour sa nécessaire unification? L'entrevoit-elle comme une force d'amour et de bienveillance? La réponse positive à ces questions fait partie intégrante du cheminement spirituel. En d'autres termes, ils proposent le beau risque de la foi/confiance. La grande différence demeure dans l'agent de la transformation: pour la méditation chrétienne, c'est toujours l'intervention de l'Autre divin, au cœur de l'être.

La méthode de Thomas Keating se caractérise par une sagesse qui s'alimente autant à l'Orient qu'aux découvertes modernes de la psychologie. Plus que jamais dans la sensibilité actuelle, nous comprenons que le travail psychologique sur soi-même devient une condition d'un cheminement spirituel authentique. «Le travail psychologique et la prière doivent sans cesse se critiquer l'un l'autre pour se garder de la suffisance et de l'illusion[41].» La prière empêche que le travail psychologique ne tombe dans une autorédemption, et le travail psychologique critique le fantasme d'une prière toute-puissante qui nie implicitement le manque fondamental et la nécessité de l'effort humain.

L'aspect interreligieux de la méthode de Thomas Keating mérite d'être précisé. Si sa méthode de prière doit beaucoup à l'influence des voies spirituelles d'Orient, il a choisi cependant de ne pas expliciter ce lien. Ce qui fait dire à Fabrice Blée que la méthode «ne sensibilise guère à l'importance d'un échange avec l'Orient et ne confronte pas non plus le pratiquant à l'irréductibilité de la différence religieuse, condition *sine qua non* d'un dialogue profond[42]». Toutefois, l'auteur affirme sans détour le bienfait de la méthode qui permet aux Occidentaux de retrouver la dimension contemplative de la foi chrétienne[43]. La prière de recentrement de Thomas Keating ne sert pas le dialogue interreligieux explicitement, il est vrai, mais je me demande si, à long terme, elle n'y contribuera pas beaucoup. Les chrétiens qui pratiquent cette méthode se familiarisent indirectement avec la pratique contemplative de l'Orient, se donnant ainsi la possibilité de comprendre, de l'intérieur, certains aspects de l'expérience spirituelle des religions orientales, confondues souvent à tort avec le Nouvel Âge. Cela peut convertir bien des peurs et des préjugés en respect. Les origines historiques de la *centering prayer*, par contre, l'ont menée à emprunter un chemin inverse: cette méthode de prière aida à vaincre les préjugés des personnes pratiquant la spiritualité orientale face à la tradition contemplative chrétienne.

Si la méthode de la *centering prayer* est interreligieuse par certains aspects et ouverte à la psychologie moderne, elle s'enracine cependant dans la pure spiritualité chrétienne: la *lectio divina*. De la sorte, elle renforce la communauté chrétienne, car elle favorise la redécouverte intégrale de son identité qui inclut la dimension contemplative. En cela, elle se trouve en harmonie avec l'enseignement des Pères du désert, familiers de la Parole, contemplatifs assidus qui ont su intégrer la dimension psychologique. Comme la majorité des maîtres spirituels, les Pères du désert font rimer la connaissance de Dieu avec la connaissance de soi. Par exemple, lors de sa méditation, le priant voit déferler en lui ses pensées, ses émotions et ses passions. Pour les Pères du désert, ce surgissement parle du priant et du combat qu'il doit mener pour faire advenir une prière plus authentique. Ce travail de prise de conscience et de discernement s'apparente à l'approche de la psychologie des profondeurs. Les distractions ou les tentations dans la prière peuvent jouer alors le même rôle que les rêves qui révèlent l'inconscient à l'œuvre[44].

Enfin, parlons de certaines limites de la prière de recentrement. Il va sans dire qu'elle constitue une proposition parmi d'autres. «Dans la maison de mon Père, il y a de nombreuses demeures.» (Jn 14, 2) Cette pratique contemplative ne peut convenir à tous et s'avère même dangereuse pour ceux qui sont fragiles psychiquement, risquant de fragmenter davantage la perception de leur moi[45]. «Ces gens risquent de ne pas pouvoir intégrer les images et les problèmes libérés par l'inconscient[46].» La présence d'un accompagnateur spirituel expérimenté peut faire toute la différence dans le cas d'une personne inapte à pratiquer la méditation silencieuse. De toute façon, dans une perspective chrétienne, l'intériorité, plus que souhaitable pour collaborer à l'action divine, n'est pas une exigence absolue et ne remplace jamais la grâce gratuite donnée en Jésus Christ[47].

La méthode contemplative de Thomas Keating constitue une réussite sur le plan de l'articulation de la psychologie et de la spiritualité contemporaine. Parce qu'elle s'appuie sur l'expérience d'une multitude de méditants, chrétiens et non-chrétiens, elle a et aura encore beaucoup à dire aux prochaines générations.

Notes

[1] Yvan Marcil est doctorant à l'Université de Sherbrooke. Son champ de spécialisation est la théologie en lien avec la spiritualité et la psychologie. Ses recherches portent sur la signification chez l'enfant, aux plans psychologique, philosophique et théologique. Il a dirigé deux colloques universitaires sur Thérèse de Lisieux. Il a fait des études spécialisées sur Thérèse d'Avila et Jean de la Croix en Espagne.

[2] Carl Gustav JUNG, *Psychologie et religion*, Paris, Buchet-Chastel, 1958, p. 14.

[3] Selon Fritjof Capra, Jung se trouve plus proche de la structure moderne de la physique que de toute autre science de la psychologie. Par exemple, par son concept d'inconscient collectif, il se rapproche des physiciens contemporains dans leur description du phénomène subatomique. Voir David M. WULFF, *Psychology of Religion: Classic and Contemporary views*, Somerset, New Jersey, John Wiles et Sons Inc., 1991 (?), p. 461-462.

[4] *Ibid.*, p. 453-454; 464-465.

[5] Pour un survol des critiques adressées à la psychologie religieuse de Jung, voir *ibid.*, p. 464-469.

[6] Carl G. JUNG, *L'homme à la découverte de son âme*, Paris, Albin Michel, 1987, p. 333.

[7] Carl G. JUNG, *Psychologie et religion*, p. 31.

[8] Jean MONBOURQUETTE, *Apprivoiser son ombre: le côté mal aimé de soi*, Ottawa, Novalis, 2001, p. 65.

[9] *Ibid.*, p. 44.

[10] *Ibid.*, p. 11.

[11] *Ibid.*, p. 66.

[12] Carl G. JUNG, *Psychologie et religion*, p. 153-154.

[13] J. MONBOURQUETTE, *Apprivoiser son ombre*, p. 72.

[14] Anselm GRÜN, *Prière et connaissance de soi*, Paris, Médiaspaul, 1996, p. 23.

[15] Selon Erna Winckel, le Soi jungien serait à distinguer de la réalité divine. Voir Erna WINCKEL, *De l'inconscient à Dieu: ascèse chrétienne et psychologie de C. G. Jung*, Paris, Aubier, 1959, p. 30-33. «En fait Jung ne prétend jamais atteindre Dieu, mais seulement l'image que chaque homme s'en fait et qui diffère suivant les époques, les civilisations, les cultures. Il s'agit, par conséquent, de la projection d'une imago individuelle, et non de la réalité de Dieu. Jung semble croire que cette image soit la seule connaissance que nous puissions avoir de Dieu.» (*Ibid.*, p. 173-174)

[16] Sur l'origine historique de la prière de recentrement, voir Thomas KEATING, *Intimacy with God*, New York, Crossroad Publishing Company, 2001, p. 11-21.

[17] Thomas KEATING, *Prier dans le secret: la dimension contemplative de l'Évangile*, Paris, La Table Ronde, 2000, p. 64.

[18] *Ibid.*, p. 77.

[19] *Ibid.*, p. 61-62.

[20] *Ibid.*, p. 31-32.

[21] Thomas KEATING, *Intimacy with God*, p. 76-78.

[22] *Ibid.*, p. 89.

[23] Thomas KEATING, *Prier dans le secret*, p. 33.

[24] *Ibid.*, p. 112.

[25] Pour une étude plus approfondie du bagage émotionnel élaboré dans l'enfance, voir Thomas KEATING, *Invitation to Love: The Way of Christian Contemplation*, New York, Continuum, 2000, p. 1-25.

[26] Thomas KEATING, *Prier dans le secret*, p. 147.

[27] *Ibid.*, p. 147.

[28] *Ibid.*, p. 155.

[29] *Ibid.*, p. 154.

[30] *Ibid.*, p. 147-148; p. 151-152.

[31] *Ibid.*, p. 178.

[32] «We may realize that some of the things we rejected early in the spiritual journey were the result of misinformation. God invites us to take another look at the good things of life and its legitimate pleasures that we might have needlessly rejected. Everything good and of true value in life is reappropriated under the influence of the Spirit.» (T. KEATING, *Intimacy with God*, p. 90)

[33] Thomas KEATING, *Prier dans le secret*, p. 157.

[34] *Ibid.*, p. 160.

[35] *Ibid.*, p. 143.

[36] Thomas KEATING, *Invitation to Love*, p. 67-70; 84-89; 95-100. «The night of sense heals the malformations that took place in growing from childhood to early adolescence when we felt that our basic needs were not being met and we responded with insatiable compensatory demands. We not only experience dryness in our relationship with God, but also a lack of satisfaction in all the areas in which we previously sought happiness.» (*Ibid.*, p. 84-85)

[37] Jean GUITTON, *L'absurde et le mystère*, Paris, Desclée de Brouwer, 1984, p. 54-55.

[38] La tradition chrétienne parle, entre autres, de fine pointe de l'âme, du centre de la personne, de cœur au sens biblique, ou des vertus théologales.

[39] Thomas Merton soutient qu'il peut exister des caractéristiques de régression dans l'expérience mystique, mais l'expérience authentique d'union à Dieu les dépasse. Voir David M. WULFF, *Psychology of Religion*, p. 365.

[40] William JOHNSTON, *Musique du silence: recherche scientifique et méditation*, Paris, Cerf, 1978, p. 172.

[41] André GROMOLARD, *La seconde conversion: de la dépression religieuse à la liberté spirituelle*, Paris, Desclée de Brouwer, 1998, p. 174-175.

[42] Fabrice BLÉE, *Le désert de l'altérité: une expérience spirituelle du dialogue interreligieux*, Montréal, Médiaspaul, 2004, p. 108.

[43] *Ibid.*, p. 189; 207.

[44] Anselm GRÜN, *Prière et connaissance de soi*, p. 20.

[45] «Persons with poorly differentiated and weakly integrated part-object relations cannot tolerate uncovering techniques. Uncovering and interpretation cannot be successful because with faulty self-object differentiation the observing ego cannot take distance from what it observes.» (John H. ENGLER, «Vicissitudes of the Self According to Psychoanalysis and Buddhism: A Spectrum Model of Object Relations Development», *Psychoanalysis and Contemporary Thought*, vol. 6, n° 1 [1983], p. 48.) L'auteur parle de ce danger surtout pour les personnes qui ont des tendances psychotiques et qui sont *borderlines*.

[46] William JOHNSTON, *Musique du silence*, p. 164.

[47] Jean DANIÉLOU, *Mythes païens, mystère chrétien*, Paris, Fayard, 1966, p. 30-31.

TABLE DES MATIÈRES

Introduction — *Prier* 5

1 — Prier en Occident aujourd'hui
Laurence Freeman 11

2 — La prière chrétienne interreligieuse:
de la praxis à la théologie
Richard Bergeron et Fabrice Blée 31

3 — Qui est l'Autre de la prière?
Jean-Claude Breton 63

4 — La prière: essai de fondement
théologico-philosophique
Werner Schüssler 91

5 — Prier pour survivre. La prière des victimes
et des survivantes d'abus sexuels
Carole Golding et Jean-Guy Nadeau 113

6 — La construction identitaire
par la prière d'action de grâce
Jean Duhaime 145

7 — L'acte de prier: dépendance ou délivrance?
Thérèse Nadeau-Lacour 169

8 — La dynamique psychique
sous-jacente à l'acte de prier
Christina Sergi 189

9 — Les remontées de l'inconscient
dans la prière de recentrement de Thomas Keating
Yvan Marcil 203

Achevé d'imprimer
en septembre 2006
sur les presses de
Imprimerie H.L.N.

Imprimé au Canada – Printed in Canada